사회적처방과 치유

SOCIAL PRESCRIBING AND HEALING

사회적처방과 치유

SOCIAL PRESCRIBING AND HEALING

주성수 지음

한양대학교 출판부

서문

'사회적'

다시 '사회적'(social) 주제다. 이번에는 건강과 웰빙에도 '사회적' 의미와 가치를 연구한 저서를 내게 되었다. 건강과 웰빙의 '사회적' 요인과 '사회적' 해결방안이 되는 '사회적처방'과 '사회적 치유'를 탐구해온 연구결과이다.

지난 30여 년간 초기에는 '시민사회' '사회적자본' '사회공헌' '사회적경제' '사회적기업'에 집중하는 연구를 한양대학교 〈제3섹터연구소〉 연구 프로젝트를 중심으로 해오다 최근 10여 년간 '사회적임팩트'와 '사회적가치'와 '사회적금융'에 이어 '사회적처방' 연구로 이어지게 되었다. 이들은 사회과학의 '사회적' 이론들로 서로 연결되어 있어 연구 과정에서 별도의 연구파일을 하나씩 마련해 두고 문헌자료를 모으고 모아 탐구하다 책으로 논문으로 계속 발표해왔다.

이들 '사회적' 주제들의 공통점은 심각한 사회문제나 공공정책 과제들의 해결에 사회적 해법을 혁신방안으로 활용하며 비용효과적으로 사회에 미치는 결과와 임팩트를 높일 수 있다는 데 있다. '공공' 정책이나 '영리적' 방안이 갖고 있는 정당성 문제들도 시민참여와 시민사회 인프라를 바탕으로 '비정부' '비영리적'인 '사회적' 대안이나 보완으로 해결하는 사회적 혁신의 집단지성과 사회적자본이 큰 밑거름이 된다.

이번 '사회적처방과 치유' 주제에도 그간 탐구해온 사회적경제나 사회적가치나 사회적임팩트 이론적 시각들이 저술에 중요한 밑바탕이 되고 있다. '사회적처방과 치유'는 정부정책 시각만으로 시행하기는 한계가 있고, 보건의료계의 건강과 웰빙 시각만으로도 이해가 쉽지 않아, 종합적인 시각과 연구접근이 필요하다. 사회적자본이나 사회적가치나 사회적임팩트 이론과 시각이 없다면 단순히 '사회적처방과 치유'를 소개하는 데 그치고 말 것이다. 그렇게 되면 전문 학문연구로나 정책시행으로도 큰 쓸모가 없을 것이다. 의사수를 늘리면 국민의 건강이 좋아진다는 단순한 사고로는 사회적동물의 건강문제를 다루는 사회적처방을 잘 이해하지 못할 것이다.

이 책 『사회적처방과 치유』는 2017년부터 문헌과 자료를 수시로 모아 책으로 발표하려고 뜸을 많이 들이다 이제사 책으로 내게 된 것인데 묵은 숙제를 해결한 해방감이 든다. 은퇴를 하고 연구를 틈틈이 지속할 수 있는 여유를 가져서 즐겁다. 글로벌 동향이 되는 '사회적처방' 주제를 국내에 처음 소개해 학계연구뿐 아니라 중앙과 지방 정부기관이나 시민사회와 보건의료계에서도 관심을 갖고 프로그램으로 실천해 국민 건강과 웰빙에 기여해보길 기대해본다. 이번 저술에도 수고를 아끼지 않으신 한양대학교 출판부 선생님들의 수고에 감사드린다.

2025년 3월 봄날에

저자 주성수

차례

제4장

사회적처방,

어떤 활동을 하는가

제1장

사회적처방이란 무엇인가

1. 사회적처방이란?

우울증이 있는 환자에게 의사가 약 대신 숲속 걷기 처방을 하고, 만나는 사람 없이 집에서 고독에 빠져 사는 노인에게 지역사회 자원봉사활동을 처방하는 새로운 변화가 일어나고 있다. '사회적처방'(social prescribing)이 세계적으로 유행한다.

"의사들이 환자에게 '사회적처방'을 해줘야 한다"며 약으로부터의 해방을 주창하는 외침이 최근 미국에서도 울려퍼진다(Hotz 2024).

> "우울증이나 치매로부터 오는 모든 증상들을 치료하는 약을 상상해보자. 이 약이 입원을 줄이고 의사면담도 의료비도 줄여줄 수 있다고 상상해보자. 또 이 약이 어떤 부작용도 허리휘는 비용 부담도 없다는걸, 또 의사들도 이 약을 처방하는데 좋게 생각하고 환자도 좋게 생각한다고 상상해보자. 이 약은 실제로 존재하지만 약 모양이 아니라 '사회적처방'이라는 약이다. 사회

적처방은 조제약이 아니라 지역사회 기반의 자원과 활동으로 예술 수업이나 사이클 클럽과도 같다. 사회적처방은 환자 특유의 관심사, 즉 무엇으로 즐겁고 목적 의식을 갖게 되고 아이 같은 호기심을 갖게 되는지에 개인별로 맞춰진다. 사회적처방은 환자에게 무엇이 문제인지보다는 무엇이 중요한지에 기초한 처방약이다."

1) 정부 주도의 사회적처방

반세기 전 1974년 캐나다 국가보건복지부는 〈라론데 보고서〉에서 공공보건의 근본을 뒤흔드는 결과를 제시한다. 건강의 결정요인은 건강돌봄서비스보다 훨씬 더 광범위한 사회적 요인들이 중요하다고 밝힌다(Mulligan et al. 2024). 이런 사회적 결정요인에 초점을 맞춘 사회적처방이 오늘날의 새로운 건강 패러다임으로 많은 국가에서 정부가 나서 시행을 서두르고 있다.

오랜 사회적처방 전통을 갖고 국가적 제도화를 갖춘 영국에서는 2019년 이래로 사회적처방이 일차진료의 일반적 처방에 포함되어 있다. 전통적으로는 지역사회단체들이 일반의(general practice: GP)와 협력해 환자를 지역사회 활동에 연계시키는 아래로부터의 '상향식'(bottom-up)이 이제 정부 개입으로 위로부터의 '하향식'(top-down)으로 바뀐 것이다(NASP 2015: 12). 이런 하향식 모델은 2010년대 초반 이래로 지방정부 등의 공공부문이 주도하는 서비스 전달과 활동으로 점차 정착되어 왔다.

하향식의 보편적 모델을 지휘하는 영국 NHS에 따르면 사회적처방이란 지방기관들이 대상자를 '링크워커'(link worker)에 연계시켜주는 방식이다.[1] 링크워커는 대상자에게 '나에게 무엇이 중요한지'에 초점을 맞춰 대상자의 건강과 웰빙에 총체적 접근(holistic approach)으로 대상자에게 '사회적' 시간을 내도록 한다. 링크워커는 실천적, 정서적 지원을 하기 위해 대상자를 지역사회 단체와 서비스 활동에 연계해준다. 링크워커는 기존의 지역사회단체들이 접근가능하고 지속가능하도록 지원해서 사람들이 지역사회의 모든 파트너들과 협력해 콜라보 하도록 새로운 단체를 설립하는 지원도 한다.

사회적처방은 여러 사람들의 복합적 활동으로 이뤄진다(NHS 2020). a) 한 가지 이상의 만성질환 문제를 가진 사람, b) 정신건강의 지원을 필요로 하는 사람, c) 외롭거나 고립된 상태의 사람, d) 웰빙에 영향을 주는 복합적인 사회적 욕구를 가진 사람 등이다.

사회적처방이 잘 이뤄지면 지역사회의 여러 기관과 단체들이 대상자들을 간편하게 링크워커에 연계할 수 있다. 여기에는 일반의, 약국, 다분야팀, 병원 외래실, 관련 보건 전문가를 비롯해, 소방서, 경찰, 직업소개소, 사회적돌봄 서비스, 주택조합, 시민사회조직과 사회적기업 등이 포함된다. 자기의뢰(Self-referral) 또한 권고되고 있다.

웨일즈 정부는 2024년 〈사회적처방의 국가 프레임워크〉 보고서에서 사회적처방을 "사람들을 지역사회 자산에 연계시키는 개인중심의 접근을 서술하는 엄블렐라 개념"이라 정의한다. 또 '지역사회자산'에는 빌딩, 토지, 지역사회 내의 개인뿐 아니라 지역사회단체, 정책개입, 온라인이나 대면으로 공급될 수 있는 서비스를 포함한다. 사회적처방은 "사람들의 나이나 출

---

1 NHS. https://www.england.nhs.uk/personalisedcare/social-prescribing/

신에 관계없이 자신들의 건강과 웰빙을 잘 관리하기 위해 지역사회단체에 연계시키는 방법이다"라고 강조한다. 그럼으로써 사회적처방이 사람들로 하여금 자신들의 욕구, 강점, 개인적 자산을 인지해 자신들의 건강과 웰빙을 지원하는 지역사회와 연계하도록 임파워링(empowering)을 할 수 있다고 설명한다.

2) 지역사회 주도의 사회적처방

보편적 모델의 사회적처방이 영국이나 웨일즈 등지에서의 전통이라면 다른 국가들에서는 지역사회운동이나 환자 개인의 임파워링에 초점을 맞춘다. 지역사회의 다양한 비의료 자산과 서비스의 활용을 강조한다.

글로벌 차원의 사회적처방의 정착을 지원하는 세계보건기구(WHO)는 2022년 〈사회적처방 시행지침〉에서 사회적처방을 "보건종사자들이 환자의 건강과 웰빙 개선을 목적으로 지역사회의 다양한 비임상 서비스에 연계시키는 수단"이라 정의한다. WHO는 링크워커에 대해 지역사정에 따라 다양한 전문직이 링크워커 역할을 할 수 있다고 설명한다. "링크워커 역할은 소셜워커, 지역사회워커, 간호사 등 기존의 전문직이나 또는 지역사회 기반의 NGO 등의 조직이나 새로 만들어진 직위가 책임을 맡을 수 있다."(WHO 2022: 1).

사회적처방은 단순한 증상치료에 비교해 환자의 건강과 웰빙 문제의 원인을 해결하는 데 도움을 줄 수 있다는 넓은 의미의 해석을 참고해볼 수 있다. WHO는 사회적처방은 지역사회 기반의 통합적 돌봄을 증진해 보건서비스의 탈의료화를 지원하는 보다 총체적인 접근법(holistic approach)이라 강조하며, 사회적처방이 중요한 이유에 대해서도 다음과 같이 설명한다. 사회적처방은 사회경제적 위상, 사회적 연계성, 주택 교육 등 건강의 사회적 주요 요인들을 해소하는 것이 건강의 결과 개선에 핵심이라는 증거에 기초한다(앞글: 3). 사회적처방은 보다 총체적인 개인 중심의 돌봄 제공을 가능하게 하며, 환자가 임파워링되어 자신의 건강과 웰빙을 스스로 챙기며 그럼으로써 보건시스템에 부담을 덜어주는 임팩트를 생산한다.

아일랜드 정부는 〈사회적처방 프레임워크〉 보고서에서 의료계뿐 아니라 비의료계와 제3섹터의 협력에 초점을 맞춰 개념정의를 한다. 사회적처방은 "보건전문직과 비보건 전문직이 광범한 지역의 비의료 서비스, 특히 제3섹터 서비스에 사람들을 의뢰할 수 있도록 하는 수단이다"(SPFSG 2024). 사회적처방은 "참여자들의 건강과 웰빙을 개선하기 위해 자신들이 임파워링해서 자산기초적 접근을 이용하는 총체적인 방법으로 사람들의 다양한 사회적 욕구들의 해결을 지향하는 지역사회 주도의 운동"이라 강조한다.

캐나다 적십자사가 다섹터 간의 사회적처방의 공조적인 실천을 공유, 연계, 진흥하는 목적으로 창설한 캐나다 사회적처방 인스티투트(CISP 2024)는 사회적처방을 다음과 같이 정의한다. "의료기관과 지역사회 현장에서 의뢰받은 개인들이 비의료적, 건강관련 사회적 욕구를 갖고 있다는 것을 확인해 이들과 공동으로 건강과 웰빙의 개선과 지역사회 연계를 강화하기 위해 비의료적 처방이 되는 사회적처방을 생산해 비의료적 지원과 서비스에 연계시키는 수단"이다. 사회적처방 서비스의 실천이 개인 중심으로 보건, 사회적, 지역사회 서비스와 관련된 사일로(silo)를 제거하는 개인 중심의 통합적 건강과 사회적돌봄으로의 이동을 의미한다. 사회적처방은 역사적으로 보건 디자인과 공급에서 소외받은 소외집단을 포함한 다양한 인구동태적 측면의 다양한 욕구를 가진 개인들에게 맞춤형 서비스를 제공한다.

2018년 캐나다 최초의 사회적처방 파이롯트를 시행한 온타리오 보건센터들은 사회적처방에 대해 사회적돌봄(social care)의 '사회적'(social)과 임상적 돌봄(clinical care)의 '처방'(prescribing)의 복합어라 설명한다(AHC 2020: 6). 이 시각은 사회적처방이 돌봄의 전달과 개인들이 자기건강관리를 하는 파워에 초점을 맞춘 것으로 본다. 임상적 돌봄의 정의를 사람들의 건강과 웰빙에 영향을 미치는 사회적, 환경적, 경제적 요인들을 포용하는 개념이며, 의료진과 고객이 알고 있는 중요한 일을 행동으로 옮기도록 지원하는 개념이다. 이같은 사회적 욕구를 행동으로 옮겨 실행하는 것이 건강형평성 제고에 중요하며, 이를 통해 인구의 건강 갭을 줄이고 바람직한 건강과 웰빙을 가로막는 개인과 지역사회의 장애를 제거한다고 강조한다.

미국의 경우, 사회적처방이 제도화되어 있지 않은 가운데 전문의사들이 자발적으로 사회적처방 운동으로 조직한 '사회적처방 USA'(Social Prescribing USA)는 다음과 같이 제시한다.[2] "사회적처방은 환자의 신체적, 정신적 건강만큼 사회적 건강도 중요하다고 보며, 고독병과 건강의 사회적 문제들의 해결에 핵심도구"로, "보건 전문직들이 예술, 운동, 자연, 서비스 (자원봉사) 등 비임상적 지역사회 활동을 처방해 환자의 최소 부담으로 건강을 개선하는 돌봄전달 모델이다."

2 Social Prescribing USA. https://socialprescribingusa.com/

3) 글로벌 사회적처방 시각

글로벌 사회적처방의 동향을 분석한 연구들에서 제시된 주요국의 사회적처방 개념정의 시각도 다양하지만 유사하다. 최근 국제전문가 대상의 델파이조사로 수렴된 개념정의는 다음과 같다. 사회적처방은 "임상과 지역사회 상황에서 의뢰된 개인이 갖고 있는 비의료적, 건강 관련 사회적 욕구를 파악해 건강과 웰빙을 개선하고 지역사회 연계를 강화하기 위한 비의료적 사회적처방을 공동생산해서 이들을 지역사회의 비의료적 지원과 서비스에 연계시키는 수단이다."(Muhl et al. 2023: 9)

한편 최초의 글로벌 연대조직인 글로벌 사회적처방연대(GSPA 2024)는 "사회적처방은 증거기반의 개입으로 개인들을 지역의 비영리섹터와 지역사회섹터가 제공하는 비의료적 서비스와 활동에 의뢰해 건강과 웰빙을 개선하도록 디자인되어 있다"고 정의한다. GSPA에 따르면 세계 20여 국에서 사회적처방이 부분적으로 시행되고 있지만, 역사적으로 사회적처방에 대한 보편적 정의는 존재하지 않는다. 각국의 사정과 지역사회의 문화와 배경에 따라 다양한 개념정의가 존재할 따름이다. 최근의 글로벌 차원의 보편적 개념정의가 델파이 조사로 수렴된 결과를 GSPA는 다음과 같이 소개한다. 간단하게는 "건강과 웰빙 개선과 지역사회 연계 강화를 위한 비의료적 처방"이라 볼 수 있다. 보다 구체적으로는 "의뢰받은 개인이 비의료적 건강 관련 사회적 욕구를 갖고 있는지를 확인해 사회적처방을 공동생산해서 지역사회 내의 비의료적 지원과 서비스에 연계하는 수단"이라 정의한다(GSPA 2024: 4).

이같은 개념정의는 각국의 보건시스템의 차이, 광범한 사회정치적 인프라 디자인의 차이가 사회적처방의 실행과 계획을 조장하거나 저해할 수 있다. 예를 들면 링크워커의 도입 필요성에 대해서도 기존의 보건전문직의 역할을 업스케일링 하는 방안으로 또는 의료기관과 지역사회 지원 사이를 연계하는 새로운 인력을 충원하는 방안으로 나타난다. 전자에 오스트리아, 스페인, 포르투갈이 해당되고, 후자에는 영연방의 영국, 캐나다, 호주뿐 아니라 일본과 다른 여러 국가들이 새로운 인력을 충원하고 있다. 링크워커 용어도 영국 등 영연방 국가들에서 통용되지만 영국에서도 링크워커 대신 통용되는 다른 용어들이 75개에 달한다(앞글: 4). 웰빙코치, 소셜워커, 지역사회 코디네이커 등이 있다.

또 다른 글로벌 연구에 따르면, 거의 모든 국가들이 사회적처방의 공통된 개념정의를 제시하지 않지만 영국과 호주에서 사용되는 일반적 개념정의만 있을 따름이다(Scarpetti et al. 2024). 건강의 사회적 요인들의 해소와 사회적처방과의 관계에 대해서는 둘의 상호관련성은 여러 국가들에서 확인되고 있다. 건강의 사회적 요인 해소 프로그램들은 전국민 대상의 정부정책들에 관련되는 국가들(영국, 핀란드, 슬로바키아, 웨일즈)이 있고, 사회적처방이 개인차원에서 서비스가 제공되며 개인화된 계획으로 개인별 욕구와 지역사회 자원의 유용 여부에 초점을 맞추는 국가들(캐나다, 독일, 네덜란드, 포르투갈, 미국)로 구분된다.

사회적처방의 시작점이 일차진료나 병원 등 보건시스템에서 이뤄지는 국가들(오스트리아, 캐나다, 미국)이 있지만, 네덜란드, 슬로베니아는 상황이 다르다. 네덜란드에서 사회적 문제에 초점을 맞추는 개인화된 프로그램은 예방 활동으로 간주되어 사회지원법과 청소년법에 따라 재정지원이 이뤄지므로 시정부를 통해 조직화되어 있다. 슬로베니아에서도 유사하게 특정 사회적 욕구의 해결은 사회적돌봄센터 네트워크를 통해 이뤄진다. 이 센터들은 노동가족사회부가 운영한다. 반면에 '지역사회보건접근'은 보건섹터가 조직화하고 재정지원을 한다. 웨일즈의 경우 비영리, 비정부기관, 자선단체, 지역사회단체들이 이루는 제3섹터가 사회적처방 과정의 출발점이다.

사회적처방 프로그램이 일차진료와 지역사회 돌봄에 초점을 맞춘 국가들이 대다수이다. 호주, 캐나다, 영국, 독일, 포르투갈, 슬로베니아가 여기에 해당된다. 호주에 아직 국가 차원의 사회적처방 프로그램은 없지만 여러 지역에서 이미 다양한 실험이 진행되고 있다. 호주 정부는 '국가예방건강전략 2021~2030'에 공중보건에 사회적처방의 통합을 권고하고, 또 '호주의 일차건강계획 2022~32'에 일차건강네트워크에 사회적처방의 실험모델을 전국적으로 적용할 것으로 추진하였다(Baker et al. 2024: 2). 독일에서는 이차 외래환자에게도 적용되며, 슬로바키아와 미국에서는 일차, 이차 및 입원환자에게 적용된다. 핀란드에서는 대부분 일차진료에 적용되고, 웨일즈의 경우 제3섹터가 주도적인 역할을 하는 혼합모델이라 볼 수 있다.

2. 사회적처방의 시대?

1) 사회적처방의 발전

영국이나 아일랜드, 웨일즈 등지에서는 오래전부터 전국적으로 시행되고, 미국에서도 이미 유사한 사회적처방이 지역 곳곳에서 있었는데 최근 전문의들이 국가 차원의 제도화를 위해 사회적처방USA(SPUSA)를 조직해 선도적 역할을 하고 있다.

사회적처방은 영국에서 이미 20여 년 전에 시행된 전통을 갖고 있다. 1984년 영국 브롬리의 일반의(GP)가 환자를 재택 전문가에게 의뢰해 비임상서비스를 받도록 하는 사회적처방 시범사업을 개시한 것이 최초로 알려지고 있다(Morse et al. 2022: 1). 미국 등 여러 국가에서도 유사한 사회적처방 모델이 지역사회에서 있었지만 사회적처방이라는 용어를 사용한 것은 아니다.

영국에서는 2010년대에 여러 지역에서 사회적처방이 파이롯트 프로젝트로 확산되면서 2016년에 전국적인, 국제적인 네트워크가 되는 사회적처방네트워크(SPN)가 창설된다. 의사 마이클 딧슨과 메리 폴리는 사회적처방 파트너들과 SPN을 조직해 전국 컨퍼런스를 개최하고, 이에 학계 연구가 뒷받침되며 지방정부나 민간재단들도 재정지원을 하는 등의 획기적인 변화가 일어난다. 컨퍼런스에서 채택된 사회적처방의 개념정의는 다음과 같다. 사회적처방은 "보건전문직이 환자를 링크워커에 의뢰해 환자의 건강과 웰빙을 개선하는 비임상적 사회적처방을 공동으로 디자인하는 과정"이라는 것이다(앞글: 2).

영국은 2018년 국가 사회적처방 제도화를 완성한다. 향후 5년 기간에 영국민 250만 명 이상이 접근할 수 있는 전국의 일차진료 네트워크마다 사회적처방 링크워커 한 명씩 재정지원을 하는 국가전략을 발표한다. NHS는 국립사회적처방원(National Academy of Social Prescribing)을 창설하고, 또 UN과 공조해 글로벌사회적처방연대(Global Social Prescribing Alliance)를 조직해 사회적처방의 전국 및 글로벌 허브 역할을 자임하고 나선다.

2018년 영국의 메이 수상은 고독은 우리시대의 가장 심각한 건강문제 하나라고 강조하며, 2023년까지 모든 GP들이 고독을 경험한 환자들이 지역사회 활동이나 자원봉사 서비스에 의뢰할 수 있을 것이라는 보건계획을 발표한다.[3] GP 3/4 이상이 고독에 시달리는 환자를 하루 한 명에서 다섯 명까지 보고 있다고 답한다. 고독은 심장병, 스트로크, 알츠하이머 등 광범하게 건강에 해가 되는 임팩트와 관련된다며, 20만 명의 노인들이 한 달 이상 친구나 친지와 대화 없이 지낸다는 것이다. 약을 자동적으로 선택하는 대신 GP들이 환자들을 의뢰해 지역사회 워커들이 제공하는 맞춤형 사회적처방 서비스로 건강과 웰빙을 개선할 것을 강조한다. 메이 수상은 낙후지역의 지역사회 유용한 공간을 확대해서 새로운 지역사회 카페, 예술공간이나 정원을 늘리는 데 재정지원을 하겠다고 약속한다. 또 2천만 파운드를 자선단체와 지역사회단체에 지원해 지역민들의 지역사회 프로그램 혜택을 잘 받도록 하겠다고 말한다.

NHS의 〈장기계획〉(2019)은 사회적처방을 일차돌봄 모델에서 '개인화' 돌봄의 핵심으로 설정한다. 일차돌봄 기반의 사회적처방에는 링크워커들이 NHS에 고용되어 건강과 웰빙코치와 돌봄 코디네이터와 일차돌봄의 세 개 핵심 역할 중 하나를 담당한다. 일률적인 링크워커 주도의 전국적인 보편적 모델은 2019년 이래로 지속적으로 성장해 2023년의 NHS 장기인력 계획에는 2036/37년까지 9,000명까지 세 배 가량 확대된다.

영국과 거의 같은 시기에 웨일즈에서도 사회적처방 프로그램이 시행되는 변화를 맞이한다. 2016년에 정신건강 사회적처방 파이롯트를 정부주도로 시행하면서 2017년에 〈증거 지도와 설명서〉가 발간되고, 2018년 웨일즈 사회적처방연구네트워크 조직이 개시되었다. 2018년 정부는 〈웨일즈의 사회적처방〉 보고서를 발간해 중앙집중적인 진흥 역할을 한다(Welsh Gov-

3 https://www.gov.uk/government/news/pm-launches-governments-first-loneliness-strategy

ernment 2024).

한편 아일랜드의 사회적처방 서비스는 보건사회부의 재정지원을 받은 지역사회와 제3섹터 기관들이 전달의 책임을 맡는다. 기존의 지역사회 특유의 지역자산에 기초한 사회적처방의 모델이다(SPFSG 2024: 17). 영국의 전국 모델과 유사하게 인구 5만 명 기준으로 한 명씩의 풀타임 링크워커들이 활동하는 하나씩의 지역사회보건네크워크(CHN)에 기초한 하향식 전달체계이다. 사회적처방이 기존의 건강지역사회 프로그램의 일부로 2021년부터 시행되는 국가 모델이다.

표 1-1 그레이하운드 훈련사의 사회적처방 경험

척추피열(spina bifida)을 앓고 있는 21세의 청년 지로이드는 보건간호사의 의뢰로 워터포드 사회적처방 서비스를 받게 되었다. 그는 정신적으로 고립된 생활에 시달리며 일상생활의 의미있는 활동을 하지 못했다. 사회적처방 링크워커와의 사정을 통해 그는 그레이하운드 사냥개에 대한 열정을 얘기하며 그레이하운드 훈련 직업을 갖기를 희망했다. 링크워커는 전국적으로 그레이하운드 경주훈련사 중 한명에게 연계할 수 있어, 이후 훈련사는 그를 도와 경주 훈련사가 될 수 있는 기술을 익혀주었다. 그는 좋아하는 지역에서 훈련사 직업을 갖게 되어 자신의 무드, 삶의질, 금전상태 모두가 개선되는 변화가 있었다. 평소 수줍은 그는 2020년 국제 사회적처방의 날 기념식에서 자신의 사회적처방 경험을 소개하는 전국 뉴스에 등장하였다. 그는 "이제 아침에 일어나 뭔가 일어설 수 있는 것을 갖게 되어 기쁘다"고 얘기한다.

자료 SPFSG 2024: 17.

사회적처방은 이젠 글로벌 동향이다. 사회적처방 역사와 전통이 강한 영국에서는 최근 10여 년 이상 중앙과 지방정부 주도의 제도화를 완성하며 확대 심화되는 지속가능성을 보여준다.

2) 사회적처방 후발국의 혁신

사회적처방이 낯설은 미국에서도 사회적처방USA(SPUSA)가 조직되어 2035년까지 국가적 제도화 도입을 추구하는 사회운동을 추진하고 있다. 여러 주와 시정부들뿐 아니라 민간 재단이나 비영리기관들도 다양한 사회적처방 실험들을 진행중이다.

2024년은 미국에서는 사회적처방이 믿을 수 없을 만한 놀라운 진전이 있었던 해라고 SPUSA는 강조한다. 사회적처방에 대한 주류 정부와 의료계의 변화가 일어나며 미국에 사회적처방의 순간이 도래했다고 평가한다. SPUSA는 뉴욕타임지와 사회적처방을 공동으로 소개하며 사회적처방 관계자들의 사회적처방 실천이 400% 증가했으며, '국제 사회적처방의 날'에 첫 미국 축하행사가 열렸고, 사회적 건강 포럼을 조직하는 등의 획기적인 변화들을 이끌었다고 소개한다.

실제로 여러 지역에서 다양한 사회적처방 혁신이 일어난 것도 2024년의 일이다.

a) 매사추지츠 주는 주차원의 예술약국(Art Pharmacy)으로 예술 사회적처방 프로그램을 지원했다.
b) 뉴저지 주에서는 뉴저지공연예술센터가 뉴저지 블루크로스 블루실드와의 예술처방 활동을 확대하는 전국교육협회(NEA) 기금을 지원받았다.
c) 월스트리트 저널, 하버드 공중보건대학, 사이엔틱 어메리컨, 슬레이트 등에 관련 기사들이 등장했다. 테네시, 몬타나 주에서는 사회적처방을 만성질환 해결에 핵심도구라는 정치인, 정부관리들의

진흥시책들이 제시되었다. 18개의 시정부들이 역사적인 '모두를 위한 예술'(Art for All) 행사에 참여해 예술과 문화의 치유 가치 지원에 나섰다.

d) 캘리포니아 샌마테오는 고독을 공중보건 응급으로 간주해 사회적 처방 서비스 시행을 발표한 첫 카운티가 되었다.

표 1-2 미국의 예술약국(Art Pharmacy) 사회적처방

Art Pharmacy는 스스로를 "미국의 건강돌봄 사회적처방의 리더"라 소개한다. 이중의 정신건강과 전염병에 대한 증거기반의 솔루션을 제공한다며, "개인화된 사회적처방 서비스를 건강돌봄, 대학, 기업, 정부 파트너들과 공조해 제공하며 국가의 가장 심각한 건강 문제들을 해소할 수 있다"고 강조한다. '건강계획'은 정신건강, 사회적 고립과 고독으로 시달리는 회원들에게 예술약국의 최종적인 솔루션을 제공하며, '대학들'은 높은 참여율을 보여주며 예술약국을 통해 캠퍼스 안팎의 자원을 레버리징 해서 학생들의 정신적 웰빙을 지원하고, '보건시스템'은 건강형평성, 국민 건강 또는 통합 행태건강 프로그램들을 통해 예술약국이 공급기관의 문제해결의 도구들을 확장해 지원한다. Art Pharmacy는 자발적으로 회원이 되면 지역의 예술과 문화 활동에 참여하도록 연계시켜 건강과 웰빙을 스스로 관리하도록 지원한다. 지역의 다양한 예술문화 기관들과 단체들, 대학들, 기업들이 참여하며 이제 전국적인 네트워크를 구축하고 있다. 입장료 무료 제공부터 직접 활동에 참여할 기회도 준다. 비졀, 공연 예술, 역사와 문화 등 거의 모든 예술 문야, 장르가 해당된다. 기업과 재단들의 사회공헌으로 참여하는 회원들에게 무료로 서비스를 제공한다. 회원으로는 고독과 고립의 리스크가 있는 55세 이상의 성인들, 그리고 스트레스, 불안, 우울증 등 행태적 건강 문제를 가진 12~26세의 청년들이다.

자료 Art Pharmacy. https://www.artpharmacy.co/

이처럼 사회적처방 후발국으로 알려진 미국에서도 국가차원의 사회적처방 운동은 미미하지만 지역에서는 의료계와 비의료계와 지역사회와

지방정부들이 하나씩 새로운 사회적처방 프로그램의 시행을 알리고 있다. 다른 지역들에서도 사회적처방과 다른 명칭이나 다른 다양한 방식으로 실시되고 있는 것이 미국의 특징이다. 따라서 연방이나 주정부가 재정지원으로 개입하면 여기에 민간투자가 결합해서 미국 특유의 국가 사회적처방의 시행을 추진할 만한 충분한 밑바탕이 갖춰져 있다.

3) 사회적처방 선도국의 동향

사회적처방의 역사와 전통이 깊은 영국과 캐나다 등지에서는 아래와 같은 최근 십여 년의 사회적처방 정책과 프로그램의 혁신이 축적되며 이제는 주류 동향으로 정착되고 있다.

(1) 영국 NHS 사회적처방 모델

영국에서는 2024년 현재 3,200명의 링크워커들이 활동하며, NHS가 2022년 동절기 건강서비스 비상상황에 대비하기 위해 링크워커 1000명을 추가 충원하는 노력을 기울렸다(NASP 2024: 5). 영국의 사회적처방은 대부분 일차진료에 기초하는데 의사가 심리사회적 문제들을 스크린한 다음에 링크워커에 의뢰를 한다. 링크워커들은 한시간 가량의 동기적 인터뷰를 해서 개인적 욕구를 확인한 다음 지역사회 서비스 의뢰를 신청한다. NHS는 링크워커의 역량 프레임워크를 다음과 같이 제시한다.

a) 사람들과 접촉해 연계하는 역량

b) 사람들에게 기회를 제공해 지원하는 역량

c) 지역사회개발의 기회를 제공하는 역량

d) 안전하고 효과적인 실천의 역량

사회적처방네트워크(Social Prescribing Network)는 2016년 개설되어 핵심 이해관계자들에게 사회적처방 주요 정보를 제공하는 역할을 한다. 국립사회적처방아카데미(NASP)는 2018년에 창설되어 사회적처방의 진흥, 공조 및 혁신의 선도적 역할을 담당한다. NASP의 주요 역할은 아카데미 파트너들과 공조로 사회적처방의 증거기반을 파악해 알리며, 지역의 지역사회 프로젝트에 국가적 지원(Thriving Communities)을 하며, NHS 직원들의 사회적처방에 대한 인식 제고(Champions Programme)를 지원한다. 또 의과대학 프로그램을 통해 의과대학들의 사회적처방 교과 운영을 지원한다.

영국에서의 사회적처방의 정책 배경으로는 돌봄의 개인화, 건강과 돌봄의 통합뿐 아니라 평생교육의 발전을 주목해볼 수 있다(HEE 2016).

(A) 돌봄의 개인화(Personalisation of care)

NHS 대표는 돌봄의 개인화에 대비하기 위해 개인, 개인의 기대, 욕구와 자산, 지역사회의 배경에 초점을 맞춘 서비스를 제공하는 보건서비스의 필요성을 중시하였다. 〈미래 비전 5개년 계획〉을 통해 돌봄과 교정의 공장모델에서 넓은 개인과 지역사회 참여 모델로의 변화 필요성이 강조되었다.

돌봄의 개인화를 보완하기 위해 통합개인위탁(Integrated Personal Commissioning (IPC) 프로그램을 개시해 지방정부와 시민사회에 대한 지원정책이 추진되고 있다. IPC 프로그램은 개인화의 다음 단계는 개인과 관련된 자원을 가장 복잡한 보건과 돌봄 욕구에 결합시켜, 지역사회를 강화하고,

위탁과 지원의 자기관리방안의 전환을 이루는 접근법으로 이동하는 것이다. 조기개입, 예방, 자기돌봄으로 그리고 독립적 생활의 진흥과 지원으로 통합하는 것이다. 개인과 지역사회의 '결핍' 시각에서 '자산'을 모색하는 가치를 중시한다. 사회적처방은 개인적 선택을 보충하는 것으로 이렇게 하기 위한 인프라를 창출하는 적절한 투자가 이뤄질 것을 전제로 한다.

(B) 건강과 사회적돌봄의 통합

영국에서는 돌봄을 조직화하는 대안들이 있다는 것이 일반적으로 합의되어 있다. 그리고 임의적인 영역 파괴가 필요하다는 것도 합의되고 있다. 병원과 일차돌봄 사이의 경계를 비롯한 보건과 사회적돌봄, 일반의와 전문의, 이 모든 것이 사람이 필요로 하고 원하는 방향으로 실질적인 조정이 이뤄지는 돌봄이 되는 것이 핵심이다.

보건, 돌봄, 지원이 통합되기 위해서는 개인, 돌봄자 가족의 욕구와 선호에 맞춤형의 개인 중심으로 조정되어야 한다. 이것이 의미하는 것은 일시적 돌봄에서 보건, 돌봄, 지원 욕구에 대한 보다 종합적인 접근으로 이동하는 것이다. 어떻게 서비스가 조직되어 전달될 것인지는 사람들의 욕구와 경험이 핵심이 될 것을 제시하는 것이다. 사회적처방은 통합 어젠다를 지향하는 플랫폼이자 매개 역할을 한다. 사회적처방은 전통적인 일차와 이차 돌봄, 보건과 비보건 분야 사이의 경계를 파괴해 협력을 진흥하는 플랫폼을 창출한다.

(2) 국가 사회적처방의 추진전략

사회적처방 시대를 선도하는 영국의 경우, 국립사회적처방아카데미(NASP)에 소개된 최근의 동향은 다음과 같다.[4] 영국의 사회적처방은 NHS 주도로 2019년 〈NHS 장기 계획〉에 사회적처방을 국가보건정책의 핵심으로 도입하면서 크게 활성화되어 왔다. NHS가 창설한 NASP를 중심으로 다음과 5대 전략이 추진되고 있다(NASP 2023: 8-12).

첫째는 연계 전략이다. 2019년 이래로 GP 계약을 통해 사회적처방 링크워커들이 일차진료 네트워크에 고용되어 지금 3,600명이 250만 개 이상의 의뢰를 받아 서비스 연계 활동을 하고 있다. 2022년에 모든 일차진료 네트워크가 '적극적 사회적처방'을 시행해 링크워커들이 그간 소외되어 충족되지 않은 욕구를 가진 사람들을 파악해 연계할 것으로 요청한다. 또 NASP가 지원하는 사회적처방 임상챔피언 캠페인을 통해 전국 일곱 개 NHS 광역 지부들, 지역사회의 일차 및 이차진료에서 그리고 22개 임상 및 비임상 진료과에서 사회적처방 인식을 높이고 선도적 역할을 하도록 촉구한다.

둘째는 투자 전략이다. 주민들의 건강과 웰빙을 직접 지원하는 지역사회 활동에 투자를 늘리는 계획이다. 참여자 만 명 이상, 건강 상태가 취약한 단체들에게 임팩트가 높은 사회적처방 활동을 제공하는 지역사회에 180만 파운드의 '성장지역사회기금'을 제공한다. NASP는 범정부부처 프로그램 '녹색사회적처방'(Green Social Prescribing)에 577만 파운드를 제

4 NASP, https://socialprescribingacademy.org.uk/frequently-asked-questions-about-social-prescribing/

공해 지역의 보건시스템 전역에 자연기반의 사회적처방을 확대 정착시키는 역할을 하도록 한다. 또 교통부는 3년 기간에 11개 지역사무소를 통해 정부기관들과 공조해 '액티브 트래블'(Active Travel) 사회적처방에 투자한다. NASP는 어틀리 재단(Utley Foundation) 등과 공조해 새로운 '음악의힘 기금'(Power of Music Fund)을 디자인해 치매 사회적처방을 지원한다. 100개의 치매 합창단과 노래모임들에 10만 파운드씩 배분해 지원한다.

표 1-3 액티브 트래블 잉글랜드(Active Travel England)

영국 교통부는 Active Travel England 정부지원기관을 설립해 2023년에 3년간의 사회적처방 파이롯트에 1억 3,900만 파운드를 11개 지역에 배분하였다. 일반의와 간호사 등 보건전문직이 환자에게 워킹과 싸이클링을 처방해 건강개선을 돕도록 하는 정부정책의 시행이다. Active Travel England는 범부처와 기관들의 파트너십으로 11개 지역의 파이롯트 시행을 지원하며 진행된다. NHS England, Department of Health & Social Care, Department for Environment, Food & Rural Affairs, Department for Transport, Sport England, Office for Health Improvement & Disparities, NASP 등이다. 파이롯트 지역은 환자의 행태적 개선을 위해 워킹과 싸이클링 활동을 준비해 운영한다. 주요 프로그램으로는 a)가이드 활동과 훈련 활동, b)싸이클과 e-싸이클 공급, c)인프라 투자 관련, d)지역사회 그란트 계획 등이다. 지역사회의 Active Travel 기초를 마련하는 중앙정부의 지원으로, 다음 단계는 참여자의 신체활동 수준을 증대시켜 참여자 개인의 독립적인 액티브 여행을 결정하도록 지원하는 데 목적이 있다.

자료 Active Travel England. https://www.activetravelengland.gov.uk/funding/social-prescribing

셋째는 증거 전략이다. 사회적처방의 효과를 검증하는 증거수집과 분석을 추진하는 계획이다. 약 300명의 학계와 전문연구진이 NASP의 국제증거컬렉티브의 일부로 글로벌 차원의 사회적처방 연구와 자료를 공유한다.

NASP는 최근 15개의 증거 리뷰를 제공해 정책과 실행에 참고하고 있다. 노인, 예술과 문화, 신체활동, 금융, 사회적, 법률적 사회적처방, 자연과 경제적 임팩트 등 다양한 방면에 걸쳐 다양한 증거들이 사회적처방의 효과를 검증해 보여준다.

표 1-4 음악의 힘 기금(Power of Music Fund)

Power of Music Fund는 2023년에 치매합창단과 노래부르기 그룹을 1000 파운드씩 10개 그룹을 지원하는 정부(NASP) 기금이다. 운영에 어려움을 겪는 그룹을 지원해 참여자들의 사회적처방 효과를 개선하는 데 목적이 있다. 2단계로 70개의 지역단체들이 치매환자들의 음악활동을 지원하는 다년 지원의 기금을 제공하고 있다, 약 5,500명의 치매환자들에게 도움을 주는데, 대표적인 그룹들이 전국 네트워크 '음악과 치매'를 결성할 예정으로 이들의 활동을 평가해 성장을 돕는 데 3년 기금도 제공할 예정이다.

자료 NASP, https://socialprescribingacademy.org.uk/the-power-of-music/the-power-of-music-fund/

넷째는 파트너십 전략이다. NASP는 여러 섹터들과의 전략적 파트너십을 맺어 혁신적 아이디어와 접근법을 정보와 연구를 지역, 국가, 국제 차원에서 공유하고 학습한다. 이런 파트너십을 통해 사회적처방은 이제 많은 국가기관들의 전략과 계획에 주요 정책으로 포함되고 있다. 전국 단위의 130개 조직들도 파트너십에 동참해 사회적처방의 혁신을 탐구한다. 자원봉사, 주택, 직장 관련 조직들이 대상층에게 고품질의 사회적처방 접근법의 혜택을 누리도록 아이디어를 동원한다. 이제 세계적으로 30개국 이상이 자체 사회적처방 이니셔티브를 개발하고 있다.

최근 실시된 서베이들도 사회적처방의 시대의 도래를 엿보게 해준다. 사회적처방에 대해 영국인의 19%가 그 용어를 알고 있다고 답하고, 61%

는 의료진이 정신건강 지원이 필요한 사람들을 비의료적 지원을 받도록 의뢰한다는 사실도 인지하고 있다(앞글: 12). 영국 보건사회적돌봄부 조사에서는 의료진 97%가 사회적처방을 지지한다고 답한다. NHS의 '장기인력계획'에는 2036/7년까지 링크워커 9천 명을 채용하는 목표가 포함되어 있다. 2023년 현재 3,500명에서 두배 반 가량 확대한다는 계획이다.

4) 사회적처방의 글로벌 동향

이상의 영국뿐 아니라 다른 국가들도 사회적처방에 소극적이나마 최근 진전된 동향을 보여준다. 글로벌 사회적처방연대(GSPA 2024)에 따르면 세계 20여 국에서 사회적처방이 부분적으로 시행되고 있다, 그럼에도 역사적으로 사회적처방에 대한 보편적 정의가 존재하지 않는다고 밝힌다. 사회적처방의 개념정의는 각국의 보건시스템의 차이, 광범한 사회정치적 인프라의 디자인의 차이가 사회적처방의 실행과 계획을 조장하거나 저해할 수 있다.

예를 들면 링크워커의 도입 필요성에 대해서도 기존의 보건종사자들의 역할을 업스킬링 하는 방안으로 또는 의료기관과 지역사회 지원 사이를 연계하는 새로운 인력을 충원하는 방안으로 나타난다. 전자에 오스트리아, 스페인, 포르투갈이 그러하고, 후자에는 영연방의 영국, 캐나다, 호주뿐 아니라 일본과 다른 여러 국가들이 새로운 인력을 충원하고 있다. 링크워커 용어도 영국 등지에서 통용되지만 영국에서도 링크워커 대신 통용되는 다른 용어들이 75개에 달한다(GSPA 2024: 4). 웰빙 코치, 소셜워커, 지역사회 코디네이터 등이 있다.

(1) 스코틀랜드(Scotland)

영국의 영향을 받은 스코틀랜드는 사회적처방에 선두그룹에 속한다. 링크워커들은 특정 사회적처방 의뢰로 특화되어 있는 특징이 있다(앞글: 8). 글라스고우에는 망명자를 지원하는 링크워커들이 있고 에딘버러에는 취약층을 지원하는 총체적인 지역사회 지원을 지원하는 데 특화된 전문 링크워커들이 있다.

스코틀랜드의 사회적처방은 1990년대부터 개발되어 실행되어 왔다. 2016년 지역사회 링크워커 프로그램의 개설로 전국적인 관심이 모아졌다. 스코틀랜드 정부는 지역사회 링크워커 네트워크에 공식적인 재정지원을 해서 활성화에 기초를 마련해준다. 지역사회 링크워커(Community link workers: CLW)는 일차진료에 기초해 환자를 지역사회 활동에 연계시키는 역할을 한다. 에딘버러의 CLW 네트워크는 24개의 CLW들이 11개 비영리조직들이 고용한 45명의 링크워커들의 일차진료소와 협력해 사회적처방을 추진한다. CLW 네트워크 이외에도 북아일랜드와 스코틀랜드 지역사회조직들이 파트너십 SPRING 사회적처방으로 24개 지역사회 주도의 보건조직들의 네트워크를 통해 사회적처방 서비스를 제공한다.

2020년 COVID-19 비상상황에서는 스코틀랜드 사회적처방네트워크(SSPN)가 조직되어, 지역사회 연계망과 사회적처방 링크워커, 지역사회 링크워커들이 긴급히 동원되어 지역민 서비스 제공에 나섰다. SSPN은 정부와 공조해 사회적처방의 전략수립에 핵심적 역할을 한다. 또 2022년 6월에는 의회 라운드테이블을 마련해 사회적처방의 국가적 조직화에 여러 이해관계자 그룹을 동원해 정부를 압박하는 역할도 했다.

(2) 웨일즈(Wales)

웨일즈의 사회적처방 모델은 영국 모델이 기초하는 의료중심, 일차진료 접근법에서 지역사회 기반의 총체적 개입 모델을 제시한다(앞글: 10). 웨일즈 사회적처방연구원(WSSPR)의 2021년 연구에 따르면, 대부분의 사회적처방은 제3섹터와 지역사회 공간에 의뢰를 포함한 서비스 활동이 이뤄지고 있다. WSSPR은 2020년에 설립되어 350 기관단체들과의 네트워크를 형성하고 있다. 2022년 정신건강과 웰빙부 장관은 "전국 사회적처방 웨일즈 모델"을 제시하며 모든 이해관계자들과 사회적처방 모델에 합의하고 사회적처방 용어의 이해를 높이며 국가적 프레임워크를 통해 웨일즈 모델에 내재한 행동들을 파악하기 위한 공개적인 공공 면담을 제시하였다.

"모두의 사회적처방 웨일즈모델"은 다섯 경로를 제시한다. a) 건강돌봄(의사의 의뢰 등), b) 의무적 섹터(응급 또는 사회적 서비스 등), c) 제3섹터(비영리조직, 재단, 단체 등), d) 대상(특정 건강상태에 대한 의뢰 등), e) 자기의뢰.

(3) 북아일랜드(Northern Ireland)

북아일랜드의 사회적처방은 30개의 지역사회 주도의 보건조직들의 네트워크인 SPRING에 의해 거의 전적으로 이뤄지며, 이들은 지역사회에 사회적처방 전달조직 역할을 한다(앞글: 12).

북아일랜드의 사회적처방은 일차진료를 담당하는 보건전문직의 의뢰가 이뤄지면 링크워커가 디지털 플랫폼을 활용해 대상층을 지역사회 활동에 연계시키는 웰빙플랜을 공동으로 디자인한다. 2017~22년 기간에 5년 프로젝트로 'mPower'가 사회적처방 실험을 거쳤다. 아일랜드, 복아일랜드 및 스코틀랜드에 거주하는 65세 이상 노인을 지원하기 위한 사회적처방이다. 링크워커의 지역사회 내비게이터 역할로 보건서비스에 의뢰받은 환자들과 협력해 웰빙플랜을 수립해 이들을 지역사회 활동에 연계시켜 건강 개선을 지원한다.

(4) 아일랜드(Republic of Ireland)

아일랜드의 사회적처방은 보건서비스와 지역사회 제3섹터 사이의 파트너십으로 지역사회 아래로부터의 운동에서 시작되었다(앞글: 14). 지금은 응급의료시설을 포함한 30군데 이상에서 사회적처방 서비스가 이뤄지고 있다. 2020년 더블린의 세인트 제임스 병원이 성공적인 에이징 시설에 링크워커를 고용해 종합적인 노화 평가의 일부로 심리사회적 욕구 스크린을 실시하였다. 병원의 환자들을 건강과 웰빙 서비스를 제공하는 지역사회기관에 연계시키는 지역사회자산매핑(LAMP)을 웹사이트에 개설해 시행한다. 정부는 2020년 사회적처방 정책을 수립해 정신건강 정책 수행의 일부로 확대시켰다.

다른 주요 보건정책들도 사회적처방을 포함하고 있다. '건강한 지역사회' 프로젝트는 취약지역을 타깃으로 사회적처방의 건강과 웰빙 개선 시도를 한다. 2017년의 '모두의 아일랜드 사회적처방 네트워크'가 개설되어 아일랜드 전역에 사회적처방의 가치 확산을 목표로 아일랜드 남부와 북부의 보건서비스, 학계와 지역사회와 제3섹터 대표들이 참여한다.

(5) 캐나다(Canada)

2022년 캐나다의 사회적처방 전국허브가 되는 캐나다사회적처방기관(CISP)이 개설되어 사회적처방 이해관계자 집단과 함께 캐나다 사회적처방 국가 프레임워크 창설을 위한 2년 프로젝트를 개시하였다(앞글: 16).

CISP는 캐나다 공공보건원이 재정지원을 하고 캐나다 적십자사가 후원하는 다섹터 공조기관이다. 캐나다 사회적처방의 분포와 전달체계는 국가 시범프로젝트부터 지역 프로젝트에 이르기까지 다양하다. 국가 차원에서 시행되는 공원처방(Parks Prescription: PaRx)는 증거기반의 자연처방 프로그램으로 보건전문직에게 자원을 제공해 효과적인 자연 처방을 하도록 지원한다. 오래전 미국에서 일부 공원들이 시작했던 공원처방이 캐나다에서 복제되어 전국 모델이 되고 있다(제4장 참고).

또 브리티시 컬럼비아 유나이티드 웨이의 노인을 대상으로 하는 사회적처방 프로그램, 온타리오 전역의 지역사회보건센터들이 수행하는 Rx: Community 프로젝트 등 광역 기반의 시범사업들이 있다.

또 사회적처방 대학생운동으로 캐나다 사회적처방 학생 콜렉티브가 전국 대학에서 보건 전공학생들의 교육과 후원 역할을 한다.

(6) 미국(USA)

미국에는 공식적인 사회적처방 제도가 존재하지 않지만, 연방정부와 주정부 보험기관들이 건강의 사회적 요인들에 대한 관심이 높아지고 있다.

2016년 메디케어와 메디케이드센터(Centre for Medicare and Medicaid Services: CMS)가 책무적인 건강지역사회 모델을 개발해 지역사회가 메디캐어와 메디케이드 수혜자의 건강 관련 사회적 욕구를 해소하는 지원에 나섰다(앞글: 18). 2019년에는 '국립 과학, 엔지니어링 및 의약 아카데미'가 〈건강돌봄의 전달에 사회적돌봄의 통합〉 연구보고서를 제시해 보건시스템에 사회적돌봄의 통합방안을 다루며 지역사회 내에 있는 기존의 사회적돌봄 자산을 이해하고 사회적, 건강 욕구들의 해소를 위한 사회적 자산의 투자와 생산을 후원하는 사회적돌봄 조직들과의 파트너십의 필요성을 강조한다.

또 'Unite US'와 'Now Pow' 등 지역사회 자원디렉토리는 지역사회 돌봄의 갭을 매우는 의뢰 플랫폼으로 존재한다. 영리기업인 카이저 퍼머넨트는 '지역사회 건강 프로그램'을 제시해 가입자들의 사회적 욕구를 스크린 해서 이들을 지역사회 기반의 자원에 연계시키고 있다. 2021년 하버드대학의 글로벌 건강기관은 다른 사회적처방 학생운동과 공조해 대학생 프레임워크를 개발하고 사회적처방에 학생 참여를 동원하는 필요한 스텝들을 탐구하며 동료집단 티칭을 개설하였다. 학생들은 2022년 하버드대학생 사회적처방 이니셔티브를 공식화하였다.

미국에는 사회적처방을 사용하지 않으면서도 다양한 사회적처방 프로그램이 존재하는데, 대표적으로 제4장에서는 '공원처방'(Park Prescribing)을 참고해 볼 만하다. 캐나다의 공원처방(PaRx)과 유사한 프로그램들이 미국 전역에서 사회적처방을 대표하는 모델로 정착되어 있다.

(7) 포르투갈(Portugal)

포르투갈의 사회적처방 운동은 일차진료 의사가 2018년 주도해오고 있다(앞글: 20). 그는 리스본 도심에 가족건강진료소에 사회적처방 파이롯트를 설치하였다. 그후 포르투갈에서는 여러 형태의 사회적처방 동향이 진행되었는데, 2020년 리스본 시장이 공공보건 NOVA 스쿨에 재정지원을 해서 지역의 사회적처방 프로젝트에 대한 평가를 수행하도록 한 것이 대표적이다. 2021년에는 포르투갈의 정신건강위원회가 사회적처방에 대한 국가차원의 투자와 확산을 권고하였고, 이어서 의회가 일차진료에서의 사회적처방의 개발과 이를 위한 소셜워커들의 충원의 필요성을 권고하였다. 그럼에도 정부는 아직 국가차원의 사회적처방 프로그램을 시행하지 않고 있다.

(8) 스페인(Spain)

스페인의 광역 자율공동체들이 사회적처방 서비스의 전달과 시행에 다양성을 창출한다(앞글: 23). 카탈로니아의 사회적처방은 지역사회 활동 리스트가 수록된 환자의 전자 의료기록에 통합되어 있다. 일차진료 의사, 간호사 또는 진료소 내의 소셜워커는 이 기록을 참고해 즉각적인 의뢰를 해서 의뢰와 사회적처방 이후의 추가 진료와 평가를 한다.

약물중독 일반지침서는 의사가 정확하고 적당한 의뢰를 할 수 있도록 8시간의 교육 프로그램을 공인한다. 추가적인 3시간 과정으로 보건센터내 의뢰인을 에이전트로 인증받아 센터 내의 팀원들에게 사회적처방 정보를 전달하고 사회적처방 모델을 설명하며 사회적처방을 독려하는 역할을 한다.

(9) 네덜란드(Netherlands)

네덜란드의 사회적처방은 2011년 '처방의 웰빙' 네트워크 개설로 공식화되었다(앞글: 24). 2018년에는 일차진료 기관, 복지 수셜워커, 정책담당자들의 전국적인 지식네트워크도 오픈했다. 처방의 웰빙 네트워크가 지향하는 목표는 시정부들이 사회적처방을 시행, 실천하도록 하는 것으로, 현재 344개 시정부 중 145개가 사회적처방 서비스를 운영한다. 네덜란드의 사회적처방 모델은 '긍정적인 건강', '긍정적인 심리', '사회적 정체성' 이론에 기초한다. 이 이론들은 의료적 치료에서의 문제 해결보다는 건강과 웰빙의 측면에 초점을 맞춘다.

일차진료에서 의뢰가 이뤄진 2주 이내에 웰빙코치(링크워커)가 환자와 인터뷰를 통해 환자의 희망과 욕구에 맞춘 활동의 웰빙 계획을 짠다(앞글: 25). 웰빙코치는 지역사회와 잘 협력하는 유능한 인물로 대상자를 지역사회 내의 적절한 활동에 의뢰한다. 또 웰빙코치는 환자의 재정, 안전 또는 주거 관련 문제들을 검토해 필요한 지원을 한다. 웰빙코치는 소셜워커조합과 처방 웰빙의 공조를 진행되는 '처방 웰빙' 과정에 추가교육을 이수한 소셜워커이다.

(10) 핀란드(Finland)

라플란드(Lapland)는 핀란드 최초의 사회적처방 링크워커들을 가진 지역으로, 사회적처방의 농촌형 모델이다(앞글: 26). 라플란드는 정부지원의 파이롯트 프로젝트로 사회적처방을 수행하는데 다음 세 가지에 초점을 맞춘다.

a) 욕구파악과 의뢰: 건강과 사회적돌봄 전문가, 고용서비스와 함께 사회적처방을 할 수 있다.
b) 링크워커: 대상자와 상담하는 링크워커가 개인 욕구에 따라 사회적 개입을 공동으로 디자인한다. 시정부는 광역 지역에 링크워커

들을 코디네이터 하는 책임을 가진다. 일부 링크워커들은 파트타임제로 시정부, NGO 또는 사설 서비스기관에 고용되고 있다.

c) 지역사회 기반의 지원과 개발: NGO, 성당, 제3섹터 등의 서비스를 포함하는 시정부 차원의 지역사회 활동들의 네트워크가 있는데, 이들이 제공하는 서비스는 시정부의 건강과 웰빙 의무적 계획에 통합되어 있다. 사회보건부가 2500만 유로를 투자하는 웰빙 서비스에 사회적처방이 포함되어 있다.

(11) 이탈리아(Italy)

이탈리아의 사회적처방 사례는 '소셜 서클'(Social Circles)로, 지역사회센터에서 노인층을 대상으로 진행되며 걷기투어, 극장관람 등 조직화된 사회화 활동이 있다(앞글: 27).

사회적처방은 구조적으로 공식화되어 있지 않다. 환자를 심리사회적 욕구에 따라 지역사회 서비스에 연계시키는 일부 시범사업이 있는데, 그것이 '소셜 서클'(Social Circles)이다. 이 시범프로젝트가 다양한 치료 혜택을 제공하지만 여러 한계가 있다. 증거기반을 구축해 국가 차원의 사회적처방운동을 확산하기 위한 모니터링된 평가를 포함한 장기 지속가능 플랜을 개발할 필요가 있다.

(12) 독일(Germany)

독일에서 사회적처방이 전국적으로 확장 시행되지 못하는 큰 장애물은 다른 섹터들 사이에 보건과 사회적돌봄 재정이 분절화되어 있기 때문이다(앞글: 30). 사회적처방은 아직 공식화된 정책은 아니지만 건강관련 사회적 욕구를 해소하기 위한 총체적인 환자 중심의 돌봄 요구는 확인되고 있으며 일부 실천되고 있다. 2017년 북부 지역에 지역사회 건강 조언과 내비게이션 서비스가 개설되어, 간호사와 소셜워커들이 환자를 조언해 개인적 욕구에 맞춘 지역사회 서비스에 의뢰한다. 일차 보건센터들도 지역사회 지향적으로 환자의 사회적 문제들의 개선을 추구한다. 지역사회 보건센터가 질병을 일으키는 문제해결을 위한 광범위한 건강서비스를 생산할 목표로 사회적 문제들을 정기적으로 스크린한다.

2022년 게코건강센터(GeKo Health Centre)가 개설되어 질병예방과 건강증진을 위한 보건 서비스를 제공한다. 연방 차원의 법적 보건보험사연합도 질병예방 서비스 제공의 가이드라인을 제시한다. 가이드라인에는 보험자들에게 운동, 영양과 스트레스 관리 가이드라인의 건강증진을 위한 동기부여 코스들이 포함되어 있다.

독일에서 사회적처방의 전국적인 확대 시행에 장애가 되는 것은 여러 섹터들 사이에 분절화된 건강과 사회적돌봄의 재정이다(앞글: 31). 건강과 사회적돌봄의 재정적 모델이 통합되면 국가적 모델이 만들어져 사회적처방의 시행이 용이해질 수 있다. 2023년에 첫 사회적처방 전국 컨퍼런스가 개최된 것도 장래의 전망을 밝혀준다.

(13) 오스트리아(Austria)

사회적처방 파이롯트 프로젝트에 참여한 환자들 98%가 타인에게 사회적처방을 추천받았다(앞글: 32). 2021년 연방정부의 사회보건부는 사회적처방 프로젝트를 지원했다. 6개월 기간에 걸친 파이롯트 프로젝트에 9개 일차진료기관이 재정지원을 받았는데, 사회적처방과 링크워킹 방법에 익숙하기 위한 교육을 받은 보건전문가들이 사회적처방 의뢰를 한다. 링크워커들은 간호사와 진료소 내의 소셜워커들로 구성되어 이들이 환자들의 욕구를 파악하고 지역사회 자원을 파악한 다음 환자들을 적당한 지역사회 서비스에 의뢰하는 역할을 맡는다. 파이롯트 프로젝트의 결과 보고서는 오스트리아 사회적처방 도입을 위한 다음의 사회적처방 활성화 방안을 제시한다(앞글: 33).

a) 오스트리아 일차진료의 사회적처방 모델을 개발해 사회적처방이 무엇이고 무엇이 아닌지를 명확히 정의한다.
b) 일차진료에서 더 많은 사회적처방 프로젝트를 지원해 사회적처방의 효과적인 시행을 충분히 이해한다.
c) 사회적처방 시행을 위해 타국의 모범사례들을 학습하고 의견을 교환한다.
d) 사회적처방 국가센터를 조직한다.
e) 보건전문직에 대해 사회적처방에 대한 이해와 효과적인 링크워커 역할 수행에 필요한 교육을 실시한다.

(14) 폴란드(Poland)

폴란드는 아직 사회적처방 시행을 하지 않는 국가이다. 다만 적극적인 개인화 돌봄과 질병예방 차원에서 사회적처방의 시행을 전망해볼 수 있다. 2019년 국가 지원의 '일차진료 프러스' 3년 파이롯트 프로젝트가 적극적인 예방적 방법에 기초한 일차진료 모델을 도입했고 2021년 도입된 '40 플러스 예방 프로그램'도 질병예방의 초기 대응 전략을 추진한다(앞글: 34). 국가 차원의 질병 완화를 추구하는 반응적인 '질병돌봄'에서 질병예방과 건강 개선으로의 이동으로 사회적처방의 국가적 도입의 기회를 열고 있다.

(15) 인도(India)

사회적건강활동가로 알려진 ASHA 워커들은 사회적처방 워커들과 유사한 역할을 한다. 이들은 건강의 사회적 요인들을 인지해 지역의 보건계획과 보건서비스의 활용과 책무성을 강화하도록 지역사회를 동원하는 지역사회 건강활동가들이다(앞글: 36).

인도는 아직 사회적처방을 시행하지 않지만 건강의 사회적문제 해결에 지역사회 역할을 강조하고 건강돌봄의 불평등한 접근을 해소하려는 노력이 강화되고 있다. 실제로 여러 보건 프로그램들이 의료기관과 지역사회 기반의 지원을 링크하는 역할을 한다. ASHA 프로그램은 2006년부터 시행되어 현재 약 100만 명에 달한다(앞글: 37). 프로그램의 목표는 농촌과 도시의 빈곤층이 장기적, 지속가능한 삶의질 전환을 일으키도록 함께 일한다는 것이다. 이를 위해 보건서비스 전달에서 ASHA 활동가를 활용한다. 지역의 여성들을 ASHA 워커(지역보건 자원봉사자)로 훈련시켜 링크워커 역할을 하도록 한다.

(16) 이란(Iran)

2019년 사회적처방이 보건부의 의료비절약 정책의 하나로 제안되며 도입을 검토하는 단계이다(앞글: 38). 이란의 모든 의과대학들이 일정

수준의 사회적처방을 강의하지만 아직 공식 교과에 포함된 것은 아니다. 2018~20년 기간에 의대생 인턴을 위한 사회적처방이 데즈풀 의과대학의 파이롯트로 시행되어 학생들이 농촌보건소에 가서 사회적처방 실습을 하였다. 농촌보건소 직원이 지역사정에 밝은 링크워커 역할을 하며 환자들을 의뢰하였다. 그러나 이들의 역할은 이중 업무로 번아웃을 호소하며 재정지원이 없는 상태에서 시행의 어려움을 겪고 있다. 일차진료 의료진에게 사회적처방에 대한 교육프로그램이 디자인되어 시행을 앞두고 있다.

(17) 일본(Japan)

일본은 사회적처방에 적극적이다. 일본 사회적처방실험실이 2018년 창설되어, 의료진, 돌봄워커, 지역사회 관리자 등 266명이 참여해 실험을 주도한다(앞글: 40). 니시 의사가 창설한 이 실험실은 자신의 진료에서 고독과 고립의 심각성을 알리며 사회적처방의 혁신을 강조한다. 또 병원 현장에서도 사회적처방이 시행되고 있는 현실이다. 사이타마 의료조합병원은 '건강증진병원'으로 분류되는데, 이 병원은 환자의 건강의 사회적 문제인 빈곤이나 고독 문제 해결을 지원하기 위해 의료진이 의료계 소셜워커에 의뢰한다. 소셜워커들은 지역사회의 자원봉사단체에서 환자가 필요한 서비스 공급을 받고 다양한 활동을 하도록 지원한다. 나가사키의 이시자카 뇌신경병원에서는 링크워커들이 병원이나 너싱홈의 환자들을 지역사회의 다양한 활동을 하도록 의뢰한다. 병원이 고용한 링크워커들이 노인들이 아동과 사회화를 하도록 해서 고독이나 고립에서 벗어나게 하는 활동들을 지원한다.

정부 차원에서는 보건부가 생활지원 워커들(세이카츠 시엔)이 지원하는 건강돌봄, 간호, 질병예방, 주택과 생계지원을 보조하는 '지역사회 기반의 통합돌봄시스템' 설립을 계획하고 있다(앞글: 41). 2021년 건강노동복지부는 사회적 고립과 자살률 증가의 위기를 타개하기 위해 고독장관을 처음 임명해 사회적처방 모델 프로젝트를 시행한다. 교토 대학의 지원팀이 환자용 사회적 이슈 스크리닝 질문지를 개발했다.

표 1-5 고독과 고립에 대한 사회적처방

일본 긴키 지역주민(n=1053) 설문을 바탕으로 주민의 고립과 고독 상태에 따른 각기 다른 사회적처방이 필요하다는 가설로 통계분석을 수행한 연구를 참고할 만하다. 개인의 사회적 고립 상태와 고독 상태를 묻고 이어서 사회적처방에 해당되는 사회적 기여활동, 타인과의 친밀한 인간관계 등 네가지 변수를 크로스탭한 결과는 다음과 같다.

a) 사회적으로 고립되지 않지만 고독하다는 사람에게는 효과적인 사회적처방은 사회적 기여활동에 참여해 고독을 완화시키는 친밀한 인간관계를 갖도록 하는 처방이다.
b) 사회적 고립 상태의 주민들은 사회적 기여활동에 관심이 적어서 기여활동 참여를 처방하는 경우 효과가 적으므로 한계가 있다.

자료 Uchihara (2023).

(18) 싱가포르(Singapore)

2019년 싱건강지역사회병원이 파이롯트를 시행한 이후 사회적처방이 꾸준히 시행되고 있다(앞글: 42). 지역사회 병원들이 재활 등의 생활밀착형 건강돌봄 서비스를 제공하는 특유의 전통을 갖고 있다. 지역사회 병원들은 환자의 생활안정 회복을 위해 지역사회 통합된 서비스와 활동을 하도록 지원한다. 싱건강지역사회병원은 웰빙 코디네이터로 알려진 링크워커들이 환자 스크린을 해서 건강의 사회적 문제가 있는 환자들을 지역사회 사회적 처방 프로그램에 참여하도록 권고한다. 병원들이 지역사회 파트너들과 협력해 환자에게 다양한 참여 활동을 의뢰한다. 가라오케, 정원일, 예술, 펫돌봄, 공작교실, 헤어드레싱 등 활동을 한다. 환자들은 평균 28일간 활동하며, 대부분이 60세 이상의 복합 건강과 사회문제를 가진 환자들이다.

COVID-19 기간에는 활동이 제한되면서 디지털 배제 문제가 새로운 건강의 사회문제로 부각되자, 병원은 성인학습기관과 공조해 e-사회적처방 프로그램을 개발하였다(앞글: 43). 이 프로그램은 대상 소외층이 디지털로 연계되어 고립에서 벗어나도록 지원한다. Wi-Fi 연결 등의 학습이 이뤄진다. 모든 학습은 소집단으로 이뤄져 참여자들 사이의 사회적 교제가 이뤄지도록 하며 링크워커들은 학습 이후의 후속 서비스 활동을 지원한다. 사회적처방은 또 의과대학 교과에도 포함되어 있는데, 듀크-NUS 의대의 경우 2022년 신입생부터 사회적처방 교과를 학습하게 한다.

(19) 말레이시아(Malaysia)

사회적처방이 국가 차원에서 시행되고 있지 않지만, 여러 실험들은 존재한다. 건강악화로 고립된 환자들의 사회참여를 지원하는 프로그램들이 있다(앞글: 44). 연구기관들이 노인들의 사회참여가 웰빙에 긍정적 영향을 미친다는 보고를 하며, 참여 활동으로 지역사회 사람들간의 사회적 관계를 중시한다. 시니어들의 활동센터를 지역마다 설립해 진흥하는 주장들도 등장하고, 국가개발 가이드라인이 되는 정부의 연례 정책 보고서에도 사회참여 활동을 담고 있다.

(20) 중국(China)

40여개의 지역사회 기관들과의 파트너십으로 지역 차원에서 사회적 처방이 시행되어 왔다(앞글: 45). 노인층의 건강과 심리사회성에 초점을 맞춰 지역사회 서비스를 제공한다. 초기 프로젝트는 일차진료 지역사회 보건소들이 연간 건강검진 과정에서 노인들의 건강관련 사회적 욕구를 스크린 하면서 건강시스템 인프라에 통합하게 되었다. 지역사회 보건직원들, 소셜워커들과 정신건강 지원팀이 링크워커 역할을 하면서 참여자를 지역사회 서비스에 연계한다. 의료적 돌봄과 사회적돌봄 사이의 갭을 매우는 보건전문직의 다면적 속성을 인정하는 의미에서 링크워커 보다는 '종합평가팀'이라 칭한다. 국가보건정책이 〈건강한 중국 2030 행동계획〉을 통해 건강증진과 질병예방으로 이동하면서 사회적처방이 노인층뿐 아니라 전국민을 대상으로 하는 혁신으로 주목을 받을 수 있을지는 불명확하다.

(21) 대만(Taiwan)

2018년 이래 타이페이시립병원은 치매환자 대상으로 사회적처방을 시행해왔다(앞글: 46). 지역사회 여러 기관들과 공조해 치매 친화적 공동체 조성에 앞장선다. 국립대만박물관, 펠러스박물관, 국립극장과 컨서트홀 등과 협력해 환자들의 서비스 활동을 지원한다. 2021년 타이페이시립병원과 아카데미아 시니카는 MOU를 체결해 박물관 환경에서의 사회적처방 서비스 활동을 기획하고, 박물관 관계자에 대한 4시간의 교육 프로그램을 개발하였다. 다른 사회적처방 활동은 수도 밖의 국립대만역사박물관, 대만예술박물관, 치메이박물관, 국립대만문학박물관 등이 포함된다.

(22) 한국(Korea)

한국의 사회적처방은 2019년에 선보인 대학의 파이롯트 프로그램이 처음이자 현재까지 마지막이다(앞글 48). 연세대 글로벌보건센터가 한국재단의 지원을 받아 비영리기관과의 파트너십으로 사회적처방 실험을 했다. 약한 우울증세를 보인 65세 이상 노인을 대상으로 지역복지기관에서 다양한 서비스 활동을 제공하였다. 10주간에 걸쳐 음악치료, 신체활동(스트레칭, 숨쉬기, 실내 보행 등), 공작교실, 자원봉사자가 지원하는 농작물 프로그램 등을 진행하였다. 파이롯트 시행의 경험을 살려 연세대 글로벌보건센터는 국제협력단(KOICA)의 지원으로 파라과이와 이디오피아에 사회적처방 프로그램 시행을 하고 있다.

또 다른 사례로는 제4장에서 에이징 사회적처방, 공주군의 SIB, 광주시 광산구 보건센터 사회적처방, 농촌진흥청의 '치유 농업' 등이 소개된다.

(23) 호주(Australia)

호주에 아직 국가 차원의 사회적처방 프로그램은 없지만 여러 지역에서 이미 다양한 실험이 진행되고 있다. 2019년 로얄호주의대와 소비자건강포럼 공동의 사회적처방 라운드테이블이 열리면서 관심이 크게 늘었다(GSPA 2024: 50). 최근에는 노인돌봄과 정신건강 로얄위원회와 국가예방건강전략(2021~30)과 일차 건강돌봄 10년(2022~32) 전략에 사회적처방이 2030년까지의 정책 달성의 목표로 설정되어 있다.

여러 주 가운데 퀸스랜드, 빅토리아, 태스매니아 주가 여러 프로그램을 시행한다(앞글: 51). 빅토리아주는 지역정신건강웰빙서비스 지역 여섯 곳에 모두 하나씩 사회적처방 시행을 권고한다. 특히 정신건강 문제를 안고 있는 노인들을 지역사회 서비스 활동에 의뢰한다는 것이다. 2020년 2월 호주질병관리협회가 호주 전역의 1400개 회원기관과 공동으로 정기적인 격월의 '실천 공동체'(Community of Practice)를 통해 사회적처방 시행을 한다. 또 2021년 호주의대생협회의 사회적처방 학생조합도 조직되어 의대생들에게 사회적처방 교육을 실시하며 의대 정규교과에 포함될 것을 촉구한다.

제2장

사회적처방, 왜 중요한가

"사회적처방은 전통적인 공공서비스와 자발적인 지역사회와 사회적기업 섹터들 사이의 공조를 막는 사일로를 제거해, 공통의 언어와 에너지를 창출해 공조적인 목표를 추구하는 파트너들이 새로운 혁신적인 사회적 솔루션을 개발할 수 있는 장점이 있다… 다양한 파트너들이 영역을 가로질러 함께 일하며 진정한 변화를 일으키는 개인과 지역사회가 이미 갖고 있는 파워를 강화시켜 혁신적으로 창조적인 사회적 솔루션을 구하는 '웰빙의 사회적 혁명'이다." (National Academy for Social Prescribing 2020).

1. 건강과 웰빙의 사회적 모델

"건강은 단순한 질병과 허약 부재의 상태이자 완전한 신체적, 사회적, 정신적 웰빙이다. 가장 높은 성취가능한 기준의 건강을 누리는 것은 인종,

종교. 정치적 신념 또는 경제적, 사회적 조건의 구분 없이 모든 인간의 기본적 권리 중 하나이다(WHO 1948).

WHO의 건강의 사회적 모델은 장애인 인권운동을 강력히 주창해온 장애의 사회적 모델에서 비롯된 것으로, 전통적인 의료 모델에 대한 도전으로 발전되었다. 건강의 사회적 모델은 건강에 기여하는 사회적, 문화적, 정치적, 환경 등 모든 요인들을 파악하는 모델이다. 예를 들면 스트레스와 낮은 자존감은 건강에 부정적 임팩트를 미친다. 자율성이 낮고 자존감이 낮으면 건강을 해칠 가능성이 높다(Marmot 2003).

1) 건강과 웰빙의 사회적 요인

18세기 계몽시대에 전통적인 자연과학이 학계와 의료계를 지배했던 시기에 과학은 모든 질병을 치료한다는 신념은 현대 의약의 핵심으로 남아 있다(CDHN 2020: 1). 건강은 병이 있는가 없는가로 단순하게 결정한다. 이런 의학 중심의 건강 시각은 다른 중요한 요인들의 영향을 경시하는 문제가 있다.

(1) 현대 의학의 한계

현대 의약은 인류의 가장 위대한 업적 중 하나다. 한 세대 전에 사망에 이르게 했던 질병들에 이제 살아남아 예방할 수 있게 된 것이다. 그럼에도 현대 의약만으로는 건강과 웰빙을 최대화 하기에는 역부족하다(NASP 2020: 8). 많은 건강 문제들은 조제약이나 의료적 절차에 고정된게 아니라 사회적 요인들에 많은 영향을 받는다. 과잉 의약화의 역효과도 목격하고 있는 현실이다. 복합적 만성질환으로 살아가는 사람들에게 만성질환으로 살아가는 그 자체의 부담이 치료의 부담을 훨씬 넘어선다. 정신건강이나 만성적 고통에 시달리는 사람들에게는 많은 조제약은 주변의 지원보다 거의 도움이 되지 않으며 다른 복합증세를 유발하는 의존이나 상호작용으로 이끌게 만들 수도 있다. 결국 많은 사람들이 영구적인 나쁜 건강의 싸이클에 갇히게 될 수 있다.

자신이 선택한 결정이 아니라 사는 지역, 인종, 경제력이나 교육 등 건강을 결정하는 사회적 요인들에 기초해 건강 불평등이 평균수명이 줄어드는 결과로 나타날 수 있다. 사회적으로 고립된 사람들은 강력한 사회적 연결로 혜택을 누리는 사람들보다 조기 사망할 가능성이 높다. 의사들은 자기들이 면담한 최소한 다섯 명 중 한 명은 고독, 부채, 주택 등 근본적으로 '비의료적' 문제를 보인다고 보고한다. 또 다섯 명 중 한 명은 약이 분명한 역할을 하지 못하는 증세, 즉 '의료로 설명 불가' 문제를 안고 살고 있다.

표 2-1 사회적 고립이나 고독의 면역 저해 단백질 확인

최근 영국과 중국의 뇌, 신경과학 연구진들은 친구와 가족간 교류가 면역체계를 강화하고, 심장병과 뇌졸중, 성인 당뇨 같은 질병 위험을 줄인다는 연구 결과를 발표한다. 참가자 4만 2천여 명의 혈액 내 단백질 수치를 비교해 보니 사회적 고립, 또는 외로움을 느끼는 이들은 다른 집단에 비해 특정 단백질의 수치가 높은 것으로 나타난다. 이 단백질 대부분은 염증을 일으키거나, 면역 시스템에 부정적인 영향을 줄 가능성이 높은 것으로 파악된다.

자료 SBStv 2025.1.8.

(2) 건강의 사회적 모델

1986년 오타와 WHO 헌장은 오늘날의 사회적처방이 기초할 만한 이론적 시각을 제시한다. 건강증진은 사람들이 자신의 건강에 대한 통제를 높여 건강을 개선하도록 하는 과정이라 선언한다. 완벽한 신체적, 정신적 사회적 웰빙의 상태에 도달하려면 개인이나 집단은 기대치를 파악해 실현시키며 욕구를 충족하며 환경을 변화시키거나 순응할 수 있어야 한다. 건강은 삶의 목표라기보다는 일상생활의 자원으로 간주된다. 건강은 물리적 역량뿐 아니라 사회적, 개인적 자원을 포괄하는 긍정적인 개념이다. 따라서 건강증진은 보건섹터의 책임일 뿐 아니라 건강한 라이프스타일을 넘어 웰빙까지 이른다. 이 헌장은 많은 건강서비스를 개발하거나 중앙에서 공공보건 솔루션을 공급하는 것만으로 건강개선이 이뤄지는 것은 아니라는 점을 중요하게 인정한다. 이 헌장은 보건서비스 공급자로부터 보건서비스 소비자와 지역사회로 권력의 이동을 선도하는 역할을 해왔다.

또 WHO(2012)에 따르면, 건강의 사회적 또는 다른 결정요인들은 사람이 태어나 성장하고 살면서 일하고 나이가 드는 조건들이다. 이런 조건들 또는 상황들은 글로벌, 국가, 지방 차원에서 돈, 권력, 자원의 분배로 형성된다. 사람들이 생활하는 물질적, 환경적 조건들이 건강에 영향을 미칠 뿐 아니라 사회 네트워크, 사회적 지위, 개인적 라이프스타일 등 심리사회적 요인들도 경제적, 환경적 요인들과 함께 건강을 결정하는 주요 요인들이다. 이 요인들 모두가 상호작용하며 건강의 결정요인들 사이의 역관계와 상관관계를 일으킨다. 사회적 배제는 모든 다른 건강요인들에 영향을 미치는 가장 심각한 요인들 중 하나가 된다. 취약지역에서 사는 사람들은 생애주기의 모든 시점에서 건강취약성을 경험할 가능성이 높다(WHO 2008). 스트레스가 많은 경제적, 사회적 환경에서 오래 사는 사람일수록 건강한 노후를 누릴 가능성이 적다(Wilkinson & Marmot 2003).

전통적인 의약 중심의 건강 모델에 대한 새로운 도전들은 끊임 없이 이어지고 있다. 대표적으로 다음 모델들을 살펴볼 만하다(CDHN 2020: 1).

a) 생심리적 모델: 1977년 정신의학자 조지 엥겔이 개발한 생심리적 모델은 건강을 과학적 구성체이자 사회적 현상으로 간주한다. 연령, 질병, 젠더 등 건강에 영향을 미치는 생물적 요인들, 개인의 신념과 인지 등의 심리적 요인들, 지역사회, 관계의 존재와 부재 등의 사회적 요인들로 건강을 측정한다.

b) 건강생성모델(Salutogenic Model): 사회학자 안토노브스키(Aaron Antonovsky)가 개발한 모델로 어떻게 그리고 왜 잘 지내는지에 초점을 맞춘다. 스트레스 요인들과 적응과 건강의 관계에 대한 이해를 높여준다.

c) 생태계 건강: 인간의 활동으로 일어나는 많은 환경의 변화 중의 하나로, 일부는 인간성에 초점을 맞춘다. 토지이용, 기후변화. 인구증가, 자원고갈, 오염, 도시화, 생다양성 상실 등을 파악한다. 자연의 자기규제를 저해하는 다른 모든 지역적, 글로벌 과정들도 포함되는데 이런 변화들이 사람뿐 아니라 가축, 야생, 해양, 숲 등에 악영향을 미치므로, 남아 있는 자연의 일부와의 관계를 재디자인할 것을 강조한다.

건강의 사회적 요인들은 건강과 웰빙의 80%를 차지할 정도로 중요하다. 캐나다에서 사회서비스의 지출증가로 사망률이 낮아진 결과를 보여준다. 개인 차원에서 사회적 조건들은 의료적 질병의 근본적인 원인이다. 이런 현실에서 사회적처방이 사람들을 사회적돌봄에 연결시켜 전통적인 사회적 욕구의 의료화에서 멀어지게 하는 '문화 이동'을 하고 있다(Nowak and Mulligan 2021: 88). 이 때문에 영국은 NHS를 중심으로 사회적처방의 전국적 제도화를 추진하고 있다.

(3) 건강과 돌봄의 통합

영국에서는 돌봄을 조직화하는 대안들이 있다는 것이 일반적으로 합의되어 있고, 또 임의적인 영역 파괴가 필요하다는 것도 합의되고 있다(HEE 2016: 23). 병원과 일차돌봄 사이의 경계를 비롯한 보건과 사회적돌봄, 일반의와 전문의, 이 모든 것이 사람이 필요로 하고 원하는 방향으로 실질적인 조정이 이뤄지는 돌봄으로 되는 것이 핵심이다.

보건, 돌봄, 지원이 통합되기 위해서는 개인, 돌봄자, 가족의 욕구와 선호에 맞춰 개인 중심으로 조정되어야 한다. 이것이 의미하는 것은 일시적 돌봄에서 보건, 돌봄, 지원 욕구에 대한 보다 종합적인 접근으로 이동하는 것이다(앞글: 23). 어떻게 서비스가 조직되어 전달될 것인지는 사람들의 욕구와 경험이 핵심이 될 것을 제시하는 것이다. 사회적처방은 통합 어젠다를 지향하는 플랫폼이자 매개 역할을 한다. 사회적처방은 전통적인 일차와 이차 돌봄, 보건과 비보건 분야 사이의 경계를 파괴해 협력을 진흥하는 플랫폼을 창출한다.

2) 건강돌봄의 개인화

영국의 경우처럼 국가가 사회적처방 제도를 개발하는 이유는 무엇인가? 사회적처방은 보건과 사회적돌봄에서 광범한 '개인화'(Personalisation) 운동을 중시하는 가치들을 공유한다.

(1) 개인화 운동

개인화 운동은 오늘날의 사회적처방이 발전하게 된 모태가 된다(Polley et al. 2017: 11). 많은 영국인들은 건강이 악화되는 상황에 있다. 영국의 건강불평등 현실의 원인과 결과에 대한 마모트 리뷰(Marmot Review)는 종합적인 원인 분석을 제시한다. 건강불평등의 요인들로는 재정, 교육, 열악한 주거, 낮은 자존감, 고립, 관계 어려움, 신체 및 정신건강 문제 등을 꼽는다. 또 다른 많은 사람들은 장수하면서 임상 상담으로 해결되기 어려운 만성질환에 적응하며 어렵게 살아가는 사람들도 있다.

사람들은 모두가 예외 없이 건강개선을 바란다. 그런데 이런 변화는 지속적인 도움과 긍정적 변화를 만드는 동기가 없다면 개선되거나 달성되기 쉽지 않다. 도움이 없다면 부정적 결과만 누적되며, 우울증, 불안, 사회적 고립으로 이어질 수 있다. 의사들이 신속하게 중요한 역할을 할 수 있다. 개인의 정서에 열악한 주거가 문제인 경우 전통적인 처방은 제한적 임팩트에 머물게 된다. 재정과 고용 문제도 부정적 임팩트가 된다. 환자 중 20%가 일반의와 상담한 문제 가운데 20%가 사회적 문제로 추정되고 있다. 실제로 일반의 방문자 중 15%가 사회복지 자문을 받은 것으로 조사되고 있다.

(2) 사회적처방의 개인화

사회적처방은 개인이 전문 분야들을 오가며 자신의 지역사회로 이동하는 과정으로 지속적인 구조적 변화를 시행할 기회를 제공한다. 사회적처방은 건강의 사회적 요인들을 근본적으로 해결하기 위해 개인을 '건강문제'나 장애가 아니라 단순히 개인으로 간주한다. 사회적처방은 개인, 가족, 지방정부와 중앙정부, 민간과 시민사회 각각이 협력하도록 지지한다. 사회적처방이 잘 되면 사람들은 자신의 개인적 건강문제를 자기관리하며 신체적, 정서적, 사회적 문제들을 극복하는 변화를 경험한다(앞글: 12). 사회적처방은 개인 사정에 적합한 수준의 건강회복을 위한 개인맞춤형 융통적인 지지를 제시한다. 사회적처방 제도가 시행되는 여러 모델이 있는데, 이들 대부분이 상당한 성과를 달성한 것으로 보고되고 있다. 2016년 전국조직인 사회적처방네트워크(Social Prescribing Network)가 사회적처방 이해관계자 설문을 통해 사회적처방의 결과를 요약해준다.

또 최근에는 사회적처방이 건강돌봄 수요와 비용에 미치는 임팩트에 관한 평가분석 결과는 매우 긍정적이다. 공중보건의 서비스 감소 28%, 사고응급 서비스 이용 감소 24%로 두드러진 변화를 보여준다. 병원입원 의뢰에서도 통계적으로 의미있는 감소가 기록되고 있다.

(3) 개인화된 돌봄 모델

영국 NHS(2020)는 '개인화된 돌봄'의 공동생산 모델을 제시한다. 개인화된 돌봄 모델은 여러 분야의 이해관계자들의 공동생산으로 만들어지며 다음의 여섯 가지 증거기반의 원칙들에 기초한다고 설명한다.

a) 의사결정의 공유

b) 개인화된 돌봄과 지원 계획

c) 선택의 법적 권리를 포함한 선택의 능력 제공

d) 사회적처방과 지역사회기반의 지원

e) 지원받는 자기관리

f) 개인적 건강예산과 통합된 개인예산

NHS 대표 사이몬 스티븐스(Simon Stevens)은 돌봄의 개인화에 대비하기 위해 개인, 개인의 기대, 욕구와 자산, 지역사회의 배경에 초점을 맞춘 서비스를 제공하는 보건서비스의 필요성을 강조하였다. 〈미래 비전 5개년 계획〉에서는 돌봄과 교정의 공장 모델에서 광범한 개인과 지역사회 참여 모델로의 변화 필요성을 강조한다.[1] 돌봄의 개인화를 보완하기 위해 통합개인위탁(Integrated Personal Commissioning: IPC) 프로그램을 개시해 지방정부와 시민사회에 대한 지원정책이 추진되고 있다. IPC 프로그램은 개인화의 다음 단계는 개인과 관련된 자원을 가장 복잡한 보건과 돌봄 욕구에 결합시켜 지역사회를 강화하고, 위탁과 지원의 자기관리 방안의 전환을 이루는 접근법으로 이동하는 하는 것이다. 조기개입, 예방, 자기돌봄으로 그리고 독립적 생활의 진흥과 지원으로 통합하는 것이다. 개인과 지역사회의 '결핍' 시각에서 '자산'을 모색하는 가치를 중시한다. 사회적처방은 개인적 선택을 보충하는 것으로, 이를 위한 인프라를 창출하는 적절한 투자가 이뤄질 것을 전제로 한다.

---

1 http://www.england.nhs.uk/ourwork/futurenhs/

3) 자기결정 이론

자기결정 이론 또는 동기 이론은 자기결정, 즉 자신의 삶에 선택과 통제를 할 수 있는 능력을 경험한 사람은 행동에 옮기는 동기화가 더 강해 보다 높은 심리적 건강과 웰빙을 경험한다고 설명한다. 자기결정이 실현되려면 다음 세 가지의 심리적 욕구가 충족될 것을 제시한다. 자기결정에는 자율(autonomy), 즉 자신의 삶을 결정하고 통제한다고 느끼는 욕구, 관계성(relatedness), 즉 밀접한, 정서적 관계를 갖고 소속감을 느끼는 욕구, 역량(competence), 즉 결과에 영향을 미치는 효과적인 능력, 그리고 선행(beneficence) 즉 기부와 타인에게 긍정적인 임팩트를 가지는 능력이다.

이같은 자기결정은 개인과 지역사회 차원에서 실현될 것을 목표로 하는 사회적처방의 이론적 프레임워크는 건강증진 이론의 핵심이 된다(앞글: 3). 〈그림〉을 보면, 환자는 사회적처방 의뢰단계부터 공급자와 상담으로 자신의 욕구를 밝히며 자신에게 적합한 활동이나 서비스를 희망하며 공급자

그림 2-1 사회적처방(SP) 경로에 관한 '자기결정'의 이론적 기초

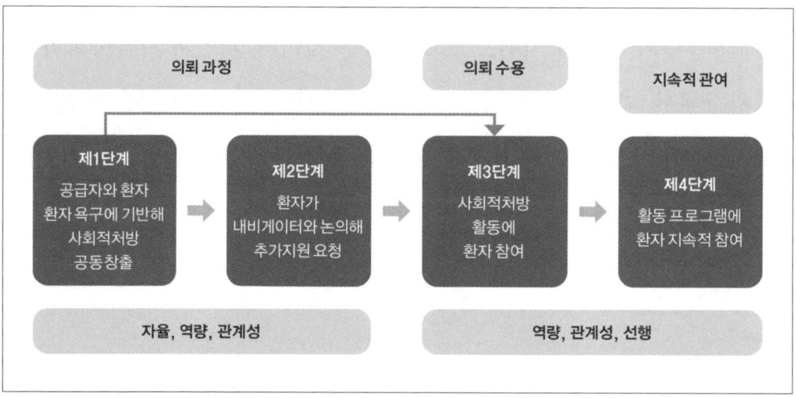

는 이런 의견을 존중해 활동을 기획한다. 활동을 통해 참여자는 다른 사람들과 어울리며 관계성과 자신감을 회복하고 선행에 자발적으로 나서며 행태의 변화를 가져온다.

캐나다의 대표적인 지역사회 사회적처방 모델이 되는 Rx: Community는 온타리오 지역의 모든 11개 지역사회보건센터에서 시행되고 있는데(제5장 참고), 연구결과는 '자기결정' 이론(SDT)의 경험적 확증을 뒷받침해준다(Bhatti et al. (2021)). 참여자들이 자신의 돌봄에 대한 의사결정 파워를 갖고 자신에게 중요한 건강 욕구를 해결하며 서비스 공급자와의 신뢰적이고 지지적인 관계를 형성하는 등 자기결정의 실제화(operationalise)가 이뤄진 것을 설명한다. 사회적처방 시행 전과정에서 자율, 역량, 관계성이 이뤄진 과정을 검증한 것이다. 참여자들이 사회적처방으로 획득한 사회적 연결, 지역사회 소속감, 자기건강관리 개선은 다음과 같다(앞글: 7).

첫째는 사회적 연결(Social connections)이다. 배우자나 친구를 잃고 상심하는 환자의 고독감을 경험한 환자는 사회적처방 활동에 참여해 다른 사람들과의 연결의 기회를 갖는다. 유사한 경험을 가진 타인들과의 관계에서 외로움을 덜어낼 수 있는 기회를 갖는다. 환자 가운데 자원봉사자로 나서는 챔피언들은 이렇게 새로운 사람들을 만나 그룹으로 아이디어 브레인스톰을 하고 그룹으로 활동하며 관계회복을 한다.

둘째는 공동체 소속감이다. 사회적처방 활동으로 타인과의 관계를 회복한 참여자들은 점차 지역사회에 대한 애정과 관심을 갖고 소속감을 갖게 된다. 사람들이 서로를 돌봄하는 소속감이 있는 공동체를 발견하는 것이다. 타인과 관계를 맺고 도움을 받고 또 다른 사람에게 도움을 주며 환영받는 감정을 갖는다.

셋째는 자기건강관리 개선이다. 사회적처방 활동으로 근심과 우울증으로 생활하는 무능력을 관리하는 역량을 갖게 되며 자신의 건강에 대한 또 다른 부분을 관리하는 노하우를 학습하게 된다. 유사한 경험을 가진 참여자들이 서로 연결되어 동료집단 학습이 이뤄지며 자기관리의 능력을 터득하게 된다. 여럿이 다른 사람의 얘기를 경청하며 스토리를 공유하는 안전한 장소를 만들게 된다.

마지막은 정신건강 개선이다. 환자들이 활동에 참여하는 이유는 자신의 무드가 좋아지고 걱정을 관리하도록 도움을 받기 때문이다. 참여자들은 지역사회에 기여할 수 있고 여러 사람들이 활동을 즐기는 것을 보고 목적의식을 갖게 한다.

4) 가정의사의 사회적처방

사회적처방은 가정의들이 사람들과 지역사회와 개발한 근본적인 관계에서 시작될 필요가 있다고 캐나다 연구진은 강조한다. 그간 가정의들이 임상에서 마주하며 구축해온 상호신뢰, 이해 및 존경의 자연스러운 결과가 될 수 있다. 이런 관계가 사회적처방에 대한 신념과 기대에 영향을 미치며 사회적처방 프로그램의 성공요인이 될 수 있다. 지역사회 차원에서는 가정의들의 지역사회와 지역의 보건시스템과 강력한 관계를 갖고 있어 사회적처방 시행에서 강점이 될 수 있다. 온타리오 파이롯트에서는 지역사회보건센터와 가정의 조직들과 가정의 팀들이 팀기반의 사회적처방 모델로 잘 운영되고 있다(제5장 참고).

캐나다 연구진(Nowak and Mulligan 2021: 89)은 사회적처방은 환자 개인과 의료진의 강점에 집중해 시행될 것을 강조한다.

a) 개인의 장점으로는 개인에게 무엇이 중요한지에 초점을 맞춰 사회적처방으로 개인이 지역사회에 기여하는 기회를 제공해준다. 은퇴자 노인들의 자원봉사 프로그램은 사회적 고립을 막으면서 지역사회에 기여하는 목적도 추가될 수 있다. 사회적처방 하나가 참여자에게 여러 방식으로 혜택을 주면서 다른 사람들에게도 혜택을 주는 잠재력을 가진다.

b) 의료진의 장점으로는 개인 중심의 일차진료에서 가정의는 개인을 잘 이해하므로 대상자에게 사회적처방을 잘 의뢰할 수 있다. 일반 상황에서 의사들이 사회적처방을 탐구해 소개할 수 있고, 다른 상황에서는 사회적처방은 의사들이 지역의 다른 전문가들에게 의뢰해 지원하도록 할 수 있다. 사회적처방 팀이 되어 공조하는 경우, 가정의들은 환자의 욕구 파악과 돌봄의 서클을 링크워커에 의뢰하는 데 전문적 강점을 갖고 있다.

캐나다 가정의들이 의뢰한 지역사회의 사회적처방 사례들을 보면 매우 다양하다(Nowak and Mulligan 2021: 89).

a) 신선음식 처방(Fresh Food Rx) - 개인과 가족들이 음식불안을 경험한 경우 지역사회 파트너십을 통해 영양있는 음식에 대한 접근 기회를 갖게 한다. 무상의 굿푸두박스(Good Food Box) 또는 지역 농민시장의 음식구입 보조금도 제공한다.

b) 푸드핏(FoodFit) - 참여자들이 음식을 함께 준비해 나누며 운동한다.

c) 갤러리 방문 - 예술창작 워크숍에서 예술 갤러리 감상의 투어.

d) 젠더 여행 – 젠더 아이덴티티와 표현을 탐구하며 관련 신뢰할만한 정보와 자원을 제공받는 그룹활동

e) 사별 이후의 생활 – 새 친구를 만나고 자원을 공유하도록 지원하는 사별지원그룹 활동

f) 노르딧 폴워킹 – 지역의 자연 트레일을 가이드 동반 산책하는 그룹활동

g) 장벽 없는 시니어 센터 – 건강과 웰빙, 언어교실, 북클럽, 지원그룹 등 노인성을 위한 전화기반 프로그램

h) 학생–시니어 통화 – 보건전문대생들이 노인성인을 위한 건강증진, 사회적 욕구, 친화적 연결을 지원하는 국가 통화 프로그램

표 2-2 캐나다 가정의의 사회적처방 의뢰 사례들

a) 팀돌봄(TeamCare) – 가정의가 개인을 팀돌봄에 의뢰하면 내비게이터는 개인을 면담해 사정을 해서 다양한 건강, 사회적, 지역사회 지원을 연계시킨다.

b) 캐나다 211(Canada 211) – 가정의가 대상자와 함께 또는 대신해서 캐나다 212에 연락해 지역의 유용한 자원을 요청한다. 지역의 사회서비스기관이나 지역사회조직의 프로그램들이 있다. 개인의 허락을 받아 후속 통화를 해서 더 필요한 자원이 있는지를 파악한다.

c) 가정건강팀시스템 내비게이터(Family Health Team System Navigator) – 가정의가 팀 시스템 내비게이터에 의뢰해 개인의 일차진료팀에 통합되도록 지원한다.

d) 온타리오 돌봄지원자(Ontario Caregiver) – 돌봄지원자를 찾는 일주 7일 하루 24시간 헬프라인

e) 정신건강 프로그램(SCOPE mental health program) – 가정의가 대상자를 SCOPE 정신건강 프로그램이나 SCOPE 간호건강 코치에 의뢰한다. SCOPE 소셜워커 또는 건강코치는 내비게이션, 지역사회 지원 정신과 상담 등으로 의료진과 환자를 지원한다.

f) 사회적처방 내비게이터 – 온타리오의 가정건강팀 사례

자료 Nowak and Mulligan 2021: 89.

i) 수프와 뜨게질(Soup and Crochet Social) - 참여자들이 식사를 나누며 뜨개질을 배우는 사교 모임

j) 금연 워킹 - 금연을 지원하는 교육과 신체활동 프로그램.

2. 지역사회 주도의 사회적처방

왜 사회적처방이 중요한가? "사회적처방은 사회경제적 지위, 사회적 연결, 주택, 교육 등 건강의 사회적 결정요인들을 해소하는 것이 건강개선에 핵심이라는 증거에 기초한다. 사회적처방의 장점은 보다 총체적인, 개인별 맞춤의 돌봄을 제공할 수 있다는 점, 그리고 환자들을 임파워링해서 자신의 건강과 웰빙을 스스로 챙기며 그럼으로써 보건시스템에 스트레스를 줄이는 장점이 있다."(WHO 2022: 3)

1) 건강에 대한 지역사회 접근

건강에 대한 지역사회개발 접근은 빈곤이나 교육 불이익 등 나쁜 건강의 근본원인에 초점을 맞춘다. 좋은 사회적자본과 네트워크를 가진 강한 지역사회를 건설해서 건강을 개선하고 회복력을 늘리는 것이다(CDHN 2020: 1). 지역사회개발은 임파워링과 좋은 사회적자본과 네트워크 과정들을 통해 건강에 긍정적인 임팩트를 생산한다. 북아일랜드 사례를 참고해보면, 낙후된 지역일수록 심각한 건강과 웰빙의 사회적 문제들을 겪고 있다.

다른 지역에 비해 평균수명이 낮게 나타나고, 호흡기 사망률이 66% 더 높고, 폐암도 65% 더 높으며, 자살율은 73% 더 높고, 알코올 관련 사망률도 125% 더 높다.

사회적처방의 여러 장점 중 하나는 대부분이 지역사회에서 이미 존재하는 서비스에 링크를 제공해서 저렴한 비용으로 상당한 임팩트를 제공할 가능성이 있다는 점이다(WHO 2022: 4). 사회적처방의 비용효과성을 평가해 증거를 제시하는 연구들은 무수하다. 더 중요한 것은 사회적처방이 환자의 건강개선에 미치는 영향을 검증한 연구들도 무수하다.

아울러 보건시스템의 비용부담을 크게 줄여주는 임팩트도 생산된다. 일차진료 의사와 응급서비스 수요를 줄여준다는 연구들(Polley et al. 2017), 이차진료 의뢰를 줄여주며, 심리적 웰빙을 개선시키며, 긴장감을 줄여주고 건강관련 삶의질을 높여주는 등 사회적처방의 건강과 웰빙에 대한 긍정적인 임팩트를 증거해주는 실증적 연구들(Grant et al. 2000)도 존재한다. 사회적처방 서비스를 받거나 활동에 참여한 환자들의 고독감이 줄고 사회적 고립이 해소되고 정신적 신체적 건강이 개선된다는 보고도 있다(Bickerdike et al. 2016). 이 책의 사례들에서도 사회적처방의 건강과 웰빙 개선 임팩트와 동시에 보건시스템 전반에 미치는 비용절감이나 정책 부담 감소 임팩트는 여러 증거로써 검증되고 있다. 제4장과 제5장 사례들의 결과와 임팩트를 참고할 수 있다.

사회적처방은 그 자체의 프로그램으로 성공하는게 아니라 의뢰받는 참여자들에게 제공되는 서비스의 성공에 달려 있다. 그렇기 때문에 지역사회가 가지고 있는 다양한 유무형의 자산들을 어떻게 잘 동원해서 참여자 개별적인 욕구에 맞는 활동이나 서비스를 잘 마련해 지원하는 것이 중요하다.

또 노인 성인들의 다양한 건강조건에 관한 다양한 비약제개입(NPI)의 임팩트에 관한 무수한 증거들도 나와 있다. NPI에는 행태치료, 기억력치료와 심리치료 등의 스탠다드 치료뿐 아니라 신체운동, 예술과 공작, 음악활동이나 펫치료 등이 있다(앞글: 5). 이 치료들의 처방으로 우울증, 피로감, 수면장애 등에 효과적이고 삶의질 개선에도 효과가 있다는 것이 밝혀져 있다. 특정 치료 등의 개입은 복합적 변수들을 갖고 있으므로 환자의 경험에 나타나는 문제들의 해결에 서비스 처방의 효과를 극대화하는 세심한 사회적처방이 필요하다.

1986년 오타와 WHO 헌장은 건강증진이 사람들이 자신의 건강에 대한 통제를 높여 건강을 개선하도록 하는 과정이라 선언한다. 완벽한 신체적, 정신적 사회적 웰빙의 상태에 도달하려면 개인이나 집단은 기대치를 파악해 실현시키며 욕구를 충족하며 환경을 변화시키거나 순응할 수 있어야 한다. 건강증진은 보건섹터의 책임일 뿐 아니라 건강한 라이프스타일을 넘어 웰빙까지 이른다. 이 헌장은 많은 건강서비스를 개발하거나 중앙에서 공공보건 솔루션을 공급하는 것만으로 건강개선이 이뤄지는 것은 아니다는 점을 중요하게 인정한다. 이 헌장은 보건서비스 공급자로부터 보건서비스 소비자와 지역사회로 권력의 이동을 선도하는 역할을 했다.

사회적처방은 사회적으로 고립된, 신체적으로 비활동적인 사람들에게 처방의 건강과 웰빙의 임팩트를 생산한다는 것은 분명하게 입증되고 있다(NASP 2020: 8). 많은 사람들이 스스로를 도와 활동적으로 성취하고 건강한 삶을 살 수 있다. 일부 사람들에게는 자신의 지역사회 활동성과 역동성과는 상관없이 지역사회와 연결하는 능력을 잃고 있는 현실이다. 또 다른 사람들은 지역사회 연결 능력이 있지만 자신감이 부족하고 어떻게 해낼지 기술이 부족하기도 하다. 사회적처방은 이제 지역사회 개발의 기회를 창출해서 사람들이 갖고 있는 능력을 발휘해 자신들의 삶을 통제하는 역량을 부여하는 지역의 혁신적 처방을 제시한다.

사회적처방은 기존의 지역사회 접근법과 복합적인 건강과 사회적돌봄 프로젝트들과 더불어 긍정적으로 공조할 수 있다(앞글: 9). 사회적처방의 강점은 전통적인 공공서비스와 자발적인 지역사회와 사회적기업 섹터들 사이의 공조를 막는 사일로를 제거해, 공통의 언어와 에너지를 창출해 공조적인 목표를 추구하는 파트너들이 새로운 혁신적인 사회적 솔루션을 개발할 수 있게 한다. 사회적처방으로 예술, 문화, 음악, 창조적 섹터들이 새로운 시청객들에게 활짝 개방시키고, 새로운 스포츠와 레저 활동을 하고 학습과 봉사활동의 기회를 주며 사회적처방은 이런 다양한 섹터들 사이를 연결하는 통합적 다리를 놓고 있다. 다양한 파트너들이 영역을 가로질러 함께 일하며 진정한 변화를 일으키는 개인과 지역사회가 갖고 있는 파워를 강화시켜 혁신적으로 창조적인 사회적 솔루션을 구하는 '웰빙의 사회적 혁명'이다.

2) 지역사회가 주도하는가?

건강과 웰빙에 영향을 미치는 요인들은 다양하다. 사회적처방은 전통적인 의료 모델보다 더 광범한 시각에 기초한 '건강의 사회적 모델'이라 볼 수 있다. '처방'이란 말이 의료적 모델을 반영하지만, 사회적처방에서 처방은 처방약보다는 참여를 의미한다.

(1) 사회적처방 = 의료 + 지역사회

〈그림 2-2〉에서 볼 수 있듯이 사회적처방은 한편으로는 의료 자원과 서비스를 이용하면서 동시에 지역사회 자원과 서비스를 이용한다. 의료진의 의뢰, 환자의 질환 상태 등에 따라 의료자원과 지역사회 자원 사이의 균형이 이뤄진다고 볼 수 있다.

또 〈그림 2-3〉는 건강은 개인이 일차적인 책임을 가지고, 이차적으로 가족이나 친구가 개입해 지원하며, 삼차적으로 전통적인 보건돌봄을 이용하기 앞서 사회적처방에 의존함으로써 보다 효과적일 수 있다는 것을 보여준다(앞글: 8).

그림 2-2 사회적처방 = 의료 + 지역사회

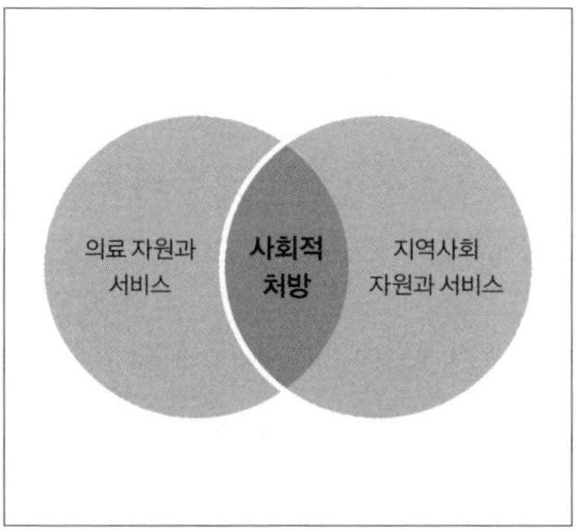

그림 2-3 사회적처방 모델

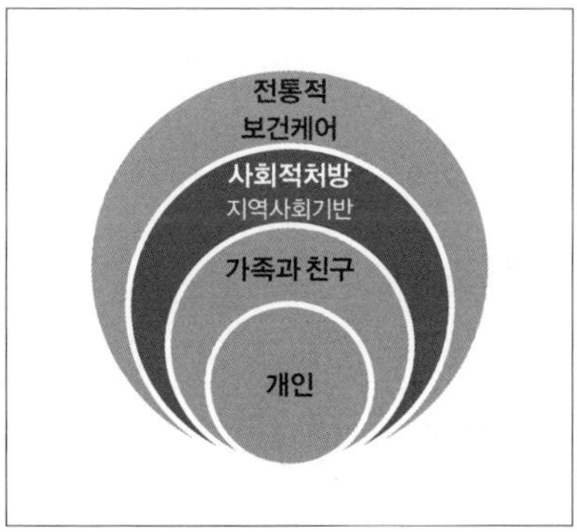

자료 Healthy London Partnership(2017: 7).

(2) 지역사회 사회적처방

사회적처방이 지역사회 아래에 기원을 두고 발전해 왔음에도 사회적처방의 발전과 시행에서 지역사회의 역할이 경시되어온 것이 사실이다(NASP 2025: 13). 예외적으로 런던시의 브롬리바이바우와 사우스워크가 지역사회개발 활동을 링크워커 역할에 통합해 시행하는 경우는 있다. 또 로더럼은 지역주민, 시위원회, 제3섹터 공급자들이 함께 참여하는 서비스 개발 공조모델이 있고, 맨체스터에서는 지역사회가 개선한 사회적처방 모델이 개발되어 파이롯트로 시행되는 예외도 있다.

이상의 모델들의 공통점은 사회적처방 시행이 지역사회에 깊이 관여해야 성공한다는 인식을 공유한다. 사회적처방이 '지역사회 기반'을 강조하지만, 개인들이 임파워링되어 자신들의 욕구를 파악하고 솔루션을 찾는다는 초점이 지역사회도 마찬가지로 임파워링을 해야 한다는 관심은 경시되고 있는 현실이다.

긍정적인 건강과 웰빙 개선과 지역사회개발 사이의 관계는 마치 부정적 건강과 웰빙 결과가 불평등과 무력감과 관련된다는 만큼이나 역사적으로 잘 검증되어 왔다. 2010년의 마못(Marmot)의 연구는 개인과 지역사회 임파워링이 건강불평등 해소에 핵심이 된다며, 주민참여의 구조적 장애를 없애고, 또 개인이나 지역사회 개발을 통해 역량과 능력을 개발할 것을 강조한다(Marmot et al. 2010). 그럼에도 지역사회 개발은 보건시스템에 내재되지 않고 있다. NHS가 충족되지 않은 욕구를 주민들에 대한 서비스 접근을 개선하는 지역사회개발 접근으로 '적극적 사회적처방' 가이드라인을 제시하지만 실제 어떻게 실현할 것인지는 안 밝히고 있다.

건강돌봄을 지역사회로 재정착시키는 중요성이 높은 가운데 2024년 새로운 노동당 정부의 NHS 긴급진단으로 나선 '다지 보고서'(Darzi Report)는 NHS의 지나치게 많은 재원이 병원에 투입되고 지역사회는 너무 적게 투입되고 있다고 비판한다(NASP 2025: 14). 이런 지역사회 저투자가 병원 돌봄을 지연시키는 원인이고, 병원에서 지역사회로 건강돌봄의 이동을 실현하지 못했다고 평가한다. 이 보고서는 사회적처방이 보다 지역사회 중심으로 새로운 모델을 추구할 것을 시사해준다. 따라서 지역사회 주도의 사회적처방이란 "지역사회가 주도하는 활동, 시스템 또는 과정으로 지역의 여러 파트너들이 협력해 지역사회가 파악한 욕구와 솔루션에 기반하는 사회적처방"이라 정의한다(앞글: 19).

NASP(2025)가 소개하는 모범적인 지역사회 주도의 사회적처방 사례는 다음과 같다.

표 2-3 지역사회센터의 사회적처방

스코틀랜드와 부시버리 힐은 울버햄튼의 북동부 지역의 두 지역으로 각기 천여 가구들이 거주한다. 주요 지역사회 활동으로는 지역사회 숍과 카페, 요리교실, 예술활동이 두군데 지역사회센터에서 이뤄지고 지역사회 워커들, 지역의 단체들과 자원봉사자들이 지원한다. 스코틀랜드 센터는 가족 전체를 대상으로 이들이 당면한 문제의 근본원인을 파악해 처방하는 접근을 한다. 주민들은 카페에 모여 문제를 논의하고 해결방안을 함께 찾는다. 워커들은 가족구성원 전체와 만나 문제의 근본원인을 파악해 프로젝트나 활동을 통해 성인이나 아동이 각기 욕구하는 활동에 연계한다. 워커들은 자원봉사자들이 운영하는 지역단체들에 의뢰하며 상담 서비스를 제공하고 주거 등의 필요한 욕구를 파악해 지원하며 의사들과 보건서비스를 받도록 지원한다. 일반의, 지방의회, 지역의 가족허브나 자기의뢰를 받아 다양한 교육을 받게 하거나 이들중 자원봉사자로 활동하기도 한다.

자료 NASP 2025: 20.

표 2-4 사회적처방 지역사회 파트너십

세필드 시는 2015년 '지역사회에서 잘 지내기' 사회적처방 모델을 개설해 주민들의 건강과 사회적돌봄 서비스 접근을 지원한다. 이 모델은 지역의 제3섹터기관들이 주도하는 17개 지역사회 파트너십이 이뤄지는 사회적처방으로 시의회가 재정지원을 해서 건강과 웰빙 리스크를 가진 개인들의 의뢰를 받아 지역사회에서 필요한 활동과 서비스를 받도록 지원한다. 사회적처방 의뢰는 일반의뿐 아니라 다른 전문직, 가족구성원, 친구 또는 자기의뢰로 링크워커들의 상담을 거쳐 활동에 들어간다. 주요 활동으로는 사교카페, 지역사회 운동교실, 주거, 채무나 복지혜택 자문, 건강 트레이너, 건강 관련 지지그룹, 자원봉사활동 등이다. 2019년 NHS 링크워커 모델이 도입되면서 일차돌봄 네트워크(PCN)들이 자체 링크워커 채용에 소요되는 재정지원을 받게 되며 NHS가 고용하는 링크워커들이 기존의 팀에 정착될 수 있었다. 이런 통합으로 기존팀의 지역사회에 대한 지식이나 지역사회 기반의 활동 접근이 용이해지며 지역사회 파트너십 내에 역량구축이 이뤄지게 되었다.

자료 NASP 2025: 24-5.

3) 지역사회 중심의 사회적처방

지역사회 중심의 사회적처방 프레임워크에는 다음의 공동생산, 사회적처방 플러스, 지역사회 개량의 사회적처방이 핵심을 이룬다(앞글: 65).

(1) 공동생산(Co-production)

공동생산은 사회적처방의 디자인과 시행에 지역사회와 지역사회 기반의 제3섹터 공급단체들이 참여하는 가장 보편적인 접근방식의 하나이다. 전문직, 서비스 이용자와 가족과 이웃 사이의 동등한 상호호혜적 관계로 공공서비스를 전달하는 방식이다.

영국 전역에 시행되는 '녹색 사회적처방'(green social prescribing) 프로그램을 평가한 연구진은 이용자 관여가 충분하리 만큼 넓고 깊게 시행할 것을 강조하며, 〈표〉에서처럼 관여의 원칙들을 제시한다.

표 2-5 관여(involve) 원칙들

기준	내용
포용적 기회	영향을 받는 사람에 대한 접근가능한 기회
공동의 작업	모든 기여의 인지, 인식, 가치 부여의 공동 접근 상호존중과 생산적 관계
지원과 학습	학습의 기회를 포함한 지원의 메카니즘으로 신뢰와 기술 구축에 도움 제공
커뮤니케이션	단순한 언어 등의 적절한 방법과 적합한 채널을 통한 시의적절한 커뮤니케이션
임팩트	보다 포용적인 관여의 임팩트 파악 및 공유
거버넌스	의사결정을 넘어서는 관여로 관리, 규제 및 리더십도 포함

자료 University of Sheffield(2024: 147).

공동생산 패러다임은 지역사회 주민의 관심, 에너지, 전문성, 의욕을 견인하기 위해 공공서비스의 디자인과 공급 단계에서 주민들과의 파트너십으로 효과가 더 높아질 것을 전제로 한다(OED 2011: 16). 단계별로 공동디자인(co-design), 공동창출(co-creation), 공동전달(co-delivery), 공동관리(co-management), 공동결정(co-decide), 공동평가(co-evaluate) 등이 있다. 공동생산은 "시민, 서비스 이용자 및 시민사회단체의 직접적인 투입으로 공공서비스를 기획, 디자인, 공급 및 평가하는 방법"이다(OECD 2011: 5).

OECD 26개국의 2011년 조사에 따르면 58개 공동생산 사례 중 19%가 사회보호, 16%가 주택과 지역사회, 10%가 환경·교육·보건·경제 서비스 등으로 나타난다(OECD 2015: 68). 또 공공서비스 공급에서 이용자와 시민사회의 파트너십 필요성 요구는 26개국 조사에서 95%인 25개국이 필요성에 공감하며, 서비스 이용자와 일반시민 사이에서도 파트너십의 필요성에 대한 공감이 다수를 차지한다.

공동생산은 공동디자인뿐 아니라 공동전달과 공동평가를 포용하는 개념이다. 공동디자인은 그 자체의 활동으로 실행될 수 있으며 공동생산의 기본으로 간주된다. 지역사회 기반의 서비스 제공과 비의료적 지원을 포함한 건강 개입의 공동생산의 임팩트에 관한 증거는 상당하다. 이 개입으로 결과될 수 있는 임팩트는 다음과 같이 분석된다(Thomas et al., 2021): a) 신뢰, 긍정적 무드와 통제감, b) 사회적 고립의 해소, c) 연결감, d) 서비스 이용자와 공급자 사이의 호혜적 관계 등이다.

이같은 결과는 장기요양, 정신건강 문제, 치매, 건강불평등에 시달리는 지역사회 주민을 대상으로 하는 공동생산된 사회적처방의 효과로 보고되고 있다(앞글). 이런 이유에서 지역사회 웰빙 결과 개선을 추진하는 프로그램 개발에서 공동생산적인 공동디자인 접근이 필요하다고 볼 수 있다. 많은 연구들에 따르면, 공동생산은 지역사회 욕구와 유용한 지역사회 자원에 맞춘 프로그램을 시행하므로 지속가능한 건강한 지역사회 개발에 기여한다(앞글: 11).

(2) 사회적처방 '플러스(PLUS)'

이 접근은 혁신적인 방법으로 사회적처방을 디자인하고 시행하는 자산기반의 공조적 접근에 사회적처방의 잠정적인 정책 개발을 적용한다. 사회적처방은 건강돌봄에 대한 자산기반의 접근으로 간주한다. 자산기반 지역사회개발(ABCD)에 대해서는 〈표 2-6〉을 참고할 수 있다.

표 2-6 자산기반 지역사회개발(ABCD)

전통적인 의료 모델은 질병발생학(pathogenesis)에 기반하기 때문에 일종의 '학습된 무력감'을 야기시키며 불가피하게 서비스 수요증가를 일으킨다. 이에 개인과 지역공동체의 결핍(deficits)이 아닌 자산(assests)에 초점을 맞춰 이들을 동원하는 원칙에 기반하는 '자산기반 지역사회개발'(Asset Based Community Development)이 홉킨스 등(Hopkins et al 2010)의 연구로 제시되어 보건과 돌봄 영역에서는 널리 활용되고 있다. 또 제인 풋트와 트레버 홉킨스(Jane Foot and Trevor Hopkins)는 〈절반 찬 글라스〉(A Glass Half Full) 저서를 통해 가장 주변화된 지역사회도 사회적, 문화적, 물질적 자산을 갖고 있다며 지역사회의 다른 절반의 자산에 주목할 것을 강조하였다. 개인들과 지역사회가 자신들이 가지고 있는 자산으로 자신들의 문제로 직면한 보건과 돌봄 문제들을 해결할 것을 요청한 것이다. 보건과 돌봄 서비스가 부족한 갭을 매우고 문제를 해결하도록 디자인될 것을 제안한다. 지역사회 개발과 건강 네트워크는 지역사회 기반의 건강모델에 관한 현황을 알려주고 있다.

자료 CDHN(2020). http://www.cdhn.org/fact-sheets

이 접근법은 좋은 건강을 지원하는 지역사회 역량을 지원하면서 동시에 나쁜 건강의 징후를 해소하는 노력을 강조한다. '사회적처방 플러스'는 아래와 같은 자산기반의 접근 기준과 밀접히 연관된다(Dayson 2017b).

a) 장기투자를 통해서, 전략 추진으로 웰빙 개선을 실행
b) 공동생산의 원칙들 활용
c) 지역사회 자원 유용성에 대비한 서비스 이용 욕구에 대한 이해 그리고 이런 욕구를 충족시키는 지역사회 역량에 대한 지원
d) 다차원의 광범한 인구의 욕구를 해소하는 통합적 방법
e) 서비스 전달과 운영 정보를 제시하는 평가 등

데이슨(Dayson 2017)은 사회적처방 플러스는 로더럼 지역의 사회적처방 프로젝트에서 볼 수 있는 '자산기반의 공조적 정책혁신' 모델이라 강조한다. 다음의 다섯가지 원칙들이 모델로 제시된다.

a) 서비스 이용자가 사회적처방의 디자인과 전달의 중앙에 위치한다.
b) 사회적처방으로 자발적 자원과 지역사회 자원을 강화하고 투자한다.
c) 사회적처방에 관여하는 전문가의 욕구와 의견을 논의한다.
d) 사회적처방의 개발과 시행을 통해 다자 이해관계자와 다방면 공조를 추진한다.
e) 사회적처방의 전달을 순응적 시행의 과정으로 이해한다.

(3) 지역사회 개량의 사회적처방
(Community-enhanced social prescribing)

지역사회 개량의 사회적처방은 새로운 사회적처방 모델로, 지역사회 참여, 조직변화 그리고 지역사회와 개인 웰빙의 개선을 목표로 하는 개인 차원의 실천을 지향한다(앞글: 67). 일차돌봄과 지역사회의 상황에서의 개인과 지역사회 웰빙의 호혜적 가치에 초점을 맞추는 새로운 사고방식이다. 이 모델은 NHS의 '2019년 장기계획'이 개인의 건강 결과에만 초점을 맞추는 문제를 제기하며 사회적처방이 보다 지역사회의 참여와 지역사회 중심으로 이동할 것을 대안으로 제시한다. 개인의 웰빙뿐 아니라 지역사회 웰빙도 동시에 추구할 필요성을 강조한다. 이 모델은 지역사회가 개인의 건강혜택의 잠재적 원천일 뿐 아니라 사람들로 하여금 이미 갖고 있는 역량을 강화하고 지역주민 모두에게 혜택이 되는 새로운 자산을 개발할 기회를 제공한다고 설명한다. 그럼으로써 이 모델은 사회적처방에 지역사회개발을 통합시켜 개인과 지역공동체의 웰빙을 강조한다. 특히 지역공동체 소속감을 중시해, 사람들이 지역사회와 관계를 갖고 기여하고 지역사회로부터 혜택을 누린다고 설명한다.

(4) 지역사회 주도의 사회적처방(Community-led social prescribing)

사회적처방의 디자인과 시행에서 지역사회의 관여 정도에 따라 모델의 차이가 나타난다. 앞의 공동생산, 사회적처방 플러스, 지역사회개량 모델은 공통적으로 지역사회 욕구에 기반한다. 또 다른 공통점은 지역사회의 관여를 사회적처방 시작부터 종료까지 역할로 목표로 다루며, 지역사회 자산, 네트워크, 자원에 초점을 맞추는 공통점도 있다.

이들과 달리, 지역사회 주도의 사회적처방 모델은 제안자 국립사회적처방아카데미(NASP 2025: 68)에 따르면, 지역사회가 시작부터 주도하는 활동, 시스템 또는 과정들로 다른 지역 파트너들도 동참하며 지역사회가 파악한 욕구와 솔루션에 기반하는 모델이라 설명한다.

그림 2-4 지역사회주도와 지역사회기반 매트릭스

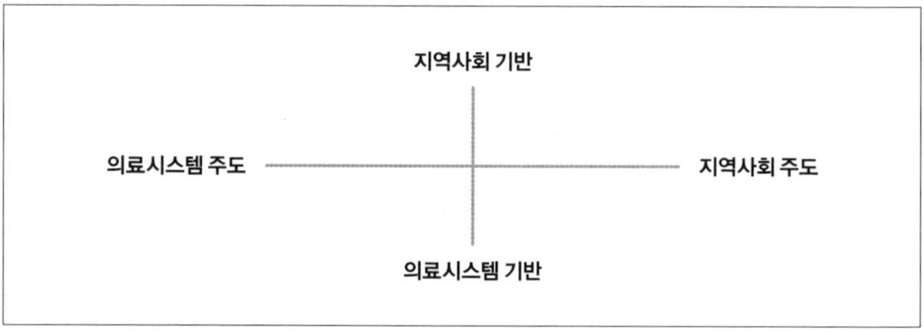

자료 NASP(2025: 69).

4) 지역사회 사회적처방의 혜택

지역사회에 기반을 두는 또는 지역사회 주도의 사회적처방이 주는 혜택들은 아래와 같이 참여자와 지역사회뿐 아니라 사회와 보건시스템에 대해서도 상당한 혜택을 준다는 것을 알 수 있다.

사회적처방(SP)이 잘 진행되면, 사람들은 지역사회의 다양한 기관단체들의 링크워커들에게 어렵지 않게 의뢰될 수 있다. 일반의(GP), 지방정부, 약국, 병원 퇴원팀, 관련 보건전문가뿐 아니라 소방서, 경찰, 직업알선기관, 사회서비스기관, 주거협회, 시민사회단체 등이 협력한다. 물론 자기의뢰도 권

장한다.

SP는 사람들의 긍정적인 건강과 웰빙 결과를 생산한다는 연구가 축적되고 있다. 삶의질 개선과 정서적 웰빙 개선을 비롯한 다양한 결과를 보여준다. SP의 효과성에 대해서는 강력한 체계적인 증거가 누적되어야 하는데, SP 제도로 국립보건서비스(NHS)의 서비스이용 감소뿐 아니라 일반의 GP 59%가 업무부담 해소에 도움이 될 것으로 기대하고 있다. SP가 잘 제도화되면 시민 참여자뿐 아니라 지역사회와 시스템 차원에도 긍정적인 결과와 임팩트를 창출할 것으로 기대된다(NHS 2020: 8-9, 29).

(1) 개인에 대한 혜택

a) 사람들과 가족과 보호자들이 지역의 여러 기관들의 SP 링크워커들에게 쉽게 의뢰될 수 있다.
b) 사람들과 가족과 보호자들이 직접 스스로를 링크워커에게 의뢰할 수 있다.
c) 사람들은 자신에게 무엇이 중요한지를 알고, 링크워커와 협력해 간단한 계획, 개인 맞춤형 돌봄과 지원 계획을 공동생산할 수 있다. 자신의 개인자산, 욕구와 선호에 기초해 지역사회와 비공식 지원을 가장 잘 활용할 수 있게 된다.
d) 사람들과 가족과 보호자들은 지역사회단체에 소개될 수도 있어, 스스로 단체에 가입하고 다른 사람들을 만나는 첫 단계를 거칠 필요는 없다.
e) 사람들과 가족과 보호자들은 지역사회단체에 참여해 자신의 시간을 다른 사람들을 위해 기부하도록 지식, 기술, 자신감을 개발하

도록 권유받는다. 일부 참여자들은 자원봉사와 일 경험의 기회를 가져 실제로 일자리를 찾기도 한다.

f) 사람들과 가족과 보호자들은 다른 사람들과 협력해 지역사회 지원의 갭이 있는 곳에 새로운 지역사회단체를 만드는 일에도 참여할 수 있다.

g) 지역사회단체의 구성원이 되고 동료들의 지원을 받음으로써 소속감이 생기면 고립과 불안이 줄어들 수 있다. 그렇게 되면 예전에 하지 못했던 활동들을 즐기는 '목적' 의식을 갖게 된다. 예술, 문화활동, 걷기, 달리기, 텃밭가꾸기, 노래부르기와 외출활동 등이 가능해진다.

h) 사회적처방을 통한 지역사회단체에 연계되면서 육체적으로 더 활동적이며 정신건강 개선에도 도움이 되며, 더 오래 건강을 유지하고 장기요양의 임팩트도 줄어들게 된다.

개인이 지적하는 욕구 수준에 따라 다음의 웰빙 사항 하나 이상의 개선이 이뤄질 것으로 기대된다.

a) 자신의 건강과 웰빙에 대한 통제력이 강해지고 관리능력도 생긴 것을 느낀다.

b) 육체적으로 더 활동적이다.

c) 일상생활 문제(빚, 주거, 이동 등)을 관리하는 능력이 생겼다.

d) 다른 사람들과 더 연결되어 고립되거나 외롭지 않다.

(2) 지역사회에 대한 혜택

지역사회 기반의 사회적처방(SP)은 개인 차원을 넘어 지역사회에 대해서도 상당한 혜택을 제공한다.

a) 지역사회는 SP를 모든 배경의 사람들이 지역사회단체에 참여하게 되면서 더 강력한, 더 관용적인 사회가 된다. 자원봉사로 자신의 시간을 기부하는 사람들이 더 많이 늘기 때문이다.
b) 지역사회는 건강불평등을 감소시키며, 사람들이 자신의 삶을 더 잘 통제하고, 덜 고립되어 더 참여하게 함으로써 '권력 이동'을 지지하는 SP의 파워를 이해하게 된다.
c) 지역사회는 SP가 어떻게 지역사회개발을 진흥하고 지역사회 자산을 증대시키는지를 잘 인지하게 된다. 지역사회 공급의 갭을 매워주는 자원과 지원이 지역사회에서 유용해지고, 사람들이 단체들을 새로 만들어 이웃을 위한 비공식적 지원활동을 하도록 SP가 돕는다.
d) 지역사회는 SP와 협력해, 가장 서비스가 필요하지만 기관들이 접근하기 가장 어려울 수 있는 취약층을 비롯한 모든 지역사회 구성원들에게 서비스가 완전하게 공급되도록 보장한다.
e) 국립의료원, 지방정부, 공적 서비스만으로는 모든 사람들의 욕구를 충족시킬 수 없다는 것으로 지역사회가 이해하면서, 광범한 건강문제 해결에 모든 이해관계자들의 에너지가 모이게 한다.
f) 지역사회는 SP를 개발해 공급하는 데 적극 관여하게 된다. 자문기관이 되는 지역사회 비영리조직들은 의뢰를 받아 서비스 공급을

하는 위탁을 받는다. 지역사회단체들은 지속적인 증여 펀딩을 받아 링크워커들로부터 의뢰를 받을 역량을 갖고 있다.

g) SP의 서비스 개발과 의뢰를 통해, 지역사회는 전문가와 지역주민의 건강 교양수준의 개선을 지원한다.

h) 지역사회는 SP에 참여하는 사람들을 지원해 자신감을 갖고 자신의 웰빙을 관리할 능력을 갖추도록 지원한다.

(3) 사회에 대한 혜택

사회적처방(SP)은 지역사회 울타리를 넘어 사회 전체에 대해서도 다음과 같이 상당한 혜택을 주는 것으로 볼 수 있다.

a) SP 연계제도는 일차돌봄 네트워크, CCG, 지방정부 위탁기관들의 파트너십으로 위탁되어 비영리조직들의 시행으로 대상층과 가족과 보호자의 협력으로 진행된다.

b) SP 링크워커들은 일반의와 일차돌봄 네트워크에 소속되어 있지만 지역의 SP 제도로 비영리섹터의 초빙으로 채용되기도 한다. 관련 제도 또한 지역의 파트너십에 따라 다른 기관들이 활용하기도 한다.

c) 지역의 관련된 모든 기관들에게는 분명한, 간편한 의뢰 과정이 있다. 일반의, 지방정부, 약국, 병원 퇴원팀, 관련 보건전문가, 소방서, 경찰, 직업알선기관, 사회서비스기관, 주거협회, 시민사회단체 등이 협력한다. 물론 자기의뢰도 권장한다.

d) SP 연계제도는 지역의 링크워커를 필요로 하는 사람들의 의뢰를

위한 단일 연락처를 지방기관에 제공한다. 이로써 법적인 서비스에 대한 요청을 줄이고 통합적 접근법을 조정한다. 특히 지역주민들이 복합적인 삶의 문제를 안고 있어 지역의 여러 기관과 서비스를 찾아오게 되는 지역에서 통합적 접근이 필요하다. 지역의 모든 파트너 기관들이 링크워커 역할의 가치를 인정해 전략적인 통합적 접근법이 필요한 것이다.

e) SP 연계제도는 지역사회단체의 개발을 지원하고, 지역 인프라 기관들과 긴밀한 파트너십으로 협력하는 중요한 역할을 한다. 링크워커는 지역사회단체에 대한 풍부한 지식을 갖고 지역사회 자산을 매핑해, 지역사회 공급의 갭을 파악해 지역사회 위탁기관들과 파트너 기관들과 함께 자산기반의 지역사회 접근법을 진흥시키는 창의적 방안들을 탐구한다.

f) 전형적인 SP 링크워커는 일일 평균 6~12번의 접촉으로 사람들을 다양한 방법으로, 사람들의 선호에 맞춰 지원한다. 링크워커는 연간 250명의 책무를 갖는다. 고립되거나 외로운 사람들에게는 링크워커의 가정방문이 도움이 되는 경우도 있다.

g) 링크워커들이 활동하는 지역의 다른 관련 접근법을 보완하는 역할을 한다.

또 2016년 영국의 사회적처방네트워크(SPN)가 창설되며 컨퍼런스에 참여한 전국의 주요 이해관계자 설문으로 조사된 사회적처방의 효과를 정리하면 〈표 2-7〉과 같다. 개인의 건강과 웰빙뿐 아니라 지역사회 만들기와 시민사회 역량강화 등을 살펴볼 만하다(SPN 2016).

표 2-7 사회적처방의 효과: 이해관계자 조사

육체, 정신건강, 웰빙	비용효과성, 지속가능성	지역공동체 만들기	행태적 변화	시민사회 역량강화	병마의 사회적 요인
• 회복력 개선 • 자기 확신감 • 자존감 • 라이프스타일 • 정신건강 • 삶의질 개선	• 예방 • 기초진료 감소 • 돌봄비용 절감 • 약처방 감소	• 자원인지 개선 • 의료-시민사회 연계 강화 • 지역사회 회복 • 지역자산 배양	• 라이프스타일 • 일관된 변화 • 자기돌봄 능력 • 자율성 • 활동성 • 동기부여 • 새 기술학습	• 자원봉사 증대 • 자원봉사자 주도 프로그램 • 환자 욕구충족 • 사회인프라 개선	• 취업가능성 • 고립 감소 • 사회복지 법률 자문 • 취약층 방문 • 기술 개선

자료 SPN(Social Prescribing Network), 2016.

3. 사회적처방의 임팩트

사회적처방이 왜 필요한지에 대해서는 사회적처방이 생산하는 결과와 임팩트를 통해 확인해볼 수 있다. 먼저 사회적처방 의뢰를 받아 참여하는 개인들에게는 건강과 웰빙 개선의 임팩트를 확인해볼 수 있다. 나아가 보건시스템에 비용효과성을 보장해주며, 사회전체에 대해서도 건강과 웰빙 개선이라는 생산적인 임팩트가 발생한다.

1) 개인 건강과 웰빙 임팩트

영국에서 실시된 사회적처방에 관한 40개의 연구들을 종합한 연구는 다음과 같이 긍정적인 효과를 보고한다. 참여자의 자기확신감과 자존심,

자기통제의식과 임파워먼트가 크게 늘고, 심리사회적 또는 정신적 웰빙이 개선되며 불안이나 우울증이 감소한 결과를 보여준다(Chatterjee et al. 2018).

또 사회적처방이 환자의 정신적 웰빙을 개선하고 보건서비스 이용을 줄여준다는 인식이 일반의와 환자들 사이에 공유되고 있다는 결과도 24개의 연구를 종합한 연구에서 제시되고 있다(Kilgarriff-Foster, et al. 2015). '녹색공간 노출'이 광범한 건강 혜택과 관련된다는 143개의 연구들이 종합되어 보고되며, 자연기반의 활동이 건강과 웰빙에 여러 혜택들을 준다는 연구들도 적지 않다(University of Sheffield 2024; Welsh Government 2024). 자연에서 다른 사람들과의 연결되며 타인과의 연결의식을 높이고 참여자의 스트레스를 줄여준다는 증거들도 쌓이고 있다.

캐나다 온타리오의 〈Rx Community: 사회적처방〉 프로젝트는 2018년부터 일년간 온타리오 지역의 11개 보건센터에서 1100명의 참여자를 대상으로 3,300개의 사회적처방 의뢰가 이뤄지며 많은 성과를 냈다. 그 중 참여자 개인의 건강과 웰빙의 결과를 보면 다음과 같이 상당하다(AHC 2020: 26-7). 참여자들은 고독감이 줄고 연계감과 소속감이 늘며 정신건강 개선과 자기건강관리 역량도 커졌다고 보고한다. 자기보고에 따르면, 참여자 12.1%가 정신건강이 나아졌다고 한다. 참여자들은 친구와 사귀는 사교활동으로 기분전환이 되며 건강이 좋아진 것으로 얘기한다. 특히 참여자 48.5%는 고독감이 줄었고, 19.3%는 사회활동에 참여해 사회적 지원을 받고, 15.9%는 지역사회 소속감을 갖게 되었다고 보고한다.

사회적처방 링크워커들이 경험한 주요 결과들을 정리한 연구(Polley et al. 2020)는 〈표 2-8〉에서 사회적처방 유형별 결과들을 보여준다. 기존의 연구결과로 발표된 '결과'들을 분류한 다음, 사회적처방 이해관계자들의 포커스그룹 토의를 통해 건강의 보다 넓은 의미의 결과들을 제시해 보여준다. 포커스그룹에 참여한 비의료계 이해관계자들은 자원봉사와 지역사회단체, 자선단체, 사회적기업, 사회적돌봄, 지역사회약국, 앰블란스 서비스, 주택조직, 법률서비스, 복지서비스 단체 등에서 일한다. 〈표〉에서 전체 37개 결과 중 a) 바탕색이 흰색(8개)은 기존 연구결과로 알려진 일반적인 결과, b) 진한 회색(7개)는 기존의 질적 연구에서 나온 결과, 그리고 c) 엷은 회색(22개)은 포커스그룹 토의로 새로 정리된 건강의 넓은 의미의 결과를 보여준다(앞글: 32).

표 2-8 넓은 의미의 건강 관련 사회적처방 결과

일과 자원봉사	사회적	교육과 기술	범죄	주거	법률	소득	복지
자원봉사	고독	자격증	범죄공포	주거상태	법률자문 접근	혜택리뷰 접근	복지자문 접근
일/실직	사회적 고립/연결	기술습득	범죄행태 효과	가정안전	의지	부채	복지서비스 접근
자영	독립	부모기술	반사회적 행태	가정적응	공인	고리대금	
	사회적 조정/기능		가정폭력	이웃불쾌		소득증가	
	정체성		갱단	집세지불		사기회피	
	지지자 가족지원			연료빈곤		역경/고통	
	우정/관계			집 이전			
	세대간 관여						

자료 Polley et al. (2020: 32).

이상의 결과를 확장시켜 보다 넓은 의미의 건강에 대한 세부 결과들을 〈표〉에서 엿볼 수 있다. 앞의 〈표 2-9〉에서처럼 전체 62개의 결과들 가운데 a) 바탕이 흰색(31개)은 기존의 연구들이 제시하는 결과들, b) 진한 회색(16)은 질적 연구들에서 정리된 결과, c) 엷은 회색(15개)은 포커스그룹을 통해 새로 확장된 건강의 결과들을 보여준다(앞글: 40).

표 2-9 건강과 관련된 사회적처방 결과

일반적 건강/웰빙	심리사회적 결과	리스크 요인 관련 결과	심리적 결과	임파워먼트 관련 결과	정신적 웰빙 관련 결과
일반적 웰빙	글루코스수치	금연	불안	확신	희망
삶의질	혈압	음주량	우울증	긍정적 결정	목적의식
일반적 건강	콜레스트롤	약물남용	자존감	문제해결	개인적 성취
	체질량지수	심장질환	자살생각	잘아는 느낌	계몽
	허리둘레	신체활동	분노	일상생활력	신뢰
	피로도	건강식단	흥분	동기	영감
	에너지수준	시력검사	기쁨	통솔감	종교참여
	통증/고통	청력검사	긴장완화	개인적 회복	용서
	스테미나	수면질	열중	외모 자심감	
	비만/저체중	성적건강	도움받음	자의식 개선	
	간기능	노쇠	즐거움	활성화 수준	
	충치	기억쇠퇴	집중		
		기동성	신체이미지		
			성적감각		
			죄책감		

자료 Polley et al. (2020: 32).

2) 보건시스템에 대한 혜택

사회적처방은 보건시스템에 대한 압력을 완화시키는 역할을 할 수 있다. 일반의는 매우 분주한데, 건강질환의 치료만을 위한 것은 아니다. 영국의 일반의의 80%는 보건관련 문제 때문에 건강관련 이슈를 다룰 시간을 상실하는 문제를 지적하고 46%는 이 때문에 의료비용과 NHS 비용 증가를 발생한다고 답했다(Healthy London Parnership 2017: 12).

영국 사회적처방의 임팩트에 대한 증거는 급증한다고 국립사회적처방아카데미(NASP 2024)는 보고한다. 정신건강과 웰빙 개선, 고독 감소, 지역사회 인프라 활용 임팩트뿐 아니라 의사수요의 완화와 응급실이용 감소 등이 있다. 2023년 NASP의 사회적처방의 경제적 임팩트에 대한 증거 분석은 사회적처방이 비용절감뿐 아니라 긍정적인 사회적 임팩트를 제시한다. 사회적처방에 일 파운드 투자해 적게는 £2.14, 많게는 £8.56 사회적, 경제적 가치를 생산하는 임팩트를 제시한다. 최근 정부기관들 합동의 '녹색 사회적처방' 프로그램의 평가에서도 유사한 사회적, 경제적 임팩트가 제시된다. 사회적처방에 중앙정부가 일 파운드 투자해 참여자의 웰빙 개선 효과 등으로 £2.42 사회적 수익을 창출한 것으로 추산한다.

또 사회적처방의 결과와 임팩트에 관한 3개의 평가보고서에 따르면, 다음과 같은 보건서비스 이용의 감소 임팩트가 발생한다.

a) 사회적처방 이전 1년 기간에 비해 이후 1년 기간에 일반의 면담시간이 60% 감소했다.
b) 사고와 응급 서비스에서 사회적처방 환자 그룹은 25% 감소가 이뤄진 반면에, 비교집단의 경우 66% 증가했다.

c) 사고와 응급 입원 일수에서 사회적처방 이전과 이후에 각각 7%와 17% 감소로 차이가 있었다.

한편 사회투자수익을 분석한 보고서에서는 NHS 단독보다 사회적처방 복합의 편익이 더 높은 것으로 나타난다. 브리스톨 엘스피링 프로젝트의 경우 연간 1 파운드 투자 대비 2.90 파운드 사회적 편익이 생산된 것으로 추산되었다. 예를 들면 2015~16년 기간, 런던 NHS의 약/중 수준의 정신질환자 4,748명의 이차돌봄에 £5,714,725가 소요되었다(앞글: 13). 그 중 1,892명이 지역사회 예술처방으로 의뢰되었다면 런던 NHS는 £1,416,606 정도의 비용절감을 생산할 수 있을 것으로 추산되고 있다.

사회적처방이 주는 혜택들은 보건시스템 전반에 대해서도 생산되는데, 이에 관한 주요 연구결과를 보면 다음과 같다(Welsh Government, 2024: 8),

a) 사회적처방은 의사방문을 15~28% 감소시키며,

b) 사회적처방은 의사의 의료서비스 수요를 28% 줄이고,

c) 의사방문이 적게는 2%에서 많게는 70%까지 줄어든다.

영국의 로더럼 지역의 사회적처방 파이롯트에서 발견된 결과들을 보면 입원 21%, 사고와 응급방문 25% 감소 등 사회적처방 의뢰 이후의 병원자원 이용이 두드러지게 감소한다. 영국과 유사한 국가 사회적처방 프로그램을 개발중인 아일랜드에서 시행된 파이롯트 시행결과도 긍정적으로 나타난다. 2020년 아일랜드의 리머릭, 더블린, 코르크. 워터포드의 도시 취약지역의 일반의에서 시행된 연구는 240명의 다질환성을 가진 환자들을 대상으로 사회적처방 파이롯트를 시행하였다. 평가결과를 보면. 참여자

들 70%가 링크워커들과의 활동을 긍정적으로 평가한다. 또 사회적처방 시행으로 나타난 의료이용이 크게 줄어든 것으로 나타난다. 일반의 서비스 28% 감소, 응급실 방문 24% 감소 결과를 보여준다.

한편 영국 로얄일반의과대학(RCGP 2018)의 보고서에 따르면 일반의 업무량이 2007~16년 기간 조사에서 16% 늘고 있는 현실에서 사회적처방의 시행으로 환자와 의사 그리고 보건시스템 모두가 혜택을 볼 수 있다고 강조한다. 인구가 증가하고 더 많은 환자들이 복합적인 만성질환을 보여주며 일반의들의 업무의 양과 복잡성이 크게 늘고 있다는 것이다. 서베이에서 가정의 59%가 사회적처방이 이런 업무부담을 줄여줄 것으로 답한다. 실제로 사회적처방 의뢰를 받은 후 일반의 면담 수요가 평균 28% 줄었다고 보고한다. 사회적처방은 새로운 아이디어가 아니고 훌륭한 의사들이라면 항상 사회적처방을 하고 있으므로, 보다 효과를 높이기 위해 사회적처방의 확대를 서두를 필요가 있다고 강조한다.

3) 사회적처방의 효과성 한계

사회적처방은 지역사회의 자원을 동원해 좋은 건강을 생산하려는 지역사회 중심의 여러 접근법들 중 하나의 접근법이다. 사회적처방이 건강과 웰빙 결과에 긍정적인 임팩트를 낳고 있다는 증거들은 무수하다. 삶의질 개선, 정서적 웰빙, 정신적 일반적 웰빙, 우울증과 불안증 개선 등 여러 증거들이 연구 결과로 제시되어 있다. 2010년대초 브리스톨 사회적처방 프로젝트이 평가결과는 불안증과 일반 건강수준과 삶의질에 관한 긍정적인 증거들을 제시한다. 로더럼 사회적처방 프로젝트 평가는 의뢰받은 10명 중 8명

이상이 사고와 응급 방문, 외래진료와 입원 비율이 감소한 결과를 보여준다. 브레드포드의 지역사회 프로젝트에서도 건강관련 삶의질과 사회적 연결 개선이 입증되고, 2017~19년 기간의 쉬롭셔 프로그램에서도 웰빙, 환자 활동성과 고독감 결과측정이 두드러지게 개선된 결과를 보여준다.

(1) 증거기반의 결과 취약점

건강과 웰빙에 대해, 보건시스템에 대해 긍정적인 결과와 임팩트는 쌓이고 있지만 증거기반은 여전히 취약한 점을 드러낸다(Buck and Ewbank 2020). 많은 연구들의 대상층이 작고 통제집단을 설정하지 않아 '실험적 디자인'을 갖추지 못해 증거의 일반화에 한계를 보여준다. 특히 사회적처방의 비용, 자원, 비용효과성을 검증하는 분석은 특히 난해하다. 사회적처방이 생산하는 건강과 웰빙, 사회적, 경제적 임팩트를 측정한 연구들도 많지 않다. 사회적처방이 생산할 수 있는 결과의 절반 이상이 정기적으로 평가 프레임워크에서 측정되지 않고 있다는 연구도 나와 있다.

사회적처방의 효과성에 대한 검증된 증거는 제한적이다. 그 이유 중 하나는 통계학적으로 유의미한 방법으로 개인의 웰빙의 변화를 파악하기 어려울 수 있기 때문이다(Stroud 2021). 일반적으로 비교를 위한 통제집단이 없고 샘플수도 작기 때문에 질적 결과에 서로 다른 측정치를 제시하기 때문이다. 검증된 증거로 재정지원이 배분되기 때문에 앞으로도 문제로 남아 있다.

사회적처방 파이롯트 프로젝트들은 샘플수가 다양하며 구체적인 포커스 분야의 선택은 지역 사정에 맡겨진다. 이 때문에 사회적처방은 일부 일종의 '우편번호 복권'과도 같은 성격을 갖고 있다. 영국에서 우편번호 복권은 보건, 교육, 보험료 등이 지역이나 우편번호에 따라 불평등한 서비스 제공을 의미한다. 사회적처방이 지역사회에서 처방된 서비스 제공자가 되는 작은 지역사회단체들의 역량과 자원에 의존한다. 이들은 생존을 위해 정부지원금과 모금행사에 의존한다. 사회적처방이 잘 운영되려면 지역의 단체들이 안정적인 재정지원을 받아 지역사회 서비스 네트워크에 효과적으로 정착될 필요가 있다.

둘째, 사회적처방이 환자의 건강과 웰빙 개선에 기여할 수 있지만 심리적 치료를 대신하는 것은 아니라는 한계가 있다. 사회적처방은 다른 건강돌봄과 심리적 서비스에 뒤따르는 보조적 지원으로 고려되어야 한다. 사회적처방이 국가의 보건시스템 문제를 해소하는 데 도움이 될 수 있지만 뿌리깊은 복지시스템의 시스템 차원의 문제들에 대한 해답이 될 수는 없다.

이상의 해석을 제시하는 저자(스트라우드)는 로더럼(Rotherham) 사회적처방 모델을 사례로 평가한다. 로더럼 파이롯트 프로그램은 장기요양(LTC) 사회적처방과 정신보건(MH) 사회적처방 두 가지 처방으로 구분된다. 두 개는 프로그램 개시부터 각기 다른 평가로 이뤄지는데, LTC 환자는 80%가 MH 환자는 90%가 두드러진 건강과 웰빙 개선을 보였다. 그런데 이런 긍정적인 결과가 영국 다른 지역에서도 생산될 수 있는지는 의문이라는 것이다. 건강의 사회적 결정요인들을 해결하는 것은 아니기 때문이다.

한편 영국 공중보건국의 사회적처방의 효과에 대한 평가는 다소 부정적이다. 주요 7개의 연구들에서 나타난 일차보건서비스 접촉(일반의 면담 빈도 등)을 분석한 결과는 다음과 같다(PHE 2020: 14).

7개 중 4개 연구는 사회적처방으로 일차진료 면담의 빈도가 줄어든 효과를 보여준다. 그러나 두 개의 연구는 효과가 없는 것으로 나타난다. 글로스고우 RCT 분석은 통제집단과의 비교에서 일반의 또는 간호사 면담 빈도에 의미있는 변화가 없는 결과를 보여준다. 북아일랜드 연구 또한 일반의 면담 빈도에서 두드러진 차이를 발견하지 못한 결과를 보고한다. 또 다른 연구는 벡슬리 조사에서 사전/사후 비교에서 오히려 외과 일반의 면담이 늘어난 부정적인 결과를 보여준다. 사회적처방을 받은 환자의 정신건강이나 웰빙 개선에서는 7개 연구 중 5개는 긍정적 효과가 있다고 분석한 반면에 다른 연구들은 작은 샘플과 실험적 디자인 제약으로 긍정적 효과를 확증하지 못한 한계를 보여준다.

이상과 같은 사회적처방의 임팩트에 대한 회의적 시각 또는 문제제기는 제4장과 제5장의 사회적처방 프로그램 사례들에서 일부 우려가 해소될 것이지만 일부는 우려가 현실로 확인될 수 있다.

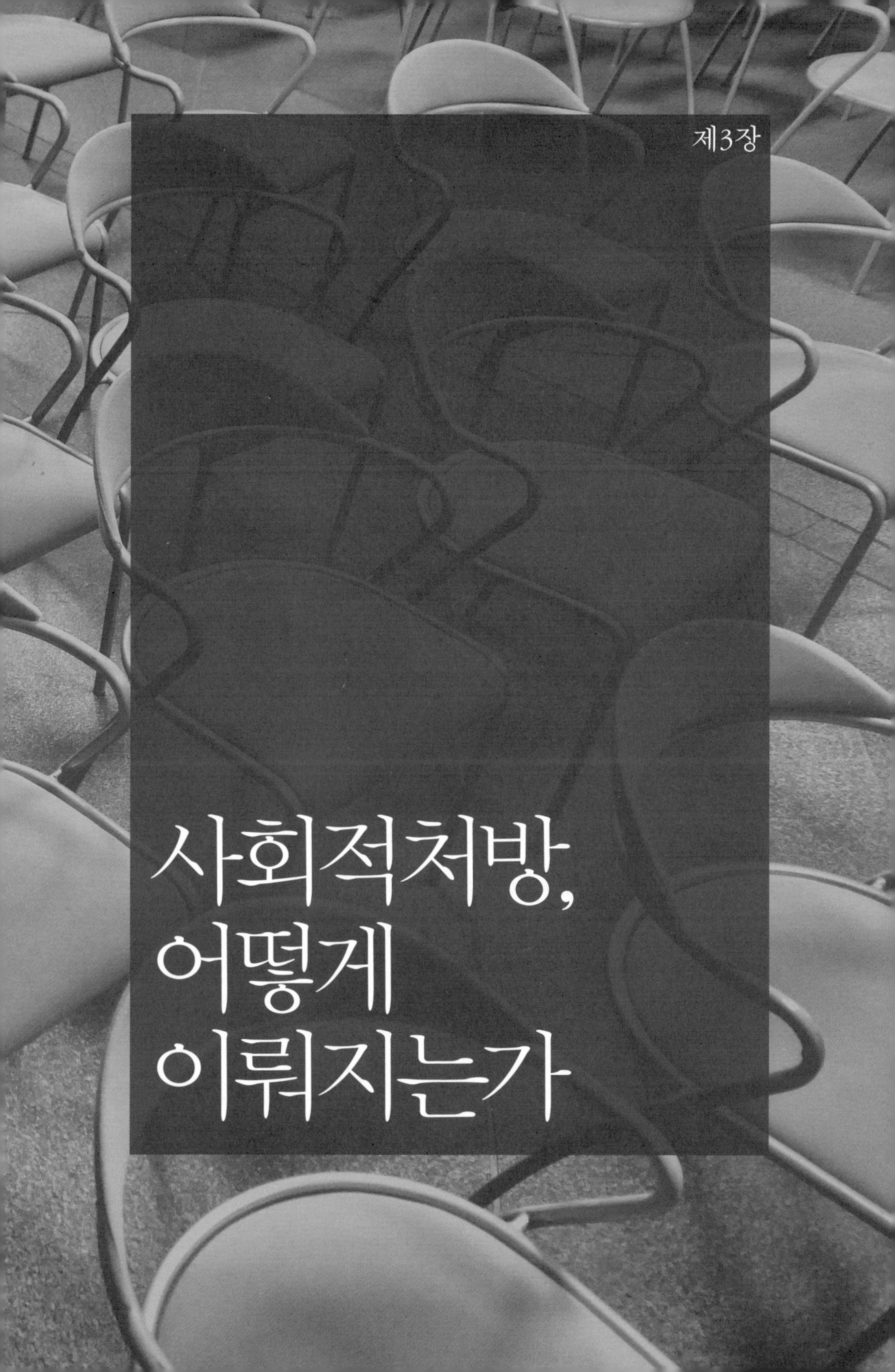

제3장

사회적처방, 어떻게 이뤄지는가

사회적처방은 참여자의 건강과 웰빙 개선을 궁극적인 목표로 설정해 참여자 또는 환자의 개인적 욕구에 맞춰 적절한 서비스를 제공하거나 사회활동을 통해 자신의 건강과 웰빙을 스스로 관리하는 임파워링을 갖추도록 지원한다. 이런 사회적처방 프로그램의 개발과 시행과 평가에 이르는 일련의 과정에는 여러 이해관계자들이 참여해 전문적 역할을 분담한다. 사회적처방 프로그램 디자인부터 주요 개념과 이론적 프레임워크 개발, 프로그램 기본원칙 설정과 이를 달성하기 위한 '변화이론', 프로그램 시행과 평가에 이르는 단계별 과정을 차례로 살펴본다.

1. 사회적처방 프로그램 디자인

사회적처방은 지방의 프로그램으로 또는 국가 차원의 정책으로 개발해 시행을 하기 위한 첫 단계인 프로그램 디자인에서 시작해볼 수 있다. 앞의 제2장에 소개된 다양한 이론과 모델 그리고 글로벌 동향을 참고해 우선 사회적처방의 동향에 대한 이해부터 시작해볼 수 있다. 다음으로 이어지는 프로그램 디자인으로 사회적처방 프로그램의 변화이론을 설정해 프로그램 개발과 시행을 진행해볼 수 있다.

1) 사회적처방 동향에 대한 이해

사회적처방의 오랜 역사와 전통을 가진 영국의 동향을 비롯해 최근 관심이 높아지는 국가들의 글로벌 동향부터 사회적처방의 프로그램 준비를 시작해볼 만하다. 영국에서는 NHS 주도의 전국적인 사회적처방 제도화가 완성되어 있고, 아일랜드와 웨일즈도 국가 차원의 사회적처방 프레임워크를 개발해 정책시행을 앞두고 있다. 호주와 캐나다에서도 국가 차원의 사회적처방 시행에 앞서 광역 정부들이 파이롯트 프로젝트를 통해 사회적처방의 효과를 검증하고 있다. 미국에서도 먼저 전문의들이 나서 2035년까지 국가 차원의 사회적처방의 제도화 운동에 나서며 일부 지방정부들과 민간재단들이 사회적처방을 지원해 지역사회 차원에서 다양한 프로그램들이 시행중에 있다. 싱가포르에서는 병원들이 나서 사회적처방 시행을 실험중에 있다.

이런 글로벌 흐름은 영국에서는 사회적처방이 2020년에 이미 '사회적

혁명'이라 표현할 정도로 사회적처방의 효과를 확신하며 전국 곳곳에 확대를 위한 인력과 재정을 적극 투입하고 있다. 후발국가들도 중앙정부가 다소 적극적으로 나서는 하향식 모델도 있지만, 지방정부와 지역사회가 앞장서 지역사회부터 주요 이해관계자들의 지혜와 자원에 의존해 지역사회 중심의 모델을 시행하는 아래로부터의 상향식 모델이 강력한 동향이 되고 있다.

한국에서도 아직 중앙정부 차원에서나 의료계 중심으로 사회적처방의 필요성을 정책으로 제시하지 않고 있다. 일부 지역을 중심으로 소규모의 시행을 앞두고 있는 동향이다. 광주시 광산구가 보건소를 중심으로 건강과 웰빙 사회적처방 프로그램과 또 수목원과 협업으로 숲치유 프로그램을 개발해 시행을 앞두고 있다. 농촌진흥청은 지난 10여 년간 '치유농업'에 초점을 맞춰 다양한 프로그램을 개발해 전국 여러 지역에서 실험 중에 있다.

이런 국가차원이나 지역사회 차원, 글로벌 차원에서 나타나는 일반적인 동향을 정리하면 다음 몇 가지로 요약될 수 있다. 사회적처방을 고려중인 지방정부나 지역사회나 복지기관이나 시민사회가 참고할 만한 주요 동향이다. 이에 대한 이해를 바탕으로, a) 사회적처방을 어떻게 정의할 것인지, b) 사회적처방 모델들(하향식 또는 상향식, 지역사회 주도 또는 의료계 주도 등) 중 어떤 것이 적합한지를 기획하고, c) 선택한 모델의 기본원칙을 어떻게 설정할 것이며, d) 누구를 대상으로 어떤 서비스를 공급하고 서비스와 활동을 준비할 것인지, e) 사회적처방의 결과 임팩트는 무엇이며, 이를 어떻게 평가할 것인지 등의 세심한 준비가 필요할 것이다.

〈표 3-1〉에서 볼 수 있듯이 영국과 캐나다 등의 주요국 중심의 글로벌 사회적처방의 동향을 우선 참고해볼 수 있다. 사회적처방의 이론적 기초가

되는 개인 중심의 돌봄과 통합돌봄과 자기결정 이론은 이제 뚜렷한 주류 동향을 보여준다. 참여자 또는 환자와 의료진과 링크워커와 지역사회와 더불어 개인의 건강과 웰빙이나 지역사회 웰빙을 위한 사회적처방의 공동디자인과 공동생산도 주류동향임을 확인해볼 수 있다. 자산기반의 지역사회 개발도 제2장에서 다룬 사회적처방의 혁신모델에 해당되며, 제5장에서 대표적인 혁신적 모델의 프로그램 임팩트를 상세하게 살펴볼 수 있다.

표 3-1 사회적처방의 글로벌 주요 동향

⇒ 개인 중심 돌봄: 개인의 모든 돌봄 관련 부문을 가이드해 실제적인 건강과 삶의 목표를 지원하기 위한 개인의 가치와 선호를 파악.
⇒ 통합돌봄: 개인의 다면적 욕구를 충족시키기 위해 디자인되어 다차원의 스탭팀들이 전달하는 개인 중심의 서비스의 종합적인 전달을 진흥.
⇒ 공동디자인(Co-design): 서비스 이용자가 서비스 디자인 과정에 동참해 자신의 충족된, 충족되지 않은 욕구들에 대해 이해하도록 협업.
⇒ 공동생산(Co-production): 서비스 디자인, 개발, 평가 단계에서 건강과 돌봄 서비스 이용자와 돌봄제공자와 지역사회가 동등한 파트너로 협업.
⇒ 자기결정(Self-determination) 이론: 자기결정(자신의 삶을 선택해 통제할 능력)을 경험한 개인들이 행동에 나서는 동기화가 더욱 강해 심리적 건강과 웰빙을 경험한다는 인식.
⇒ 돌봄조정: 계획적으로 건강과 돌봄 활동을 조직화해서 안전하고 효과적인 돌봄을 달성하기 위해 모든 참여자들 사이에 정보를 공유.
⇒ 건강증진: 사람들이 스스로의 건강개선과 통제를 늘리도록 기회를 주고 개인행태에 대한 초점을 넘어 광범한 사회적, 환경적 개입으로 이동.
⇒ 장점 기반의 접근: 서비스 지원을 받는 개인과 지원자들 사이의 공조로 함께 개인의 장점과 자산에 기반하는 결과를 결정하는 역량 부여.
⇒ 자산기반의 지역사회개발(ABCD): 기존의 잘 인지되지 않은 자산을 파악해 동원해서 지역사회 주민들이 스스로 개발의 과정을 추동하는 역량을 가질 수 있다는 인식.
⇒ 4중의 목표: 환자경험 살리기, 인구의 건강개선, 비용절감, 보건전문직의 노동생활 개선.

자료 Morse, et al. (2022: 4).

일부 국가들은 사회적처방에 필요한 새로운 인력이나 예산을 투입하지 않고 기존의 스텝과 인프라를 활용하고 있다(포르투갈, 캐나다, 네덜란드, 스페인, 일본). 미국에서는 공모사업을 통한 SIB 또는 다른 다양한 결과지불제 방식으로 추진되기도 하며, 일부 지자체들의 혁신사업 공모로 이뤄지는 경우가 있다. 반면에 영국과 호주의 경우 국가 차원에서 제도화를 통해 이뤄진다. 영국은 일차돌봄 네트워크를 통해 호주는 일차건강 네트워크를 통해 재정이 지원된다. 웨일즈의 경우 광역 차원에서 재정지원 결정이 위임되어 있어 지역의 보건, 사회, 제3섹터, 주택섹터 대표들이 참여하는 파트너십 이사회가 재정지원 결정을 한다(앞글: 4-5).

2) 사회적처방의 기본원칙 수립

이상의 글로벌 동향에서 나타나는 사회적처방의 흐름은 이제 사회적처방의 기본원칙으로 정착되고 있다. 각국의 실정에 따라 사회적처방 주요 이해관계자들의 의견을 포커스그룹 토의 등으로 수렴해 사회적처방의 목표를 설정하고 기본원칙을 수립하는 절차가 바람직하다.

(1) 영국과 아일랜드의 사회적처방 기본원칙

영국 공공보건국(Public Health England 2019, 2022)이 마련한 기본원칙들을 아일랜드 정부는 국가 차원의 사회적처방의 핵심 원칙들로 적용해 제시한다(SPFSG 2024: 10).

a) 개인의 욕구와 선호에 초점을 맞춘 총제적인 접근이다.

b) 건강은 광범한 사회적, 경제적, 환경적 요인들이 주요 요인이다.

c) 사회적처방은 (의료적 개입을 수반하는 경우도 있지만) 비임상적 방법을 이용해 건강과 웰빙을 증진시키고 지역사회 내 건강불평등을 줄어준다.

d) 참여의 장애를 없애 사람들이 자신의 건강과 웰빙의 주체자 역할을 한다.

e) 서비스나 활동을 개발하고 전달하는 데 지역사회 자산에 기반해 이를 활용한다.

f) 자신의 건강과 삶에 대한 통제를 높이는 목표를 지향한다.

(2) 캐나다 건강웰빙 모델

캐나다 건강지역사회연대(Alliance for Healthier Communities: AHC)가 개발한 건강웰빙 모델의 사회적처방 기본원칙 세 가지를 참고해볼 수 있다.

a) 최고의 품질, 사람과 지역공동체 기반의 일차 건강돌봄: 서비스 대상인 사람과 지역공동체 특유의 욕구를 충족시키는 모든 노력으로 서비스와 프로그램의 질 개선을 지속한다.

b) 건강 형평성과 사회정의: 건강불평등과 차별을 감소하기 위한 프로그램과 서비스 디자인을 한다. 또 건재한 공공정책을 지지하며 사람들의 건강을 해치는 불공정한 진료와 편견에 맞서는 주창활동을 한다.

c) 지역공동체 활력과 소속감: 지역공동체 구성원들과 협력해서 안전

하게 돌봄 서비스를 하는 공동체를 만들어 누구나 존중받고 공동체 소속감을 갖도록 지원한다.

(3) 글로벌 사회적처방 시각

글로벌 사회적처방 등 세계적인 사회적처방 확대운동을 하는 연대조직들이 제시하는 〈세계의 사회적처방〉 보고서는 사회적처방의 원만한 시행을 위해 다음과 같은 기본원칙들이 잠정적으로 합의되고 있다고 밝힌다(GSPA 2024).

a) 총체적이며 개인 욕구에 초점을 맞춘 개인화된 접근법
b) 지역사회 배경에서의 건강과 웰빙 증진
c) 건강증진 지역사회 기반의 지원과 서비스에 의뢰
d) 개인의 건강통제에 대한 임파워링(empowering)

3) '변화이론' 디자인

사회적처방은 무엇을 위한 처방인가? 누구를 위한 처방이며, 또 어떻게 지향하는 목표를 달성할 수 있는가? 사회적처방의 목적과 실행가능성과 지속가능성을 가늠하는 첫 걸음은 목표지향적인 '변화이론'을 디자인하는 일이다.

변화이론을 역으로 임팩트 → 결과 → 산출 → 활동 → 투입으로 디자인해볼 수 있다. 최종 임팩트를 먼저 설정한 다음, 여기에 도달하기 위한 결

과들은 무엇인지, 또 이같은 결과들은 어떤 산출로 창출되며, 산출의 생산은 어떤 사회적처방 활동으로 디자인되는지를 논리적으로 설계해볼 수 있다. 끝으로, 이런 활동을 위해 지역사회에서의 사회적처방의 조직과 경영은 어떻게 변화 또는 혁신될 필요가 있는지를 디자인하는 일이 '변화이론' 디자인이다.

앞서 살펴본 사회적처방 이론들과 모델들 그리고 주요 프로그램들의 결과와 임팩트를 변화이론에 적용해보면 〈그림 3-1〉과 같다. 프로그램의 투입부터 시작되어 주요 활동을 거쳐 계획된 산출과 목표가 되는 결과들을 생산하고, 궁극적으로 참여자들 전체와 지역사회와 보건시스템에 대한 임팩트까지 일련의 흐름들을 한눈으로 살펴볼 수 있다.

변화이론의 디자인은 일반적으로 투입 → 활동 → 산출 → 결과 → 임팩트 순서로 설계되지만, 사회적처방과 같이 분명한 중장기 목표를 가진 프로그램의 경우 임팩트를 우선 최종 목표로 설정해, 이를 실현하기 위한 어떤 결과를 생산할 것인지, 또 결과를 내기 위한 어떤 산출과 어떤 활동이

그림 3-1 사회적처방 프로그램의 변화이론

input 투입	activity 활동	output 산출	outcome 결과	impact 임팩트
사회적처방 대상과 조직	**링크워커와 지역사회**	**서비스 제공과 참여자 활동**	**참여자 혜택 의료계 혜택**	**건강과 웰빙 의료계 임팩트**
– 대상층 규모 – 시간/공간범위 – 재정적 안정	– 의료진 의뢰 – 링크워커 사정 – 지역사회 계획	– 서비스 제공 – 지역사회활동 – 참여자활동 (운동/예술/봉사)	– 고독감 해소 – 타인관계 증진 – 의료이용 감소 – 의료비 절감	– 참여자 건강웰빙개선 – 지역사회 개발/임파워링 – 의료시스템개선
적절성/효과성	효율성/효과성	효율성/효과성	효율성/효과성	지속가능성

필요하며, 이를 뒷받침하는 준비단계로 어떤 투입이 어떻게 이뤄질 것인지를 역순서로 살펴볼 수 있다.

(1) 임팩트(impacts)

임팩트를 우선 설정하는 일이 핵심이다. 사회적처방은 궁극적으로 참여자의 건강과 웰빙 개선을 목표로 하는 임팩트 생산을 지향한다. 프로그램 시행 기간이 단기에 그칠 수 있지만 시행후 임팩트는 중장기로 남는다. 지속가능한 건강과 웰빙 개선을 위해 참여자의 욕구와 선호뿐 아니라 의사결정이 시행 계획에 반영되어 참여자 임파워링 임팩트가 따라야 한다. 이와 동시에 참여자들을 지원해 긍정적인 결과를 생산한 지역사회 또한 임파워링을 갖춰 개발을 이뤄내는 임팩트를 기대해볼 수 있다. 지역사회에 사회적처방에 공조한 기관과 단체들의 네트워크와 사회적자본 등의 유무형의 자산이 축적된 임팩트가 기대된다. 동시에 환자 주도의 지역사회 기반의 보건시스템의 지속가능성도 중장기적 임팩트로 볼 수 있다.

일반적으로 임파워먼트는 낮은, 중간, 강한 수준으로 구분하기도 한다. 비교적 약한 수준의 임파워먼트로 서비스 수혜자인 이용자에 초점을 맞춰, 개인의 자율성을 개선하고 사회통합을 막는 정보와 제도의 장애물 제거를 목표로 한다. 이에 관한 주요 지표들로는 서비스의 다양성, 맞춤형 서비스 제공, 서비스 공급에 대한 이용자 투입 등이다(OECD 2007: 4). 다른 하나는 비교적 강한 수준의 임파워먼트로, 서비스 이용자인 취약층 임파워먼트로, 집단적인 역량을 진흥시키고 사회통합에 장애가 되는 주요 문화적, 심리적 요인들의 제거에 초점을 맞춘다. 강한 수준의 임파워먼트의 지표로는 이용자 참여와 주창활동으로 서비스 제공 역할뿐 아니라 취약층의 사회적 배제와 주변화를 막기 위한 주창활동 역할도 주어지고 있다(앞글: 4).

(2) 결과(outcomes)

결과는 임팩트를 창출하기 위한 중장기적 목표에 해당된다. 사회적처방으로 생산되는 일반적인 결과로는 참여자 또는 환자의 고독이나 우울증 등 질환의 감소가 우선 꼽힌다. 그럼으로써 의사면담이나 병원방문, 응급입원 등 의료이용의 감소가 따르며 개인이나 보건시스템 차원의 비용절감 등 결과들이 거의 동시에 이어진다. 다수의 경험적 연구들은 사회적처방이 필요한 가장 중요한 근거로 이상의 건강지표의 개선을 증거로 제시한다(제4장, 5장 참조).

(3) 산출(outputs)

산출은 임팩트와 결과들의 생산에 이르기 위한 단기적인 성과로, 사회적처방의 의뢰를 받은 참여자들의 일반적 특성을 파악하며, 프로그램 시행으로 참여자나 환자의 다양한 활동을 말한다. 수영 등의 다양한 운동이나 예술과 교육과 문화 활동, 자연에서 얻어지는 산책이나 치유활동, 음악과 그림 등의 예술활동, 자원봉사와 타인과의 어울림 등의 친교활동이 있다. 참여자 또는 환자가 이런 활동에 적극적으로 나섬으로써 약물복용 등 의료적 처방으로 해소되기 어려운 자신의 건강과 웰빙을 스스로 챙기게 되는 임파워링을 경험하게 된다. NHS가 제시하는 산출 측정지표를 〈표 3-2〉에서 참고해볼 수 있다.

표 3-2 사회적처방 프로그램 산출 측정지표

산출 측정지표(Output measures)
• 사회적처방 연계망에 의뢰된 사람의 수 의뢰를 수용한 사람 수; 의뢰를 거부한 사람수
• 의뢰된 사람의 연령, 장애 여부, 젠더, 혼인관계, 임신여부, 종교 등
• 장기요양 등의 의뢰 기준
• 의뢰 과정과 경로 – 누가 의뢰를 하는가
• 의뢰를 받는 지역사회 단체 수
• 의뢰를 받는 지역사회 단체의 특성 – 지원의 유형 등
• 서비스를 받는 사람과 공동생산된 개인별 지원계획의 수
• 링크워커 수
• 자원봉사자 수
• 참여자 일인당 소요되는 평균시간
• 사회적처방 연계망에 대한 전체 투자(투입 측정치)

자료 NHS(2020).

(4) 활동(activities)

활동은 산출-결과-임팩트로 이어지는 사회적처방 시행의 기초활동이다. 의료진이나 지역사회와 링크워커 또는 지방정부나 보건소 등 핵심 이해관계자 사이의 시행계획 수립과 협조를 위한 협약, 사회적처방 서비스 의뢰 대상이나 활동범위 등이 해당된다. 일부 프로그램에는 민간단체가 링크워커의 고용 등 프로그램 주최로 설계되어 지방정부와 민간투자를 동시에 유치해 참여자의 건강과 웰빙 개선 등의 실질적인 결과가 검증되면 시행 주최에 약속된 비용과 수익을 지불하는 계약이 사회임팩트채권(Social Impact Bond: SIB)로 시행된다. 대표적으로 영국 뉴캐슬의 Ways to Wellness 프로젝트(제5장)와 한국 공주군에서 시행된 '치매안심 SIB'(제4장)를 참고할 수 있다.

(5) 투입(inputs)

투입에서는 이상의 활동-산출-결과-임팩트로 사회적처방이 확대, 발전되기 위한 조건, 기초단계라 볼 수 있다. 사회적처방 프로그램에 필요한 인적, 물적 자원의 투입을 설계하는데, 정부 지원금이나 민간 투자금 등 다양한 재원이 복합될 수 있다. 또 누구를 위한 프로그램인지 대상층의 선정과 프로그램 기간 등 시간과 공간의 범위 설정이 필요하다.

4) 사회적처방 프로그램 평가

이상과 같이 사회적처방 프로그램의 변화이론은 실행가능하며 어떤 과정으로 성과를 생산하고 있는지를 평가하는 기준도 중요하다. 국제적인 평가기준으로는 적절성, 효율성, 효과성, 지속가능성 기준이 통용되고 있다.

(1) 투입의 적절성과 효과성

투입은 사회적처방의 결과와 임팩트로 가는 개시물로 우선 적절한 투입이 이뤄졌는지를 점검해야 한다. 투입과정은 기획과 디자인 단계에서 적절성 기준과 함께, 투입의 다음 단계인 활동으로 효과적으로 이어질 수 있는 투입물(조직, 재정, 인력, 경영 등)인지를 확인하는 평가가 진행될 수 있다.

(2) 활동의 효과성과 효율성

투입의 적절성과 효과성 검토를 거친 다음에는 활동의 효과성과 효율성 평가가 뒷받침된다. 활동이 효과적인지를 평가하고, 비용효과성으로 효율성을 평가한다.

활동은 계획대로 진행되었는지, 활동은 투입을 잘 활용하는 비용효과적이며, 효율적이었는지, 계획된 활동이 이뤄졌는지, 차질이 발생했다면 문제는 무엇이며 어떤 해결방안이 있는지를 평가한다.

(3) 산출의 효율성과 효과성

산출은 활동의 단기적 결과물로 효율성과 효과성 평가가 필수적이다. 산출물은 비용효과적인지, 계획된 산출이 이뤄졌는지, 차질이 발생했다면 문제는 무엇이며 어떤 해결방안이 있는지를 평가한다.

(4) 결과의 효율성과 효과성

사회적처방의 결과 또한 효과성이 필수적이며, 특히 다음의 중장기적 결과에 해당되는 임팩트 창출의 밑거름이 효율적, 효과적으로 마련되고 있는지를 집중적으로 평가한다. 결과는 어느정도 달성되었는지, 결과물은 비용효과적인지, 계획된 결과가 달성되었는지, 차질이 발생했다면 문제는 무엇이며 어떤 해결방안이 있는지를 평가한다.

(5) 임팩트의 효과성과 지속가능성

마지막 임팩트 단계에서는 계획된 바람직한 목표가 효과적으로 달성되었고 동시에 목표달성이 단기적 성과에 그치지 않고 중장기적으로 지속가능한지를 평가한다. 지속가능성을 지향하는 전략은 무엇인지를 파악하는 평가를 통해, 다시 투입으로 환류되는 피드백이 되어 정책결정에 중요한 '증거기반'이 된다.

5) 사회적처방 디자인 설계

WHO의 보건시스템 프레임워크에 기초한 12개 설문문항 서베이 결과를 보면 각국이 다양한 형태의 사회적처방에 기초해 시행규모도 큰 차이를 보여준다(Scarpetti et al. 2024). 사회적처방의 임팩트에 대한 강력한 증거가 거의 없이 대부분 상황 해석에 의존한다. 비용효과성에 대한 일부 연구와 웰빙에 대한 긍정적 임팩트를 제시하는 경우도 있다.

사회적처방 프로그램의 디자인 설계에는 다음의 몇가지 전략을 명확하게 파악해 제시할 필요가 있다.

(1) 사회적처방이란 무엇인가?

거의 모든 국가들이 사회적처방의 공통된 개념정의를 제시하지 않지만, 영국과 호주에서 사용되는 일반적 개념정의는 있을 따름이다(Scarpetti et al. 2024: 3). 건강의 사회적 요인들의 해소와 사회적처방과의 관계에 대해서는 둘의 상호관련성은 여러 국가들에서 확인되고 있다. 건강의 사회적 요인 해소 프로그램들은 전국민 대상의 정부정책들에 관련되는 국가들(영국, 핀란드, 슬로바키아, 웨일즈)이 있고, 사회적처방이 개인차원에서 서비스가 제공되며 개인화된 계획으로 개인별 욕구와 지역사회 자원의 유용 여부에 초점을 맞추는 국가들(캐나다, 독일, 네덜란드, 포르투갈, 미국)로 구분된다.

(2) 누구를 위한 어떤 사회적처방인가?

사회적처방의 시행은 파이롯트 프로그램이 대부분이다. 호주, 오스트리아, 캐나다, 핀란드, 포르투갈, 슬로바키아, 미국 등이다(앞글: 3). 시정부 차원에서 시행되는 시범사업도 독일이나 네덜란드에서 찾아볼 수 있다. 영국, 슬로베니아, 웨일즈가 전국 단위의 사회적처방을 시행한다.

사회적처방의 타깃이 되는 사회적 욕구는 구조적 요인들(식량, 주거), 심리사회적 지원 네트워크(유가족단체, 환자자조집단), 건강증진(워킹), 사회적 레크리에이션 스포츠 등이 있다. 모든 국가에서 개인들은 거의 모든 섹터의 활동에 의뢰되고 있다. 정부 프로그램뿐 아니라 제3섹터나 사회적기업 등

표 3-3 건강 관련 사회적처방 글로벌 사례

물질적 욕구	건강 행태	사회적-정서적
– 음식	– 다이어트	– 사회적 관계
– 교통수단	– 엑서사이즈	– 자연 여행
– 재정적 욕구	– 흡연	– 예술문화활동
– 법률적 욕구	– 약물	– 자원봉사활동
– 주택	– 만성질병관리	– 직업훈련과 교육
– 디지털 포용	– 정신건강상담	– 지역사회단체

자료 Morse, et al. (2022: 5).

이 지역에 따라 다양한 서비스를 제공한다.

전반적으로 대상자층이 광범하지만, 일부 국가들이 타깃집단에 초점을 맞춘다. 캐나다, 영국, 미국, 슬로바키아의 사회적처방은 (장기요양, 정신건강 문제로 고립이나 고독 상태) 문제해결의 욕구에 적용되는게 일반이다. 오스트리아의 AmberMed는 국가건강보험 혜택이 없는 사람들을 위한 사회적처방에 초점을 맞춘다. AmberMed 프로젝트는 의사, 전문의, 심리치료 전문가를 포함한 50명의 자원봉사자가 활동한다. 3명의 풀타임 소셜워커가 일차적인 면담을 하며 핵심적인 역할을 한다. 웨일즈에서 사회적처방은 성인 인구에 치우쳤지만, 영국과 미국에서는 청소년에 많이 적용되고, 미국의 경우 특정 건강 행태를 가진 개인들에 초점을 맞춰 서비스를 제공한다.

(3) 링크워커/돌봄내비게이터 역할과 훈련

일부 국가들에서만 링크워커 역할이 상세히 소개되고, 대부분의 국가에서 이들의 역할이 구체적이지 않다(앞글: 4). 캐나다와 미국에서 일부 파이롯트 프로젝트가 링크워커 역할에 재정지원을 하고 있지만 간호사, 소셜워커 등 기존의 인력을 활용하는 파이롯트 프로젝트들이 많다. 포르투갈의 경우 링크워커는 소셜워커가 맡는다. 미국에서는 훈련된 자원봉사자가 링크워커 역할도 한다. 영국에서는 간호사, 보건조무사 등 일차진료 역할에 추가로 사회적처방자 역할도 한다. 영국 NHS는 장기플랜을 통해 2023/24년까지 천 명의 링크워커를 사회적처방 서비스에 충원할 계획을 추진한다. 웨일즈의 링크워커는 제3섹터나, 대학 등 여러 곳에 기반을 둔다.

사회적처방 시행에서 각국마다 지역 실정에 따라 링크워커들의 역할이 다양하다. 영국 등지에서는 전국적으로 NHS 주도의 규정을 두고 링크워커들을 고용해 교육훈련을 실시하고 있지만, 많은 국가들에서는 기존의 지역사회의 의료진, 소셜워커들, 코디네이터 등이 사회적처방 사업을 담당하고 있다(Morse, et al. 2022: 3). 싱가포르에서는 웰빙 코디네이터가, 웨일즈에서는 지역사회 코넥터가, 네덜란드에서는 웰빙 코치가 담당한다. 포르투갈, 독일, 일본, 캐나다는 기존의 소셜워커, 보건전문직, 간호사 그리고 자원봉사자가 사회적처방 프로젝트를 담당하고 있다. 미국에서도 사회적처방의 새로운 역할을 담당하는 기존의 의료계나 비의료계 스텝이 활용되고 한다.

영국에서도 몇가지 특이한 링크워커 위상과 역할의 차이를 〈표 3-4〉에서 확인해볼 수 있다.

표 3-4 링크워커의 다양한 위상과 역할

a) Gloucestershire CCG는 사회적처방 위탁을 하고, 링크워커는 공중의 사무실에서 환자들을 면담한다. 때로는 환자 가정방문과 전화면담도 한다.

b) Brighton and Hove 지역사회 사회서비스는 훈련된 링크워커 자원봉사자(지역사회 내비게이터라 부름)와 16개의 공중보건의 사무실에서 협력한다. 링크워커는 대상자를 지역사회의 적합한 서비스에 의뢰하는 역할을 한다.

c) City and Hackney CCG는 23개 일반의 사무실에 사회적처방을 위탁한다. 시행기관 Family Action이 고용한 링크워커(사회적처방 코디네이터)는 대상자를 만나 욕구를 파악해 필요한 서비스를 연계시켜준다. 일부 링크워커는 일반의 사무실과 지역사회에도 활동하면서 대상층에 친화적인 편리하거나 편안한 장소에서 면담을 한다.

d) Rotherham CCG 위탁의 돌봄회복 프로젝트는 시행기관 Crossroads Care Rotherham가 고용한 링크워커들이 있다, 이들은 모든 일반의로부터 의뢰를 받아 적합한 서비스를 선정해 의뢰한다.

e) Voluntary Action Rotherham가 고용한 링크워커는 자원공동체 자문관(Voluntary and Community Sector Advisors) 명칭으로 활동한다, 링크워커는

지역의 모든 일반의 의뢰를 받아 위탁기관과 협의한 기준에 따라 대상자를 자문한다. 링크워커는 대상자 면담후 지역사회 서비스에 의뢰한다. 필요한 경우 일반의에서 활동하는 통합 돌봄관리팀 회의에 참석해 협의한다.

f) Wellbeing Enterprises 지역사회이해회사(CIC)가 고용한 링크워커는 지역사회 웰빙 담당관(Community Wellbeing Officers)으로, 일반의 사무실에서 활동한다. 의료진, 임상의료진, 환자 등과 협력해 지역의 욕구와 자산에 적합한 행동계획을 개발해 시행한다.

자료 Polley et al. (2017: 23-4).

많은 국가에서 링크워커 또는 돌봄 내비게이터의 교육이나 자격을 규제하지는 않는다. 오스트리아에서는 파이롯트 프로그램을 통해 보건전문직이 4일간의 사회적처방 교육을 받는다. 슬로베니아에서는 링크워커 역할을 하는 전문직이 건강증진과 질병예방 교육훈련을 받는다. 웨일즈의 경우, 국가적 링크워커 역량/역량 프레임워크와 교육 프로그램을 개발중에 있다.

(4) 사회적처방 재원과 인력 보수

사회적처방의 재원은 중앙정부나 지방정부 등이 많지만, 자선적 지원, 건강보험 상환금, 연구지원비 등 다양하다(Scarpetti et al. 2024: 6). 최근에는 영국 등지에서 사회적임팩트채권(SIB)으로 운영되며 투자자가 정부나, 기업, 제3섹터 등 다양한 이해관계자들이 참여한다.

호주에서 재정은 자선조직이나 주정부 등 복합적이다. 캐나다에서도 광역정부의 보건부가 있지만 민간 기부자나 재단이 재정을 제공한다. 미국의 경우, 대부분의 재원은 연방정부가 규제하고 지원하는 결과와 임팩트 평가방법인 RCT에 경쟁에서 수상하는 그란트 등에 의존하는 경우가 많다. 지방정부나 비영리기관들이 사회적처방의 효과를 사회적 임팩트 RCT 검증을 한다. 미국의 건강보험사들은 사회적처방 서비스를 지원하지 않지만, 주차원에서 메디케이드(저소득층의료보험) 돌봄기관들이 링크워커들에 수당을 제공하기 시작한 새로운 변화도 있다.

일부 국가들은 보다 안정적으로 임금 형식으로 링크워커에 재정지원을 한다. 영국은 2019년부터 NHS가 1,300명 환자 기준의 풀타임 사회적처방 링크워커 임금 전액을 지급한다. 독일의 경우 링크워커 임금의 주요 지불이 되고, 슬로베니아에서는 보건관련 NGO들이 보건부와 시정부의 재정지원을 받는다. 웨일즈의 링크워커들은 계약기간제 급여를 받는다. 핀란드의 사회보건부는 라플란드 파이롯트 프로젝트를 지원하며, 네덜란드의 시정부가 재정지원의 책임을 가진다.

(5) 사회적처방의 임팩트 증거 평가

정부가 재정을 지원하는 사회적처방 프로그램은 임팩트 평가를 요구하는 경우가 일반적이다(앞글: 7). 그러나 지방정부 차원에서 소규모 파이롯트로 진행되는 프로그램의 경우 단순한 결과 제시로 그치는 경우가 일반적이다. 호주와 웨일즈에서는 평가틀이 개발중이다. 마찬가지로 슬로베니아에서도 국립공공보건원이 사회적처방서비스 평가 플랫폼을 개발중이다. 캐나다와 핀란드는 각 프로그램에 평가가 포함되어 있다. 온타리오의 연중 진행된 지역사회 파이롯트의 경우 참여하는 11개의 지역사회 보건센터들이 1,100명의 고객에게 제공된 3,300개의 사회적처방을 분석해 평가한다. 참여 고객들이 정신건강이 개선되며 자신의 건강을 자기관리할 역량이 갖추고 고독감을 줄이고 공동체의식이 강해진 결과를 제시한다. 또 사회적처방이 고객 웰빙 증진, 반복 방문 감소 등으로 보건기관에도 혜택이 된다는 결과도 제시한다.

사회적처방의 임팩트에 대해서는 강력한 증거가 제시되지 않고 있다. 일부 국가들은 증거가 제한적이며 시스템 차원의 연구가 부족하다고 보고한다(호주, 캐나다, 영국, 핀란드, 포르투갈, 미국, 웨일즈). 독일과 네덜란드의 경우, 사회적처방으로 보건 소비가 줄며 비용효과성이 높다고 평가하면서도 일반화의 한계를 동시에 제시한다.

2. 사회적처방의 시행 기획

1) 사회적처방 시행의 원칙

사회적처방이 잠재력을 실현하기 위해서는 향후의 결과평가는 디자인부터 비교적인 디자인으로 설계되고 언제, 누구에 의해 누구를 위해 어느정도 잘, 그리고 얼마의 비용으로 시행할 것인지를 고려해야 한다.

캐나다 건강지역사회연대(Alliance for Healthier Communities: AHC)가 개발한 건강웰빙 모델은 사회적처방 시행기관의 시행원칙 여덟 가지를 제시한다(AHC 2020: 16).

a) 인구의 욕구 기반의 기획

시행기관은 전체 인구의 건강과 웰빙의 개선에 노력한다. 다양한 인구 집단의 욕구를 파악해 문제해결을 위한 행동계획을 개발한다.

b) 지역사회 개발 접근법

시행기관은 지역사회 구성원들과 협력해 건강 생활을 지원하는 솔루션을 개발한다. 예를 들면 지역사회 정원, 구매가능한 사회적 주택 프로젝트, 시민참여 캠페인은 주민들이 공공정책 결정에 적극 참여하도록 한다.

c) 건강 결정요인에 대한 집중초점

시행기관은 많은 비의료 건강 요인들의 임팩트를 완화하도록 한다. 사람들이 사회경제적 문제들을 해결하도록 보충적인 지원을 한다. 구직에 필요한 상담을 하며, 진료를 받도록 교통을 제공하고, 보충적인 사회서비스와 동료집단 접근을 지원한다. 시행기관은 사람들이 건강한 환경 접근과 다른 기초생활 지원 접근을 지원하는 공공정책을 주창하는 역할을 한다.

d) 전문기관 협력, 통합적, 조정 활동

관련 전문기관 팀들과의 멤버십으로 임상 의료진의 전문 영역을 넘어 보건증진기관, 사회복지전문요원, 지역공동체개발 활동가들과의 소통과 관계를 유지한다. 팀들로 일차돌봄 제공기관들과 협력하며 다른 보건과 사회서비스 시스템 분야와의 협력도 넓힌다.

e) 비억압적, 문화적으로 안전한 진료

시행기관은 사람들이 차별로 인해 자신의 건강과 웰빙을 해치고 있지 않은지를 세심히 살펴야 한다. 일하는 스텝들이 비억압과 문화적으로 안전한 진료에 관한 훈련을 이수하게 한다.

f) 용이한 접근성

대상자가 누구이든, 어디에 살고 있든지 우선순위는 누구나 접근이 용이한 시행기관이어야 한다. 접근성은 각종 장애물, 즉 인종, 문화, 언어, 육체, 사회적, 경제적, 법적, 지리적 장애물로 인해 보건서비스 접근을 방해받는 사람들이 없도록 한다.

g) 지역사회 중심과 지역사회 거버넌스

시행기관은 광범한 참여 과정을 통해 얻어진 학습을 바탕으로 지역사회의 변화하는 욕구를 충족시키는 데 지속적인 방향설정을 한다. 지역사회 중심은 지역사회 거버넌스로 강화된다. 시행기관의 전략적 방향을 결정하는 지역사회 대표들의 역할이 중요하다.

h) 책무성과 효율성

지역사회 거버넌스는 시행기관이 지역사회와 위탁기관에 대한 책무성을 보장하는 장치이다. 위탁기관이 프로그램의 효과성과 효율성을 확인할 수 있도록 결과(성과) 리포팅을 개발해 적용한다.

2) Plan-Do-Study-Act 사이클 설계

사회적처방의 시행에는 일정한 단계를 거쳐 계획대로 시행하는 것이 무엇보다도 중요하다. 바람직한 시행과정에 대해서는 먼저 세계보건기구(WHO 2022)의 〈사회적처방 시행 매뉴얼〉을 참고해볼 수 있다. WHO의 사회적처방 매뉴얼은 Plan-Do-Study-Act(PDSA) 사이클을 활용해 프로그램 디자인과 시행 과정을 설계할 것을 권고한다. PDSA 사이클은 반복적인 시차별 개선으로 원만한 시행을 돕는 도구이다.

그림 3-2 Plan-Do-Study-Act 사이클

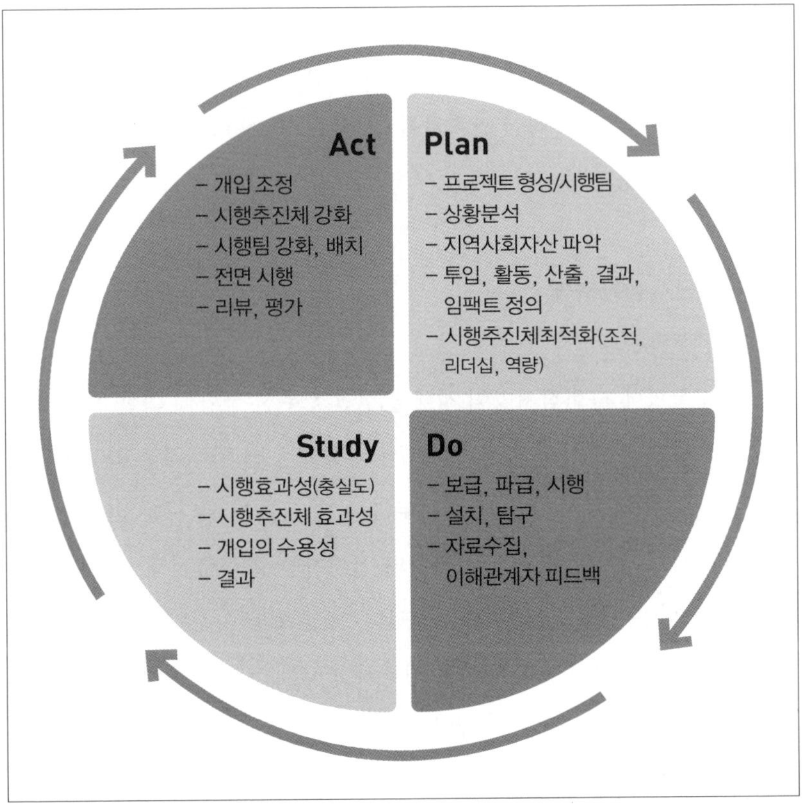

자료 WHO (2022: 41).

3) 사회적처방 시행 7단계

WHO는 사회적처방의 시행을 프로그램 디자인 단계부터 설계해, 다음과 같은 일곱 단계를 가이드라인으로 제시한다(WHO 2022). 1단계 상황분석 → 2단계 핵심 시행팀 가동 → 3단계 시행계획 수립 → 4단계 지역사회 자원 파악 → 5단계 핵심 관계자들 참여 → 6단계 링크워커 훈련 → 7단계 모니터링과 평가 등이다.

(1) 1단계 상황분석

어떤 상황에 사회적처방이 시행될 것인지 우선 상황에 대한 이해와 분석이 필요하다. 지역사회의 사회문화적 배경을 우선 이해하고 타깃인구의 욕구와 서비스 제공 사이의 갭을 검토하는 데 도움이 된다. 타깃인구를 구체화하고 사회적처방 프로그램 시행의 실행가능성을 사정해 기대되는 결과들을 정의하는 순서로 진행될 수 있다. 프로젝트 시작단계에서 소규모 프로젝트팀을 구성해 상황분석을 시행하고 프로그램의 본격적인 시행을 위한 심층분석으로 진행할 수 있다.

상황분석은 핵심 이해관계자와의 대면으로 시작된다. 의료진, 환자, 서비스제공자, 지역사회 관계자가 핵심 이해관계자이며, 추가로 보건분야와 비영리분야 기관대표들이 포함될 수 있다. 이들과의 일련의 인터뷰로 대략적인 상황 파악을 한다. 대상인구의 욕구를 파악하기 위해 욕구서베이 또는 포커스그룹 토의가 유용될 수 있다. 〈표 3-5〉에서 대상층 파악, 시행가능성 점검, 네트워크와 이해관계자 면담을 참고할 수 있다.

표 3-5 사회적처방 시행을 위한 상황분석 과정

1) 대상층
   - 사회적처방 대상이 되는 인구층 파악
   - 대상그룹을 확정하는 포함/배제 기준을 인구통태, 사회경제적 요인들과 건강상태를 참고
   - 대상인구의 욕구를 정신건강 서비스, 사회적 지원, 건강한 생활조언, 고통관리 조언, 생활조건으로 사정
   - 대상인구와 지역사회의 문제점과 기회들을 문화적 태도와 지역 행태적 동향으로 파악
   - 디지털 기술 문해력을 참고

2) 시행가능성(feasibility)
   - 사회적처방 시행에 영향을 미칠 수 있는 문화적, 사회적 요인들 파악
   - 다양한 섹터들 사이의 공조상태 등 지역사회 역동성을 고려
   - 인구의 효용성과 편의성을 검토
   - 참여자 비용과 유용한 지원금 추산
   - 리더십 지지 확보
   - 지역 서비스와 역량 유용성 파악
   - 지역사회와 인근 지역의 유사 프로그램 시행여부 확인

3) 네트워크와 이해관계자
   - 핵심 시행팀의 적정인원 파악
   - 병원, 일차진료센터, 지역센터, 정신보건센터, 장기돌봄시설, 재활센터, 사회보장사무국, NGO, 지역사회단체와 기업 등 보건서비스 제공측과 대상인구 사이의 접촉장소를 지도로 파악
   - 지역사회조직들과의 기존의 관계를 포함한 기존의 공조와 의뢰시스템 지도로 파악
   - 정부, 비정부, 지역사회와 환자단체, 기업의 기존의 역할을 파악
   - 정신건강전문의 등 전문가의 지역 유용성을 파악
   - 누가 링크워커 역할을 담당할지, 그들이 어떻게 기존의 시스템에 통합될지를 고려

자료 WHO (2022: 9).

(2) 2단계 핵심 시행팀 가동

핵심 시행팀은 프로그램 시행을 계획하고 감독하는 역할을 한다. 시행팀은 지역의 지역사회 보건센터가 이끄는 것이 일반적이지만 필요한 전문가와 지역사정에 따라 다른 기관이 담당할 수 있다(앞글: 11). 시행팀은 전문가감독관, 시행지도자, 지역사회 리더와 자원봉사자로 구성될 수 있다. 지역사정에 따라 다음 세 차원의 리더십이 구성될 수 있다.

a) 전문가 감독관(광역 또는 전국 차원), 대상인구의 보건욕구에 전문성을 가진 정신건강 전문의 등,
b) 시행을 감독하는 시행리더(보건센터 또는 병원 지역사회프로그램),
c) 지역사회 공간과 행정자원을 코디네이터 하는 지역사회 리더(지역사회 행정센터 기반의), 강력한 시행팀은 다분야 차원에서 다양한 이해관계자들과 관계를 갖는 전문성을 갖춰야 한다. 시행팀은 공공보건 프로그램을 시행한 경험을 갖추고 연구과 평가를 시행할 능력을 갖춰야 한다.

(3) 3단계 시행계획 수립

시행팀이 구성되면 시행목표 설정과 작업계획 수립을 위한 시행에 착수한다. 시행계획 개발에 참고할 사항들은 아래와 같다(앞글: 13).

(A) 첫째는 배경(background)이다.

a) 사회적처방 개념에 대한 이해를 공유

b) 대상인구 (인구동태와 지리적 위치)에 합의

c) 대상인구의 기대 욕구에 대한 이해를 공유

d) 사회적처방이 환자와 지역사회에 어떤 가치를 주는지를 합의

표 3-6 런던시 프로젝트의 사회적처방 대상층

타깃의 대상은 지역사회 특유의 지방성이나 공중보건의 치료, 대상층 건강상태, 서비스 전달유형 등 다양하다. 사회적처방의 대상층, 타깃 인구는 다음과 같다:

- 정신건강 문제를 가진 사람(약한 상태부터 다소 심한 상태)
- 사회적으로 고립된, 불이익을 받는 취약층
- 일차와 이차 돌봄 서비스를 자주 받는 사람
- 만성질환 하나 이상을 가진 사람
- 건강상태가 지금의 보건과 돌봄 서비스로 잘 개선될 것 같지 않은 사람(예: 아스퍼저 신드롬: Asperger's Syndrome).
- 건강회복을 위해 라이프스타일의 변화를 주는 추가적 지원이 필요한 사람.
  지역사회 사정에 따라 타깃 인구의 우선순위가 결정될 것이며, 특히 지역사회 위탁기관과 서비스 시행기관 사이의 계약에 타깃 인구에 대한 개념정의가 포함될 수 있다.
- 만성질환 하나 이상을 가진 사람
- 환자행동측정(Patient Activation Measure: PAM)에서 특정 수준에 해당되는 사람
- 약처방이 주간 £x 이상 이용하는 사람
- 임상면담을 월간 x 회 이상 이용하는 사람
- 사회적 문제/고립을 보여주거나 여러 증상으로 일차돌봄을 자주 이용하는 사람
- 정신건강 상태가 온화, 중간 증상을 보여주는 사람
- 건강이상이 있는 것으로 알지만 현재 건강서비스 이용을 하지 않은 사람
- 혼자 생활하는 사람
- 건강 이상이 진행 또는 악화 리스크를 가진 사람(예: 당뇨증)
  이상 의사결정을 돕는 자료가 수집되어 대상자를 결정하는 것이 중요하다.

자료 Healthy London Partnership (2017: 16).

(B) 둘째는 운영관리(management)이다.

a) 프로그램 목표를 정의

b) 프로그램이 지역 및 광역 '건강한 노후' 전략에 관련되는지를 파악

c) 핵심 시행팀의 역할과 책임을 정의(관리구조와 책무성 포함)

d) 다른 이해관계자들(의료진, 링크워커, 지역사회조직)의 역할과 책임을 정의

e) 조직내에 시니어 대표와 지방정부 대표의 참여 옵션을 토의

f) 서비스 제공자 등 모든 이해관계자들에 대한 정보제공 방안을 합의

g) 유용한 재정자원이나 임원 시간을 분석

h) 장기적 지속가능성 계획을 개발한다.

(C) 셋째는 의뢰 경로(referral pathway)이다.

a) 환자를 사회적처방에 어떻게 연계할 것인지가 문제

b) 링크워커 역할을 누가 할 것인가?

c) 기존의 인물 중 링크워커 역할을 할 만한 사람이 있는가?

d) 환자가 링크워커에 어떻게 의뢰될 것인가?

e) 서비스제공자는 어떻게 환자와 연계되며 서비스제공자 관리는 어떻게 할 것인가?

f) 지역사회 서비스에 의뢰되는 환자에 대해 정보가 지속적으로 제공될 것인가?

(D) 넷째는 지역사회 서비스(community service)이다.

a) 지역사회 서비스가 어떻게 이뤄질 것인지 합의

b) 지역사회 서비스가 어떻게 질적 사정을 받을 것인지를 합의

c) 지역사회조직들과 관여하는 최상의 접근법에 합의한다(정치적 및 현

실적 고려사항).

d) 지역사회 서비스가 추가 대상인구를 받을 역량이 되는지를 파악

(E) 마지막은 모니터링과 평가(monitering and evaluation)이다.

a) 성공의 기준은 무엇인가?

b) 사회적처방이 도입되면 '성공'은 무엇을 의미하는가?

c) 모니터링 지표들에 합의(진전도, 산출, 결과, 임팩트; 단기 및 장기)

d) 평가연구 수행의 실행가능성 고려(보건임팩트와 비용효과성)

e) 시행과 평가 일정표 작성

f) 진전도와 결과측정의 방법을 결정

특히 논리모델과 변화이론을 개발하는 것이 바람직하다. 구체적인 투입을 산정하고 어떤 활동으로 어떤 결과를 목표로 하는지를 계획한다. 그럼으로써 궁극적인 목표가 되는 임팩트를 생산하는 것을 최종목표로 설정해볼 수 있다.

표 3-7 변화이론: 투입-활동-결과-임팩트

투입 무엇을 원하는가?	활동 무엇을 할것인가?
활동에 필요한 자원, 즉 지역사회에 유용한 재정, 인적자원과 자산	환자 스크리닝, 의뢰 및 추적검사, 이해관계자 관계, 자료와 피드백 수집과 분석
결과 결과는 무엇인가?	**임팩트 왜 중요한가?**
환자 수, 지역사회 서비스 활용, 입원 감소 등 돌봄 결과, 대상인구의 정신건강 자료	환자의 건강과 웰빙 개선, 정신질환 감소, 보건시스템의 비용절감 등

자료 WHO (2022: 15).

사회적처방 시행에는 추가적인 재정자원 없이는 시행되기 어렵다. 추가 재정은 링크워커 급여를 지원하는 데 사용되고 지역사회 프로그램 지원과 이해관계자 관여 모임 조직화, 종합 평가 등에 사용된다(앞글: 15). 재정 사정이 어려운 경우, 기존의 건강돌봄 시스템 자원이나 자원봉사자 충원과 지원으로 대신할 수 있다.

보다 넓은 보건돌봄 시스템에 미치는 사회적처방의 잠정적 효과를 고려하는 것이 중요하다(앞글: 16). 일부 펀딩 메카니즘이 시스템 임팩트를 가질 수 있기 때문이다. 링크워커 등의 인력자원으로 지역사회의 기존 역할 수행을 활용할 수도 있다.

(4) 4단계 지역사회 자원 파악

환자들이 의뢰받아 활동하는 지역사회 기반의 자원들은 다양하다. 이들 대부분이 이미 지역사회에 존재하는 것들로 복지, 법률, 재정 지원과 주택지원과 식량안보뿐 아니라 정신건강, 약물중독, 장애지원 등 사회서비스가 있다(앞글: 18). 또 가정폭력, 젠더기반의 폭력 치료서비스, 실내외 모임 사회활동. 고용서비스, 직업훈련과 사회기업가 지원, 평생교육과 교육, 건강돌봄과 건강증진 서비스(신체활동과 영양 등), 도시지역의 공원이나 야외활동 등 자연즐기기, 음악, 예술, 문화 활동 및 자원봉사활동 등이 있다.

(5) 5단계 핵심 관계자들 참여

시행계획이 수립되면 핵심 관계자들이 참여하는 방안이다. 환자들은 건강센터 등이 링크워커들에게 의뢰하는데, 보건시스템에 따라 환자들이 의뢰되는 여러 루트들이 있을 수 있다. a) 건강돌봄 제공자, b) 사회단체와 제3섹터기관, c) 링크워커를 대상으로 교육훈련을 실시한다.

(A) 건강돌봄제공자

건강돌봄 제공자들의 역할은 사회적처방에 적합한 환자를 파악해서 링크워커에게 의뢰하는 일이다(앞글: 19). 일반적으로 임상의료진이나 지역사회 보건보조자가 이 역할을 한다. 이론적으로는 환자를 돌보며 지역사회에서 신뢰받는 기관이 이런 역할을 맡는다. 이들의 주요 역할을 살펴보면, a) 환자에게 사회적처방이 적합한지를 파악해 b) 링크워커에 의뢰하고, c) 관련 자료를 수집하고 보고하는 역할이다.

(B) 사회단체와 제3섹터기관

지역사회 서비스, 프로그램, 조직활동을 활용하는게 필수적이다. 지역사회조직들은 사회적처방에 대한 이해를 공유하며 의뢰과정에 익숙한 경험을 갖고 있다. 환자가 수동적인 의뢰를 받지 않도록 협조적이어야 한다. 환자의 안전과 웰빙을 위해 파트너들의 책무성을 보장하는 장치를 마련하는게 중요하다. 예를 들면 박물관 등 일부 기관들이 자원봉사자를 활용하면서 도입한 방식으로 사회적처방 참여자의 권리와 의무에 관한 협약을 도입할 수 있다.

서비스 제공기관들의 서비스의 통합 관리와 운영이 바람직하다(WHO 2022: 20). 환자나 참여자의 욕구나 선호에 맞추는 다양한 서비스나 활동 메뉴를 스스로 선택할 수 있도록 준비를 갖추는게 중요하다. 또 지역사회 주도로 지역사회에 존재하는 자원과 자산을 잘 활용해 레버리지하는 것도 바람직하다. 시행과정에서 추가적인 서비스나 활동 수요가 늘면, 지역사회 주도의 새로운 프로그램을 개발해 시행할 수 있다. 새 프로그램의 디자인 과정에 참여자들이 공동생산자로 참여해 자기결정의 임파워링을 갖도록 지원하는 계획이 바람직하다.

표 3-8 싱가포르의 e사회적처방

여성 K는 아들과 살며 요리해주며 즐기다 엉뎅이 수술로 병원에 입원하게 되었다. 웰빙 코디네이터가 찾아와 디지털 문해력을 돕는 e사회적처방을 소개해 자발적으로 참여해 병원입원 중에 걱정하는 아들에게 모바일폰 메시지 앱 WhatsApp으로 아들이 수시로 엄마 상태를 확인하게 되며 둘 다 걱정을 놓게 되었다. 여성 K는 퇴원후에도 웰빙 코디네이터의 도움으로 지역사회 사교 서비스를 활용해 조력자를 소개받아 스마트폰 기술도 익히며 건강과 웰빙도 관리하는 흥미를 갖게 되었다.

자료 WHO (2022: 21).

(C) 링크워커

사회적처방에서 핵심 역할을 맡는 링크워커들은 먼저 파트너가 되는 지역사회에 대한 이해를 갖춰야 한다(앞글: 23). 먼저 환자의 욕구를 파악하고 적절한 서비스를 제공할 수 있어야 한다. 특히 참여자를 임파워링 해서 스스로 건강과 웰빙을 챙길 수 있는 역량을 갖추도록 도움을 주는 역할이 중요하다. 환자와의 밀접한 신뢰관계를 만들어 환자의 목소리를 경청해 무엇이 환자에게 문제가 되는지를 파악하는 데 그치지 않고 환자가 무엇을 중요하다고 생각해 서비스를 받거나 활동에 참여하고자 하는지를 알아내 의뢰를 한다. 의뢰를 마친 다음에도 수시로 후속 면담이나 서비스를 제공할 수 있도록 하는 것이 바람직한 링크워커 역할이다.

(6) 6단계 링크워커 훈련

링크워커들의 훈련은 반드시 필요하며, 필요에 따라 온라인 교육을 실시할 수 있다. 그럼에도 시니어 링크워커들의 수퍼비전을 받는 실습이 병용될 필요가 있다. 또 건강전문가의 의료와 건강돌봄 전문지식이나 지역사회 조직 전문가들의 지역사회와 지역사회 자산과 활동에 대한 이해를 필수적으로 갖춰야 한다.

(A) 사회적처방 프로그램에 대한 전반적 교육

사회적처방이 무엇이며, 어떻게 이뤄지며 누가 참여해 어떻게 서비스와 활동이 이뤄지는지, 어떤 이해관계자들이 관여해 각기 어떤 역할을 맡는지, 링크워커 역할은 무엇인지 등을 교육받는다.

(B) 건강의 사회적 요인들

건강의 사회적 요인들이 되는 고용, 주택, 음식, 이동수단, 녹색공간 접근 등에 대한 기본지식을 갖추고, 개인의 건강과 웰빙에 어떤 임팩트가 있고, 어떤 사회적처방이 적절한지를 학습한다.

(C) 커뮤니케이션 기술

링크워커는 때로는 건강이 취약한 복합적인 건강과 사회문제를 가진 환자들을 만나게 되는데 이들을 대하는 윤리와 전문성에 대한 기본이해를 갖춰야 한다(앞글: 26). 커뮤니케이션 기술을 익혀 라포형성, 신뢰구축, 적극적 경청, 개방/비개방 질문 등을 활용할 수 있어야 한다.

(D) 환자 인터뷰와 욕구사정

링크워커들이 환자를 대하는 인터뷰를 가이드 하는 형식을 갖출 필요가 있다. 일부는 민감한 비임상적 욕구들을 파악하고 환자의 건강의 근본원인을 파악하는 욕구사정에는 일정한 체크리스트가 갖춰져야 한다(제4장 그림 4-2 참고).

(7) 제7단계 모니터링과 평가

사회적처방에서 모니터링과 평가과정은 프로그램의 성과나 효과를 측정해 이해관계자 모두에게 제공되어야 하는 중요한 보고서가 된다(앞글: 32). 사회적처방 프로그램의 디자인과 계획에 모니터링과 평가방법 등을 상세하게 수록해두는 것이 중요하다.

모니터링은 프로그램 개입이 계획된 목표를 지향해 계획대로 진행되는지를 확인하고 성공적인 시행을 조장하는 또는 방해하는 요인들을 파악해 대처한다. 모니터링의 기본은 질적, 양적 자료의 수집이 시행 전과정에서 이뤄지게 하는 것이다.

(A) 돌봄제공자, 링크워커, 지역사회조직

돌봄제공자, 링크워커, 지역사회조직 등 주요 관계자들이 정기적인 모니터링 자료수집으로 시행의 문제를 점검해야 한다(앞글: 33). 이들과의 공식적인 인터뷰, 포커스그룹 토의 또는 서베이를 통해 다음과 같은 모니터링의 목표를 점검한다.

a) 의뢰 이유, 의뢰된 사회적처방이 어떻게 이용되는지를 이해

b) 의뢰의 수용과 지속 여부를 추적하며 중도탈락 이유도 파악

c) 지역사회조직에 대한 임팩트(의뢰받은 환자들에게 서비스가 잘 이뤄지는지, 의뢰가 잘 이뤄진 것인지)를 확인

d) 참여의 조장이나 장애 요인, 처방과정상의 제약, 지역사회 프로그램의 한계 등 개선점을 파악

e) 대상인구의 건강결과에 대한 변화 모니터링

f) 진전 상황을 사정

g) 문제점과 장애요인을 결정해 해결책을 탐구

h) 참여 만족도에 대한 이해

(B) 환자

프로그램 시행을 모니터링하기 위해 환자대상의 서베이, 인터뷰, 포커스그룹 토의를 활용한다(앞글: 33). 시작단계에서 그리고 주기적으로 특정 시점에 실시한다. 환자의 참여지속 여부가 프로그램 성패의 결정요인이므로 주기적인 모니터링으로 등록부터 참여와 유지 과정에서 나타나는 문제 원인을 파악하는게 중요하다.

끝으로 평가는 사회적처방 프로그램 개입의 임팩트를 사정하는 데 활용된다. 환자의 건강과 웰빙에 대한 인식의 변화. 사회적 네트워크와 지역사회 관여 등이 있다. 또 평가는 보건시스템 차원에서 비용효과를 측정해 임팩트 사정을 하는 데 활용될 수 있으므로 평가는 연구 디자인을 지원할 역량과 전문성을 갖춘 연구기관과 협력해 시행하는 것이 바람직하다.

임팩트 평가지표 샘플들은 다음과 같다(앞글: 33-34).

a) 사회적처방 의뢰 결과 일반의 상담 횟수가 변했나?

b) 사회적처방 의뢰 결과 사고와 응급실 방문 변화가 있나?

c) 사회적처방 의뢰 결과 병원 입원일수 변화가 있는가?

d) 사회적처방 의뢰 결과 약처방의 분량 변화가 있는가?

개인에 대한 임팩트가 되는 환자 보고의 결과측정치(PROM)와 환자 보고의 경험측정치(PREM) 예시는 다음과 같다.

a) 부채, 주택, 이동수단 등 문제들을 잘 관리할 능력이 있는가?

b) 타인과 연결되어 고립이나 고독에서 벗어나 있는가?

c) 신체적으로 더 활동적인가?

3. 사회적처방 결과 평가

1) 프로그램 결과 측정

한편 평가에서는 측정을 범위를 넘어 광범한 부분을 다루는데, 어떻게 사회적처방 프로그램이 시행되고 운영되었는지, 인과론적 분석으로 통해 어떻게 결과가 달성되었는지 또는 달성되지 않았는지를 분석한다. 평가는 긍정적, 부정적인 의도되지 않은 결과들을 분석해, 결과의 변화가 프로그램의 결과로 비롯된 것인지 임팩트의 다양한 차원을 평가하고, 사회적처방 메카니즘 자체도 평가대상으로 할 수도 있다.

(1) 대상집단

대상층의 개념정의와 선정부터 세심한 준비를 필요로 한다. 프로그램의 미션이 사전예방적인 것인지, 사후치료적인 것인지에 따라 달라질 수 있다. 대상집단에 참여해 서비스를 제공받을 대상자의 자격기준은 무엇인지에 대한 확고한 디자인과 시행이 필요하다. 그러기 위한 몇가지 고려사항들이 제시되어 있다(앞글: 19).

첫째는 대상집단의 규모는 달성될 결과의 수준과 관련될 수 있다. 예를 들면 100명의 홈리스의 10% 홈리스 청산율 사회임팩트채권(SIB) 정책이 그것이다.

둘째는 확고한 샘플 또는 대상집단의 설정하기 위해서는 상당한 시간이 필요한데, 그 시간은 투자자가 상환금을 지불받는 시간과도 관련될 수 있다.

셋째는 대상집단의 규모는 프로그램 개입에 소요되는 펀딩과도 관련된다.

마지막으로 무작위통제실험(RCT)을 이용하는 경우 적절한 통제집단과 치료집단이 동일하거나 유사해야 하는데, 치료집단의 서비스 비용은 SIB 펀딩에 의존한다.

프로그램 개입의 진전도를 측정하는 방법은 여러 가지가 있다. 가장 일반적인 방법은 서비스 이용의 감소를 측정하는 하드 결과(hard outcome) 측정 방법이다. 예를 들면 피터보러 SIB에서 결과치는 재범 건수의 감소로, 이와 관련된 데이터는 전국적으로 수집되어 결과수치는 쉽게 측정될 수 있다. 이같은 결과수치는 중기, 장기적으로도 가시적인 결과를 보여줄 수 있다. 이 방법을 보충하는 방법인 소프트 결과(soft outcomes)로 프로그램 개입이 효과적인지, 그렇지 않은지를 보여주는 지표를 제시해준다.

특히 원인의 귀속(attribution)을 명확하게 분석하는 것이 SIB를 비롯한 다른 사회적 개입에서 핵심이 된다. 바꿔 얘기하면, 결과의 변화가 다른 요인들이 아닌 전적으로 또는 대부분 프로그램 개입에 따른 것인지를 명확하게 규명하는 일이 중요하다. 그런데 이같은 원인귀속 파악에 장애가 되는 것은 '데드웨이트'(deadweight) 문제로, 프로그램 개입이 없어도 달성될 수 있는 결과를 의미한다. 또 다른 장애는 경쟁적 서비스 문제로, SIB와 관계없는 다른 시행기관이 대상집단 또는 통제집단 또는 양측 모두에 서비스를 제공한 경우이다. 예방적 개입은 프로그램 효과의 원인 귀속을 잘 파악하기 위한 방법론 디자인이 중요하다. 또 원인귀속을 파악해 프로그램 종료 시점에서 적절한 출구전략을 설정할 필요가 있다.

(2) 결과 측정방법

또 두 가지 다른 방법들을 검토해볼 수 있다(앞글: 20). 첫째는 대상집단 내의 측정 이전과 이후를 비교하는 방법이다. 이 방법의 한계는 인과관계를 설정하기 어렵고, 프로그램 효과를 구분하기 어렵다는 것이다. 둘째는 대상집단 내의 측정 이전과 이후의 예측된 결과를 비교하는 방법이다. 그런데 사회적 임팩트를 보다 정확하게 측정하기 위해서는 결과(outcomes)에 다음이 해당되는지를 파악해, 의미있는 실질적인 임팩트(impacts)가 생산되었는지를 판단해야 한다(앞글: 80). 다음 중 어느 하나에 해당되면 사회적 임팩트가 생산되지 않은 것으로 간주될 수 있다. 계획된 사업이나 프로그램에 의해 발생한 결과나 임팩트인지를 인과적으로 명확하게 규명하는 것이 중요하다.

a) 자연적으로 발생한 결과일 가능성(데드웨이트: deadweight);
b) 다른 행위자의 행동(귀인: attribution);
c) 초기 개입의 결과가 시간이 지나며 감소되는 정도(쇠퇴: drop off);
d) 원래의 상황이 대체되는 정도 또는 결과가 다른 잠재적 긍정적인 결과를 대체(displacement); 그리고
e) 의도되지 않은 (부정적 또는 긍정적)변화.

〈그림 3-3〉에서 임팩트 관련 주요 개념들을 참고해볼 수 있다. 원인의 귀속 또는 귀인(attribution)은 "결과측정의 변화가 프로그램 재정지원의 개입에 기인한 것인지"에 초점을 맞추고, 사후가정 또는 반사실(counterfactual)은 "개입이 이뤄지지 않았다면 어떻게 되었는지"에 초점을 맞춘다(Rand Europe 2016).

2) 실험적 디자인

'강한' 증거는 프로그램 디자인이 인과적 결론을 지지할 수 있는 프로그램의 선행 연구가 제시한 증거(즉 높은 수준의 내부적 타당성)이다. 또 강한 증거란 주, 지방, 국가 차원의 확장을 지지할 정도의 충분한 수의 참여자와 배경을 포함하는 증거(즉 높은 수준의 외부적 타당성)를 의미한다. 강한 증거의 사례들로는 하나 이상의 잘 디자인되어 잘 시행된 실험적 연구로 프로그램,

실행, 전략의 효과성을 지지하는 연구, 또는 하나의 대형으로 잘 디자인되어 잘 시행된 여러 지역에 걸쳐 무작위 대조군 실험(RCT)으로 실천, 전략, 프로그램의 효과성을 지지하는 실험이 있다.

그림 3-3 프로그램 임팩트: 추가성, 반사실, 데드웨이트

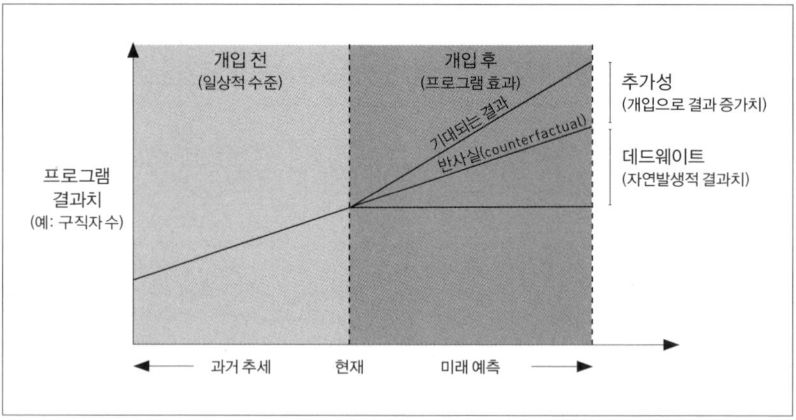

자료 GOL(2018c: 20). "An introductory guide to pricing outcomes"

미국의 2014년 사회임팩트펀드(SIF)의 경우, 72개의 프로그램 평가의 디자인과 시행에 5,900만 달러를 투자했다. SIF 시행기관의 평가계획에는 세 가지 디자인 중에서 실험적 디자인 33%, 준실험적 디자인 47%, 비실험적 디자인 19%로 나타났다(CNCS 2018).

(1) 실험적 디자인(Experimental design)

실험적 디자인 연구는 무작위 대조군 실험(random control trials: RCT)을 이용해 프로그램 참여자를 무작위로 두 개의 대조적 집단으로 비교한다.

치료집단(treatment group)은 프로그램 서비스를 받는 집단, 통제집단(control group)은 그렇지 않은 집단이다. 통제집단은 프로그램이나 개입이 전혀 이뤄지지 않은 상태의 '반사실'이다. 무작위실험으로 치료집단과 통제집단은 처음에는 배경 특성 등의 여러 요인 측면에서 동일하거나 유사한 상태에 있지만, 서비스 전달 등의 프로그램 개입으로 두 집단 사이의 차이가 발생했는지를 검증한다. 무작위실험은 프로그램 개입 이후의 두 집단 사이의 관측된 차이가 프로그램 개입으로 발생한 것인지를 높은 수준의 통계적 유의도 수준에서 검증한다.

(2) 준실험적 디자인(Quasi-experimental design: QED)

무작위실험이 아닌 다른 방식으로 반사실 집단, 즉 통제집단을 디자인한다. 반사실 통제집단은 프로그램 개입이 없는 집단으로, 치료집단의 관측된 변화를 통제집단과 비교해 프로그램이 참여자에 대한 임팩트를 평가한다. 그런데 두 집단들의 차이는 여러 요인들에 의해 발생된 차이가 될 수 있다는 점에서 엄밀한 실험적 디자인은 아니다. 따라서 준실험적 디자인은 실험적 디자인에 비해 임팩트 평가의 정확성이 낮을 수 있다.

(3) 비실험적 디자인(Non-experimental design)

이상의 실험적, 준실험적 디자인과 다른 디자인은 대부분 비실험적 디자인으로 과정이나 결과 평가, 사례연구, 비용효과성 또는 비용편익 분석, 실행가능성 연구 등이 있다. 시행기관들은 다양한 평가 디자인을 이용해 증거기반의 실천을 위한 단계로 낮은 수준의 증거에서 더 높은 수준의 증거로 프로그램 평가 수준을 업그레이드 하도록 규제받는다.

(4) 결과지불제의 디자인 비교

프로그램이 약속된 결과를 생산할 때 후불로 지급되는 결과지불(PFS) 제도는 미국과 영국에서 일반화된 공공정책인데, 결과지불제 디자인은 프로그램에 따라 평가 디자인이 적용될 수 있다. 미국 교육부가 제시하는 세 가지 디자인의 특징을 참고할 만하다(USDOE 2017).

표 3-9 결과평가 실험적 디자인

평가 유형	정의	비교집단 사례
실험적 디자인	유사한 상태의 개인들을 프로그램 개입집단, 비교집단으로 비교	유치원 연령의 아동수가 유치원 배정수보다 많은 경우 무작위 선택(random lottery)된 유치원 배정 집단(개입집단)과 그렇지 않은 비교집단으로 양분된다. 두 집단이 가족이나 다른 선호 요인보다 찬스에 의해 결정된 것이므로 양집단의 아동교육 결과의 차이는 유치원교육의 영향에 대한 가장 신뢰할 만한, 유의미한 지표가 된다.
준실험적 디자인	주요 측면에서 치료집단과 유사한 비교집단을 파악해 실험적 디자인에 근접한 비교연구 진행	같은 학군의 고등학교들이 (학생 동태와 재학생의 평균 8학년 성적의 기초에서) 밀접히 매치되어 고교의 절반은 새로운 CTE 교과를 시행하는 집단에 해당된다. 새 CTE 교과에 참여한 학생들이 통제집단, 기존 CTE 교과에 있는 학생들이 비교집단이 된다.
벤치마크 디자인	학생에게 미친 개입의 결과를 확인하지 않은 채 합의된 벤치마크에 달한 학생수 확인	비교집단 없이, 3학년 독해 개입에 참여한 학생들의 학년말에 독해 사정에서 양호 결과를 가진 학생의 수가 성공적인 결과로 간주된다.

자료 USDOE (2017).

3) 사회적 임팩트: 사회적 가치 측정

사회적처방 프로그램 시행의 결과로 혜택을 받는 수혜자와 이해관계자는 참여자를 비롯해 지역사회 시행기관이나 서비스 기관뿐 아니라 정부(중앙 및 지방), 그리고 사회전체에 이르기까지 광범위하다. 그간의 연구결과를 참고해보면 사회적처방은 사회적 임팩트가 다방적이며 비교적 높다는 것을 알 수 있다.

(1) 사회적 임팩트의 범위

사회적 임팩트는 일반적으로 다음 네 가지 대상에 대한 임팩트로 구분해 비용과 편익을 산정해볼 수 있다(GOL 2018b: 8).

a) 코호트(cohort) 멤버 - 결과의 달성으로 이들에게 어떤 변화가 있는가? 그 변화가 당장 있는지, 아니면 장래에 어디에 임팩트가 있을 것인지? 이들에 대한 임팩트는 얼마나 지속될 것인가?

b) 위탁기관(정부) - 결과 달성으로 위탁기관이나 지방정부 등 정부기관에 대해서는 어떤 임팩트가 있는가? 당장의 관련 비용지출을 늘리거나 줄이는가? 아니면 장차 그런 영향을 미칠 것인가?

c) 공공부문 - 결과 달성은 공공부문 전반(중앙정부, NHS 등)에 어떤 임팩트가 발생하는가? 서비스 공급이나 지출에 어떤 임팩트가 있는가?

d) 사회적 임팩트 - 코호트가 아닌 다른 개인들에 미치는 임팩트가 있는가? 공공부문 이외의 기업, 시민사회조직이 결과 달성으로 혜

택을 받는가? 지역사회에 광범한 임팩트는 무엇인가?

이상의 네 가지 유형의 임팩트 구분에 따라 〈그림 3-4〉와 같이 복합적인 가치생산을 구분해볼 수 있다. 사업이나 프로그램을 시행하는 정부기관의 입장에서는 단순한 a) 대상층(코호트)이 직접적인 수혜자가 되는 특정 사업에 대한 지출을 넘어, b) 위탁기관(정부기관)에 대한 가치도 포함되며, c) 공공부문(중앙 지방 등) 전체, d) 사회 전체에 대한 가치생산이 포함된 것으로 분석된다(GOL 2018b: 7-8).

이같은 임팩트는 재정적, 경제적, 사회적 임팩트로 구분될 수 있다. 재정적 혜택은 공공부문의 재정에 대한 임팩트로 현금가능한(cashable) 것과 현금불가능한(non-cashable) 것으로 구분될 수 있다. 현금가능한 지출은 결과의 변화로 발생하는 지출이 다른 용도로 이용될 수 있는 현금을 의미하고, 현금불가능한 지출은 공공지출의 변화는 없지만 시민에게 혜택이 되는 지출을 의미한다(앞글: 8).

그림 3-4 사회적 임팩트: 프로그램 → 위탁기관 → 공공부문 → 사회 전체

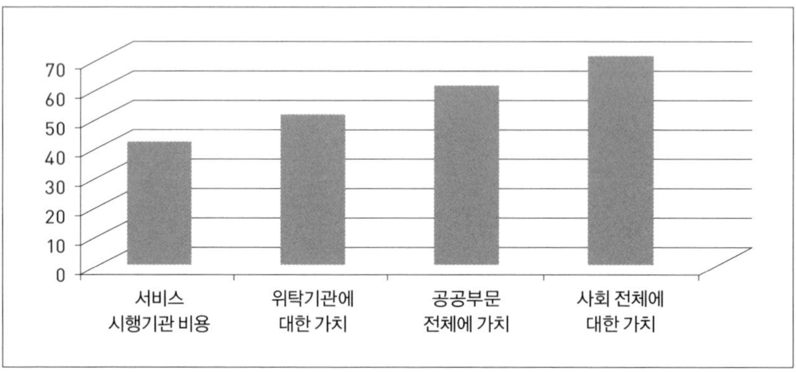

자료 GOL(2018b: 7). "An introductory guide to pricing outcomes."

(2) 사회임팩트 '결과의 가치' 추산

이상 네 가지로 구분된 가치생산의 사례로 '약물중독 치료'의 금전적 가치를 참고해볼 수 있다. 영국의 관련 정부기관은 NHS, 법무부, 지방정부이며, 금전적 가치의 추산은 약물중독 치료 참여자를 연구한 약물치료결과 연구, 비용효과분석 등이다(GOL 2018b: 9).

a) 재정적 혜택: NHS(£2,136), 법무부(£1,495)

b) 공공(재정적, 경제적, 사회적) 혜택: £16,399

- 서비스 비용 £3,631(NHS £2,136 + 법무부 £1,495)
- 약물 구매 중단의 혜택 £8,954
- 약물 중독으로 인한 건강피해 감소 £3,814

미국의 경우, 2018년에 제정되어 시행되고 있는 미국의 〈사회임팩트 파트너십법〉(Social Impact Partnerships to Pay for Results Act)[1]은 사회적가치 실현에 소용되는 비용에 대해 법적 규정을 제시한다. 법의 시행은 재무성이 주무기관으로,[2] 여러 프로젝트 유형에 공모를 실시해 보조금을 지원한다. 연방정부에 대한 가치는 프로그램 시행의 결과로 생산되는 (연방정부의 지출 절감에 따른) 공공부문 저축과 (잠정적 세수입 증가에 따른) 연방 세수입의 증가를 합친 총액으로 추산된다.

---

1 https://www.congress.gov/bill/115th-congress/senate-bill/963/text

2 https://home.treasury.gov/services/social-impact-partnerships/sippra-pay-for-results

4) 사회적처방의 경제적 임팩트 분석

사회적처방의 사회적 경제적 임팩트를 측정하는 방법은 다음 다섯 가지로 구분해 활용되고 있다. 1) 사회투자수익(social return on investment), 2) 비용서술분석(cost description analysis), 3) 비용편익분석(cost-benefit analysis), 4) 회귀모델링(regression modelling), 5) 비용효과분석(cost-effectiveness analysis) 등이다(NASP 2023: 1).

사회투자수익(SROI)은 가장 널리 활용되고 있지만 모든 사례에 적용되는 것은 아니다. 다양한 사례에 다른 분석방법이 활용되는 장단점을 갖고 있다. 보건서비스에 대한 사회적처방의 임팩트 측정은 다섯 부분에 초점을 맞춘다. 의사선임, 응급방문, 계획/무계획의 이차진료, 간호사임명. 이들 각 부분에서 일차와 이차진료 이용의 감소 등이다.

사회적처방의 경제적 임팩트 측정 분석의 사례로, 기존의 선행연구들이 활용한 다섯 가지 분석방법을 분석한 메타연구를 참고해볼 만하다. 전체 19개 연구 중 13개가 사회투자수익 분석을 활용하고, 7개는 비용기술분석, 두 개는 비용편익분석을 그리고 회귀모델링과 비용효과분석이 각각 한 개씩이다. 이 연구들의 결과는 사회적처방이 긍정적인 경제적 임팩트를 생산할 수 있다는 것인데, 그럼에도 각기 다른 연구 결과들을 비교하는 것은 자료 특성상 어렵다고 볼 수 있다.

각 분석방법들의 장단점과 연구결과를 참고하면 아래와 같다.

(1) 사회투자수익(SROI)

SROI란?: 단위당(£1) 투자로 창출된 사회적 가치를 추산해 비용 대비 편익의 비율로 결과를 제시하는 일종의 비용편익분석(CBA)이다.

〈지지〉 이해하기 쉬운 장점이 있고, 광범한 사회적 가치를 포함하지만 평판, 자존감, 낙관주의, 고용, 신체적 건강 등 결과 측정이 난해하다.

〈반대〉 비일관적인 (재정적) 프록시, 결과 및 통제를 보여주며 시민사회에서 발생하는 비용을 간과할 수 있고, 부정적인 변화를 계산하지 않을 수도 있어 투자수익을 과대평가할 수 있다.

모든 13개 SROI 연구는 긍정적인 SROI를 결과로 제시한다. SROI 방법만을 활용한 6개 연구의 SROI 값은 £1 투자해 £2.14-£8.56 가치를 생산한다고 보고한다. 그런데 13개 연구 전체의 SROI 값은 샘플 규모, 기간, 개입의 규모와 유형 등에 따라 훨씬 더 넓으며 가변적이다. 서로 다른 SROI 분석들이지만 대부분 사회적처방 활동의 주요 공급자가 되는 비영리섹터가 부담하는 비용을 고려하지 않아 다소 과대평가될 수 있다. 특히 RCT를 활용하지 않아 통제집단과 통계분석을 거치지 않아 인과관계에 근거한 임팩트를 제시하는 데 한계가 있다. 그럼에도 사회적처방이 긍정적인 SROI를 생산한다는 강력한 증거들이 있다.

고독 리스크를 가진 2,250명을 대상으로 하는 전국적인 사회적처방 프로그램 평가는 £1 투자해 £3.42 SROI를 생산한다고 보고한다. 또 다른 초기 치매에서의 활동, 독립, 안정을 개선하는 PrAISED (Promoting Activity, Independence, and Stability in Early Dementia) 연구는 통제집단 분석으로 활용한 결과는 SROI 비율이 £3.46 - £5.94에 달한다.

(2) 비용서술분석(Cost description analysis)

> 비용서술이란? 의사면담, 응급방문, 약제복용, 기타 보건서비스 이용시간 변화를 측정
>
> 〈지지〉 단순한 접근법, 자료는 확고하게 확보된다.
>
> 〈반대〉 사회적처방 전반에 걸친 서비스 개설과 운영 비용을 배제한다. 모든 변화가 완전하게 사회적처방에 기인한 것이라 가정한다.

7개 비용서술분석 가운데 5개 연구는 사회적처방 개입으로 보건 및 사회적돌봄 서비스 이용의 순감소를 확증해준다. 이 연구들은 샘플 규모가 작고((n=77-247) 통제집단이나 통계분석을 활용하지 않아 비용절감과 사회적처방 사이의 인과관계를 원만하게 확증하지는 못하는 한계를 보여준다. 연구결과를 보면, 일인당 연간 의사면담 비용절감이 한 연구에서는 £24.40, 다른 연구에서는 £78.37로 추산된다. 다른 연구결과는 첫 해 자원절약 £102,000, 둘째 해 의사 인력시간 절약이 £150,000로 제시하며, 병원 이용에서는 첫해 £106,000, 둘째 해 £154,000로 차이를 보여준다.

또 다른 연구결과는 사회적처방으로 보건 및 사회적돌봄 비용의 순감소가 생길 수 있다는 증거를 제시한다. 대표적인 사례가 뉴캐슬 지역의 Ways to Wellness 프로그램이다(제5장 참고). 4,500명의 장기요양 참여자 자료를 활용해 사회적처방의 임팩트를 통제집단과의 비교에서 14,652명의 서비스 이용자 코호트의 연간 이차진료 비용절감이 2019~20년 기간에 156만 파운드에 달한다고 추산한다. 또 다른 연구는 86명의 제한된 대상자를 상대로 조사한 결과 비용증가가 있었는데 13%에 달하는 연약층이 비용증가의 절반 이상을 차지한 것으로 추산한다.

(3) 비용편익분석(CBA)

> CBA란? 개입, 절차 또는 프로그램의 비용과 편익을 금전적으로 비교하는 방법
>
> 〈지지〉 금전이라는 같은 단위로 비용을 측정해 금전적 비용과 편익이 개입 이전과 이후를 비교한다.
>
> 〈반대〉 감정이나 행태 등 추상적인 비용편익에 실질적인 금전적 가치를 부여하기 어려울 수 있다.

비교대상이 되는 17개 연구 가운데 두 개가 비용편익분석 결과를 제시한다. 둘 다 일부 환자에겐 보건과 사회적돌봄 비용증가가 있는 반면 일부의 경우 서비스 이용이 줄며 환자 대부분이 건강과 웰빙 결과 개선이 이뤄졌다고 보고한다. 한 연구에 따르면, 치매로 생활하는 30명의 환자에게 수집된 비용자료에서 비용증가를 확인했지만 환자의 건강과 웰빙 개선과 의사면담 감소 결과를 보여준다. 이 연구는 작은 샘플과 통제집단이나 통계분석을 활용하지 않은 한계를 보여준다. 다른 연구는 86명의 환자를 대상으로 일부에서만 비용이 증가한 것으로 보여준다.

(4) 회귀 모델링(Regression modelling)

회귀 모델링이란? 건강돌봄 비용과 비교된 서술적인 환자 정보와 인구동태에 기초한 건강돌봄 비용 예측에 유용한 통계 방법

〈지지〉 개인 리스크 요인들을 포함한 높은 건강돌봄 비용의 요인들을 결정하는 데 유용하다.

〈반대〉 환자의 인구동태 자료과 최근 건강돌봄 비용 자료 획득이 어렵다.

제2형 당뇨병을 가진 환자들에게 사회적처방 개입이 긍정적인 것으로 제시된다. 환자 1인당 연간 £77.57 돌봄 비용의 감소를 포함한 상당한 비용절감 방안이 사회적처방이다. 비백인, 노인, 동반질환이 없는 사람들에게 더 많은 비용절감이 있었다.

(5) 비용효과분석(Cost-effectiveness analysis: CEA)

비용효과분석이란? 혈압이나 콜레스트롤 수치 개선 등 한 가지 주요 결과로 나타나는 일반적인 치료적 목표와 비용을 비교하는 방법으로, 삶의질 조정의 평균수명(Quality-Adjusted Life Year: QALY)를 이용한다.

〈지지〉 동일 건강상태에 대한 다양한 방안들의 건강과 비용 임팩트를 비교하며 자원배분 정보도 제시할 수 있다.

〈반대〉 다양한 집단의 사람들에 관한 비용과 편익의 분포를 설명하기 어렵다.

관련 연구 결과는 비용효과 개입에 관한 NICE 가이드라인 범위 안에

해당되는 £20,100의 QALY를 보여준다. 결과에 대한 한계로는 참여자가 59명으로 적고, QALY 계산이 개시 3개월 시점에 이뤄진 점, 그리고 제3섹터에 대한 비용이 계산에서 빠져 있다.

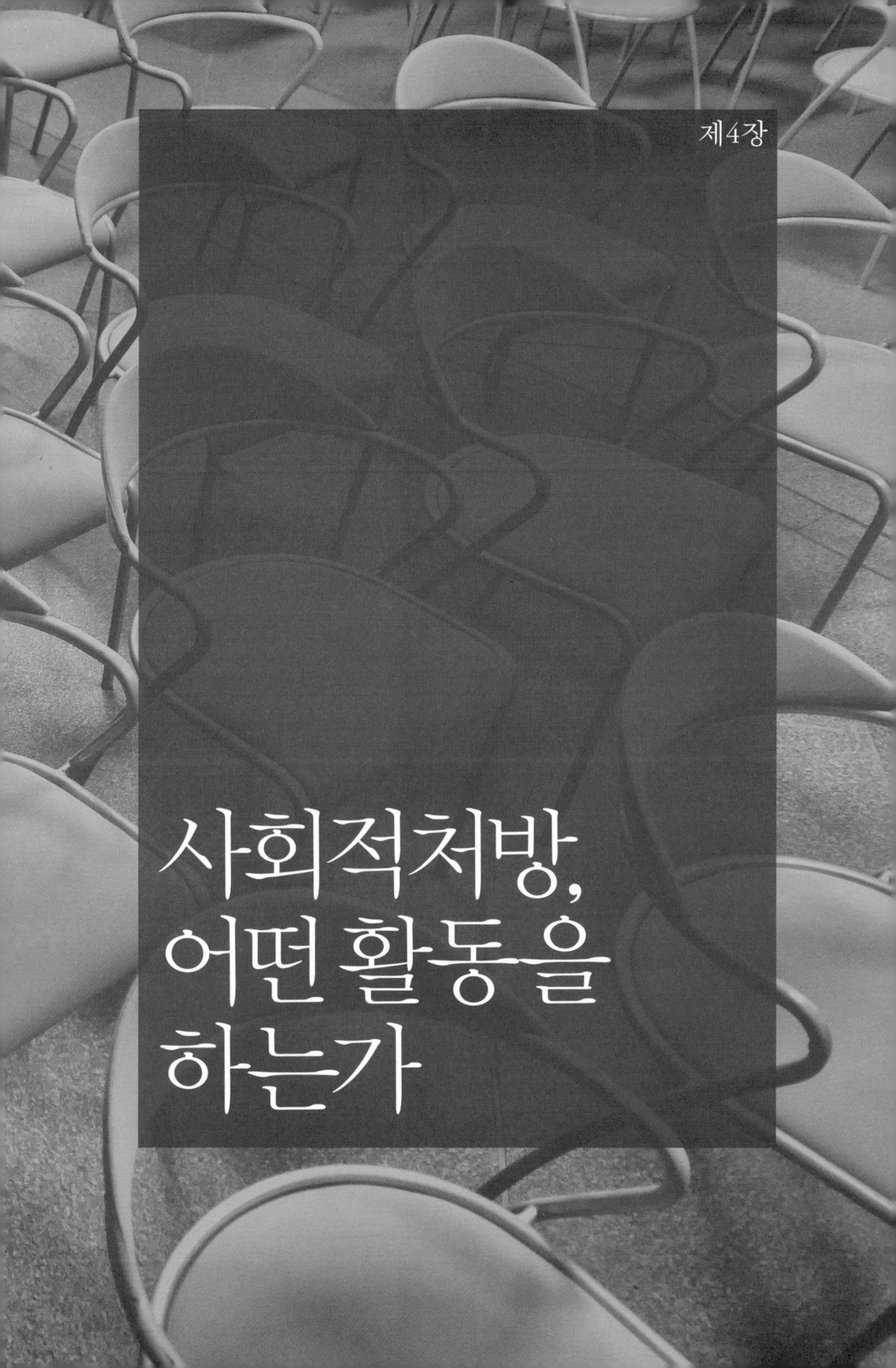

제4장

사회적처방, 어떤 활동을 하는가

1. 사회적처방의 건강과 웰빙 효과

1) 활동 유형별 사회적처방

사회적처방의 유형은 다양해서 여러 기관들이 다양한 유형을 제시하고 있는데, 다음의 8개의 유형별 사례 연구(HEE 2016: 16-17)와 함께 최초의 미국의 사회적처방 저서(Social Prescribing for Better Health 2024)에 실린 분야별 사회적처방의 건강과 웰빙 개선 효과를 함께 참고해볼 만하다.

(1) 정보지원 또는 처방 안내

개인의 부채, 열악한 주거, 낮은 자존감이 웰빙에 미치는 부정적 임팩트를 분석한 안토노브스키(Antonovsky)의 '일반화된 자원결핍'에 기초한 접근법이다. 정보와 싸인포스팅(signposting) 서비스 개발을 지원하는 지방의 임상위탁그룹(CCG)과 NHS 재단 트러스트 사례들은 무수하다. 이들은 건강 문제를 광범한 사회적 배경에서 해결할 것을 주창하는 비영리단체 헬스워치(Healthwatch) 또는 시티즌스 어드바이스(Citizens Advice)와 협력해 활동한다. 리버풀의 처방상담과 시 전역에 걸친 온라인 D/B와 관련 디렉토리는 모든 일반 진료소에서의 건강 트레이너 서비스의 개발과 연계되어 있다.

(2) 독서 치료(Bibliotherapy)

독서 치료법은 사람의 신체나 정신건강 문제를 책을 이용해 개선하는 아이디어와 관련된 엄블렐라 개념이다. 여기에는 자조독서(self-help reading)와 창의적 독서치료가 있는데, 전자는 특정 건강문제에 관한 의료전문가가 제시하는 논픽션 책 처방에 초점을 맞춘다. 자조독서 프로그램은 인지행태치료(CBT)에 기반한 것으로 NHS가 주도적 역할을 해왔다. 국립 '문화커미셔닝'(Cultural Comminssioning) 사업의 독서처방 프로그램이 대표적인 사례이다.

표 4-1 문화 커미셔닝 (cultural commisioning)

공공서비스에서 문화와 예술 섹터는 중요한 역할을 한다. 사람들이 육체적으로 정서적으로 참여하는 예술 활동으로 건강과 웰빙을 개선하거나 문화단체들이 강력한 지역사회를 만드는 일을 해오다, 이제 새롭게 사람들과 지역사회를 위한 결과들을 보여주며 공공기관에게도 가치를 높여주는 방식이 '문화적 커미셔닝'이다.

지방정부와 보건기관들이 당면한 예산삭감과 공공서비스에 대한 높은 수요 문제를 동시에 해결하는 혁신적 방안이기도 하다. 공공서비스 기관들은 정신과 신체 건강

뿐 아니라 조기개입, 환경 서비스, 노인 지원 등에서 문화와 예술 활동을 이용해 공공서비스를 제공하는 새로운 방법을 찾은 것이다. 사람들이 참여해 서로 도움을 주고 받으며 개인 중심으로 서비스를 통합해 개인과 지역사회 웰빙을 개선할 뿐 아니라 공공서비스로 해야 하는 광범위한 사회적, 환경적, 경제적 결과를 커미셔닝으로 공급할 수 있게 된다.

자료 New Economixs Foundation. https://neweconomics.org/2016/05/the-art-of-commissioning

영국 농촌지역에서 유행하는 '문화 커미셔닝'은 '박물관'(MERL) 프로그램으로 진행되는데 평생교육에 초점을 맞춘다.[1] 예술과 문화에 소외된 농촌지역 주민들의 욕구해소 차원에서 독서와 다양한 문화 예술 활동을 통해 주민들과 지역사회의 건강과 웰빙 개선을 목표로 한다. 영국의 주요기관들(영국 예술위원회, 헤리티지 복권기금, 히스토릭 잉글랜드)이 재정을 지원한다.

창의적 독서치료는 흔한 치료방법은 아니지만 픽션과 시를 통해 치료를 지원하는 방법이다. 웰빙 개선을 목표로 한 것은 아니지만 실제로 웰빙 개선의 효과가 있는 것으로 알려져 있다. 안토노브스키가 서술한 '일관성의 센스'(Sense of Coherence) 개발을 통해 웰빙 개선에 도움이 된다는 사례들이 있다. 참여자들은 독서조직을 통한 그룹활동으로 도서를 공유하며 이해와 의미를 개발하는 역량을 갖게 된다는 것이다. 경험적 연구에 따르면, 야간 공포증을 가진 아동의 독서치료로 불안 정도가 이전과 이후의 변화를 측정한 결과는 두드러지게 완화되는 의미있는 변화를 보여준다(Social Prescribing for Better Health 2024).

---

1 MERL, https://merl.reading.ac.uk/communities/community-projects/cultural-commissioning/

(3) 에코 치료 또는 녹색처방

자연환경을 정기적으로 접촉하며 신체적, 정신적 건강과 웰빙을 개선한다는 경험적 증거들은 무수하다(HEE 2016: 17). 단순한 공원 산책이나 가드닝 프로젝트 또는 환경보전 활동 등 야외활동으로 활동적이면 정신건강에도 도움이 된다는 것은 이미 상식적이다. 모든 경험적 연구들도 긍정적인 도움이 된다는 것을 입증하고 있다. 스트레스를 줄여주고 기분을 전환시켜 불안이나 우울증세를 완화시켜 준다는 증거들이 제시되어 있다. 때로는 주변 사람들과 어울러 얘기를 나누면 관계 개선의 효과도 가진다.

그런데 의사들이 이런 자연활동 처방을 의뢰하고 싶어도 도시생활을 하는 대상자가 지역에 쉽게 접근할 수 있는 자연환경이 제한적이라는 불만도 있다. 접근에 소요되는 시간과 교통수단 등이 일부 관심있는 사람들에게만 혜택이 되며 바쁜 도시생활을 하는 직장인이나 학생 등 특정 계층에게는 접근조차 어려운 처방이 될 수 있다.

표 4-2 자연환경 활동의 건강증진 효과

a) 16세 이상 영국인 2,200만 명이 일주일에 최소 1회 자연환경을 방문하는데, 이는 비전염성 질병 12,763건을 예방해서 연간 보건돌봄 서비스 비용을 1억 파운드 이상 절약하는 경제적 효과가 있다.
b) 자연에서 많은 시간을 가진 참여자들이 고독감 증세가 두드러지게 낮게 나타나, 일주일에 1~2시간 자연 속의 워킹이 사회적 고립감에서의 해방과 의미있는 관계가 있다.
c) 자연환경에서 90분 워킹으로 도시환경에서 워킹보다 정신질환의 리스크와 관련되는 뇌의 신경활성을 줄여주는 효과가 있다.
d) ADHD 아동이 도심 워킹에 비해 공원 워킹 이후 더 집중한다는 분석도 있다.

자료 Social Prescribing for Better Health, https://www.socialprescribing.co/better-health

(4) 예술 사회적처방

스트레스와 불안 증세로 잃어버린 노동일수 등을 감안해보면 현대 사회생활에서 심리사회적 괴로움의 수준은 상당하다는 것을 알 수 있다. 앞의 자연환경 처방이 접근성이 떨어져 참여에 상당한 장애가 된다면 예술처방은 보다 쉽게 주변 예술공연이나 기관 프로그램에 쉽게 참여할 수 있는 장점이 있다. 이런 참여자의 참여 용이성 때문에 예술처방 프로그램은 다른 영역보다 더 활성화되는 추세에 있다.

예술 등의 창의적 활동에 참여하면 웰빙 개선, 삶의질, 건강, 사회적자본 등의 폭넓은 혜택을 누릴 수 있다는 연구들의 결과는 무수하다. 예술 전문성을 가진 지역의 예술가들과 관계자들이 의료진보다 쉽고 정확하게 참여자를 의뢰할 수 있어, 지역사회 기반의 사회적처방으로 적합하다.

표 4-3 예술 사회적처방의 건강/웰빙 개선 효과

a) 예술작업 교실 참여자들은 긴장을 풀고 즐기며 자신의 새로운 면모를 알게 되어 좋고 자신을 작업에 내려놓게 만든다고 답해, 실제로 참여자들의 코리티솔 수치가 의미있는 저하 수준을 보여준다.
b) 트라우마를 겪은 사람들이 참여하는 예술 프로그램이 PTSD 증세 수치가 이전에 비교해서나 통제집단에 비해서 의미있는 두드러진 감소를 보여준다.
c) 영국인 성인 2만 명 이상의 전국 패널종단 연구는 예술과 문화 활동이 정신적 스트레스를 낮춰주고 생활 만족도를 높여주며 정신건강 기능이 개선된 결과를 보여준다.
d) 일주일에 1~3시간의 예술활동을 한 노인들이 인지능력 감퇴를 차단한 효과는 일주일에 1시간의 엑서사이즈를 한 효과와 맞먹는다.
e) 각기 성인 만 명 이상의 종단자료 두 개를 분석한 결과는 예술과 문화 활동이 반사회적이거나 범죄 관련 행태에 관여하지 않고 자기통제력을 키워준다고 보고한다.

f) 메타분석에 따르면 예술은 개인의 건강과 웰빙에 유의미한 영향을 미치며, 참여자들의 얘기를 리뷰한 결과도 불안과 우울증 해소에도 유의미한 결과를 제시한다.
g) 영화와 TV, 복합예술, 극장 등 9개의 예술 프로그램을 분석한 결과는 자기효능감, 정신건강 문제에 대한 인지, 자살을 막는 행동, 자살 리스크의 감소, 자해 행태 감소 가능성이 크다고 보고한다.

자료 Social Prescribing for Better Health, https://www.socialprescribing.co/better-health

(5) 엑서사이즈 사회적처방

가장 일반적인 사회적처방이 운동이나 엑서사이즈이다. 사회적처방에서 의료진들도 운동 처방을 일반적으로 하고 있듯이 의료진에게도 익숙한 의뢰가 된다. 의료진과 링크워커의 의뢰서 목록에도 운동 처방의 여러 가지가 있다. 참여자가 거주하는 지역의 레저센터나 스포츠센터나 복지기관이 주요 파트너가 되어 참여자 욕구에 맞춤형 활동을 처방하는 것이 일반적이다.

운동 현장에서 참여자가 어느정도 잘 터득해 스스로의 건강과 웰빙에 적합한 종류와 수준에 맞는 운동이나 엑서사이즈를 선택하는 것이 중요하다. 또 현장 지도자들이 전문성을 갖고 어느정도 잘 지도하는냐에 따라 사회적처방의 효과가 달성될 수 있다. 참여자의 건강상태에 따라 기초적인 운동이나 엑서사이즈가 처방되거나 보다 취약한 건강이나 장애를 가진 개인들에게는 맞춤형 활동이 처방될 것이다.

예를 들면 액티브 쿰브리아(Active Cumbria)는 이런 일반/특수 활동을 구분해 높은 효과적인 댄스 프로그램을 개발해 시행한다. 치매를 가진 환자들을 대상으로 하는 댄싱리콜(Dancing Recall)[2] 도 효과적인 프로그램으로 평가받는다.

표 4-4 운동/엑서사이즈의 건강 개선 효과

a) 2009~16년 기간 발표된 모든 RCT와 메타분석을 리뷰한 결과, 엑서사이즈가 우울증 해소에 증거기반의 약이 된다고 한다.
b) 에어로빅 엑서사이즈는 공간적 기억력 개선에 도움이 된다.
c) 11만 명 이상을 대상으로 한 종단 연구는 에어로빅 피트니스 수준이 높은 사람이 심장병, 만성 간염, 스트로크, 특정 암, 치매 등의 리스크가 적다고 분석한다.
d) 또 다른 메타연구는 일주일 75분 정도의 보통수준의 에어로빅 몸운동으로 사망률, 심장혈관 질병과 암 리스크가 낮다는 증거를 제시한다.
e) 8천 명 이상 참여자의 25년간의 메타 자료를 분석한 코펜하겐 연구는 활동적 스포츠가 평균수명을 높일 수 있다고 알린다. 종목별로는 테니스(9.7년), 배드민턴(6.2년), 축구(4.7년), 싸이클링(3.7년), 수영(3.4년), 조깅(3.2년) 등이다.
f) 엑서사이즈가 우울증 해소에 도움이 된다고 분석한 RCT 메타분석은 특히 워킹이나 조깅, 요가, 근력강화가 다른 종목에 비해 더 효과가 있다고 알린다.
g) 수영으로 자긍심과 활력에 긍정적인 효과를 보고 또 긴장, 우울, 무드방해 등의 부정적 감정을 해소하며, 수영을 즐기는 사람들은 통제집단에 비해 웰빙이 개선된다고 분석한다.

자료 Social Prescribing for Better Health. https://www.socialprescribing.co/better-health

---

2 http://www.dancingrecall-cumbria.co.uk/

(6) 자원봉사와 지역공동체 그룹

자원봉사 활동(volunteering)은 영국 각지에서 유행하는 사회적처방 활동이다. 공식적(formal) 자원봉사활동은 그룹이나 클럽, 조직을 통한 무상의 활동으로 참여자 시간과 활동 등을 쉽게 파악할 수 있다. 반면에 비공식(informal) 자원봉사활동은 수시로 제약 없이 이뤄지기 때문에 쉽게 파악되지 않는다. 사회적처방으로 제시되는 여러 자원봉사 가운데 박물관 프로그램은 참여자의 웰빙 개선이 높은 것으로 평가받고 있다. Kings Fund, 자선기관, 로터리펀드 등이 영국 자원봉사 발전에 기여하며 참여자들의 활동 범위를 문화예술, 환경, 취약층 서비스활동 등 다방면, 다양한 활동을 넓혀주며 건강과 웰빙 개선을 지원한다.

자원봉사활동을 통해 참여자들은 자아존중감뿐 아니라 타인과의 관계를 맺으며 고립이나 고독 등으로부터 벗어나 자신의 건강과 웰빙을 관리해 개선하는 효과를 누린다. 이에 대한 경험적 연구들은 무수히 축적되어 있다.

표 4-5 자원봉사와 사회관계의 건강개선 효과

a) 2023년 1만 명 이상의 자원봉사자를 상대로 한 영국 자원봉사협회(NCVO) 서베이에서 자원봉사자는 자원봉사가 즐거움 (89%), 진지한 감정 (89%), 성취감 (88%), 사회적 연결의식 (87%), 정신건강과 웰빙 개선 (75%)을 선물한다고 답한다. b) 자원봉사활동은 고통과 우울증세 완화에 유의미한 효과가 있는 것으로 나타나는데, 자원봉사 활동이 적은 사람이 더 고통을 경험하고 삶의 목적이 약하며 우울증세가 더 강하며 신체활동도 적은 결과를 보여준다. c) 50세 이상 미국 성인 대상의 연구는 삶의 강한 목적의식은 사망률의 감소와 유의미한 관계를 보여주는데, 자원봉사자는 비자원봉사자에 비해 두드러지게 높은 건강상태를 보여주며, 스트레스 증세와 우울증 경험도 훨씬 낮게 나타난다.

d) 30만 명 이상을 대상으로 한 148개의 기존 연구들의 메타연구는 사회적 관계가 사망률과 밀접한 상관성이 있어, 강한 사회적 관계를 가진 사람들이 50% 이상 더 높은 생존율을 보여준다.
e) 80세 이상 노인 대상의 하버드대학 연구는 포용적인 지역사회 공동체가 장수와 행복을 갖다준다며, 돈이나 명예보다 친밀한 관계가 생애주기를 통해 사람들을 행복하게 해주는 행복바이러스라 설명한다.

자료 Social Prescribing for Better Health. https://www.socialprescribing.co/better-health

(7) 학습 처방

교육과 건강 사이에는 강력한 상관성이 있다고 밝혀져 있지만 그 효과에 대한 탐구는 잘 이뤄져 있지 않다. NHS의 1999년 〈생명 살리기〉 백서는 교육을 건강의 핵심이라 강조한다. 낮은 교육 수준이 낮은 건강상태를 보여주며, 교육 향상이 건강 개선과 건강불평등 해소에 필수라고 설명한다. 특히 지역사회 차원의 건강학습이 개인이나 가족 또 지역사회에 상당한 건강개선의 결과를 가져다줄 수 있다며 지역사회 학습에 대한 투자를 요청한다.

표 4-6 평생교육의 건강과 경제적 효과

영국 국립성인평생교육원(National Institute for Adult Continuing Education: NIACE)은 2013년 지역사회 평생교육의 성과를 건강, 고용가능성, 가족, 사회 취약층, 자원봉사활동에 초점을 맞춰 강조한다. 적정수준의 투자로 학습자, 가족, 지역사회에 두드러진 건강증진 결과를 생산할 수 있다는 것이다.

2013/14년 기간 전국의 성인학습자 주간 캠페인으로 진행된 NIACE는 성인교육 참여로 다섯 가지 혜택을 누린 것으로 밝힌다. 임금상승, 건강혜택, 시민참여, 사회적

차이와 가족생활 개선 등이다. 또 성인 사회적돌봄 시스템을 포함한 급성의 NHS 서비스 및 정신 건강 지원 등 가장 비싼 공공서비스의 이용에 진입할 가능성을 줄일 수 있다는 증거를 제시한다. 이런 이슈들은 전국 차원의 공공서비스와 교육의 미래비전, 목적, 재정지원에 관한 논의의 핵심이 되었다.

이 연구보고서에 기초해 스코틀랜드 정부는 '지역사회 학습과 개발'(CLD)을 개발하는 정책 주도력을 발휘하였다. 이 접근법의 특징은 지역사회 기반의 학습기회를 지역주민들이 지역 공공서비스와 정책결정에 영향을 미쳐야 하며 또 그럴 수 있다는 사고방식에 연계한 것이다. 이런 영향을 실천하는데는 기술과 확산이 필요하며 그래서 개인들의 기술을 학습으로 개발하고 여기에 CLD가 상당한 잠재력을 갖고 있는 지역사회 혜택 제공을 동시에 지원하는 것이다.

자료 Health Education England (2016: 22).

(8) 박물관 사회적처방

박물관은 봉사자들과 사회적처방 의뢰를 받아 활동하는 참여자들이 적지 않은 활동영역이다. 다양한 봉사활동이 이뤄지며 보관 유물이나 작품들의 감상이나 역사와 문화적 이해를 통해 건강과 웰빙을 개선하는 혜택을 누린다.

그러나 많은 제도권 박물관들의 작품은 웰빙이나 건강개선에 직접적인 도움이 되는 활동을 제한시키는 경향이 있다. 미국의 스미소니언 박물관처럼 자원봉사자들이 자발적으로 운영하는 박물관에서는 다양한 자원봉사자의 업무배정과 책임있는 활동으로 박물관이 잘 운영되며 참여자들의 소속감과 자존감을 높여주는 효과가 있지만, 이런 기대는 다른 박물관들에게 적용되기 어렵다. 자원봉사자들이 엄격한 자원봉사자의 의무에 묶여 활동의 자유도가 크게 제한을 받는다.

(9) 활동 유형별 임팩트와 시행

사회적처방 프로그램 시행에서 나타난 시행의 어려움이나 용이성, 그리고 사회적처방의 결과로 나타난 개인 건강과 웰빙의 임팩트를 참고한 〈표〉를 살펴볼 만하다. 런던시 보건파트너십이 제시하는 처방활동이 확고한 경험적 방법론에 근거하지는 않지만 사회적처방 프로그램을 개발하는 기관에서는 어떤 처방으로 대상층의 건강과 웰빙에 높은 임팩트 혜택을 줄 수 있는지를 참고해볼 수 있다.

표 4-7 사회적처방 유형별 임팩트와 시행 비교

임팩트						
			높음			
	운동 처방	청각시각	↑			
	예술 처방	기동성	↑	녹색체육관		
	타임 뱅크	식욕부진		약물남용 에코치료		
시행 어려움 ⇐						⇒ **시행 쉬움**
	교육 처방	치매카페/음식처방		성인 안내, 자문, 가이드		
	가족 등 일차지지집단 관계 문제의 환자돌봄		↓ ↓	자원봉사자 친구 서비스		
					독서 처방	
			낮음			

자료 Healthy London Partnership (2017: 27).

2) 대상층 사회적처방 프로그램

앞의 활동 유형별 사회적처방 프로그램과 달리 대상층 또는 참여자별로 구분된 사회적처방 프로그램의 효과를 검토해볼 만하다. 먼저 청년층을 위한 사회적처방 프로그램으로 미국의 프로젝트 커넥션(Project Coonection)을 살펴본 다음, 에이징 사회적처방 프로그램으로 캐나다와 웨일즈 지역사회 가드닝 프로그램에서 성공적인 에이징의 효과에 대해 알아본다.

(1) 청년 정신건강 사회적처방

사회적처방 USA(2015)가 소개하는 프로젝트 코넥션(Project Connection)은 정신건강에 초점을 맞춘 비영리기관의 사회적처방 프로그램으로, 미국 유타주 솔트레이크 시에 위치한다.[3] 주로 '관계적 사회적처방' 모델을 시행하는데, 외래 클리닉과 지역 학교에 45명의 치료사들이 일하며 지원한다. 이들이 환자들을 사회적처방 서비스에 의뢰해 관계를 늘리는 것이 대상자의 정신건강 개선에 의미있고 가치가 있는 활동을 하도록 지원한다. 링크워커 팀이 고객의 상태와 욕구를 확인해 의뢰를 한다.

사회적처방의 유형들은 예술, 자연, 자원봉사 등이 있는데, 모두가 환자의 욕구, 가치, 개성, 관심, 선호 등이 사회적처방 인테이크 과정에서 사정된다. 링크워커들은 환자의 계획과 매치가 되는 지역사회의 그룹, 조직을 찾아 연계시키는 역할을 한다. 주요 처방은 가족과 더불어 하는 재택 코넥

---

3 www.projectconnection.co

션 엑서사이즈, 지지그룹 활동, 지역사회 가드닝, 아동을 위한 케이크 만들기 봉사활동 등이 있다. 환자가 가장 중요하다고 판단하는 활동에 자신이 가치를 더해서 그 과정에서 타인과 함께 하는 활동이 될 때 가장 효과있는 임팩트가 일어난다고 판단한다.

프로그램에 소요되는 비용은 정신건강 사례관리 T1017 코드에 해당되어 서비스 코디네이트, 사정, 링크 또는 모니터링을 지원하는데 사회적처방이 바로 여기에 해당되어 지원을 받는다. 또 정부의 그란트 지원금으로 보험이 없는 개인들을 지원하는 목적이 있다. 또 그란트 지원금은 프로그램의 참가비를 지원할 수 있게 되어 있다. 따라서 개인별 지원금이 있기 때문에 재정이 부족해서 프로그램 참여자를 제한하는 일이 없어 많은 인원에 개방적이다. 정기적으로 참여자의 활동을 지원하면서 주요 변화들을 측정해 고객 보고서에 기록한다.

표 4-8 Project Connection의 사회적처방 그룹

사회적처방 그룹은 사회적보장 프로그램에 참여하는 사람을 대상으로 디자인된다. 이 그룹은 그룹 세팅에서 통합적인 지원과 연결을 진흥하기 위해 세밀한 체크인이 필요할 수 있는 공간을 만들어, 멤버들이 그룹 세팅에서 사회화 활동, 문제해결과 다른 그룹 멤버들 지원에 동참하도록 한다. 또 그룹은 (불안, 약, 스트레스 등) 다양한 주제의 토의 그리고 성장의 기회를 자극하는 치료 게임을 포함시킨다. 프로젝트 또는 과제(다른 그룹 멤버들과의 체크인 등)가 그룹 멤버들에게 주어져 그룹 밖의 세팅에서의 연결을 지지한다. 그룹 활동은 멤버들의 사회화 목표를 지원하도록 프로젝트 코넥션이 제시하기도 한다.

자료 Social Prescribing USA. https://www.projectconnection.co/group-programs

(2) 캐나다의 에이징 사회적처방

성공적인 에이징이란 무엇인가? 캐나다의 세 명의 선도적인 에이징 연구자들이 이론적 시각을 종합해, 장애가 없는 신체적 기능, 정신건강, 웰빙 그리고 사회적 연결로 개념적 프레임워크를 제시한다(Ho et al. 2023).

경험적 자료분석에서는 다음의 성공적인 에이징 요인들에 초점을 맞춘다.

a) 적절한 사회적 지원
b) 일상생활활동(Activities of Daily Living: ADLs), 도구적 활동(IADLs) 제약 없음
c) 지난해에 정신 질환 없음
d) 인지력 쇠퇴 또는 활동에 지장을 주는 고통 심하지 않음
e) 높은 수준의 행복감
f) 좋은 육체, 정신건강과 성공적 에이징이라는 자기보고.

또 회귀분석에서 독립변수가 되는 사회참여 활동이란 다양한 활동 가운데 다음에 초점을 맞춰 기존의 자료분석을 한다.

a) 교회나 종교 활동
b) 교육이나 문화 활동
c) 서비스 클럽이나 우정단체 활동
d) 이웃, 지역사회, 전문 단체 활동
e) 자원봉사나 자선단체 활동

f) 레크리에이션 활동

연구방법은 캐나다 에이징장기연구(CLSA)의 일차(2011-2015)와 이차(2015-2018) 자료를 분석한 연구로 대상층은 일차에 '성공적 에이징' 노인 중 이차에 60세 이상 해당되는 노인 7,623명이다. 이들의 일차 자료에 나타난 다양한 사회참여 활동과 이차 자료에 나타난 결과인 에이징과의 상관성을 회귀분석으로 해석한다. 연구결과는 자원봉사활동이나 자선활동과 레크리에이션 활동에 참여한 참여자가 그렇지 않은 비교집단에 비해 성공적인 에이징이 유의미한 차이를 보여준다. 사회참여 6개 유형 가운데 자원봉사와 자선활동과 레크리에이션 활동만이 참여자의 성공적인 에이징의 주요 요인으로 파악된 것이다.

(3) 웨일즈의 에이징 가드닝 사회적처방

그로우 카디프(Grow Cardiff) 프로그램은 도심에서 주민들이 공동체 정원을 만들어 유지하도록 지원한다. 2015년에 설립되어 캐디프 지역 11 군데에서 수백명의 주민들이 가드닝을 통해 건강과 행복을 개선해 지역공동체에 동참하도록 지원한다.[4]

또 다른 그로우 웰(Grow Well) 프로젝트는 남서부 지역의 공중보건소와 파트너십으로 정원 두 곳을 운영한다. 지난 18개월 기간 환자들이 신선한 야채를 재배하며 물주기, 잡초 제거, 수확, 창의적 예술과 공예, 우물파

4 https://www.nesta.org.uk/feature/innovate-save-case-studies/grow-well-community-gardening-social-prescribing-tool/

기 등 다양한 활동을 하며 건강을 회복하고 있다. 사회적처방(SP) 서비스는 환자들을 비의료적 지역사회 서비스 활동에 연계시켜 주는데, 텃밭 가꾸기, 예술, 웰빙 단체들이 지역사회에서 지지집단 역할을 한다. 마을텃밭 가꾸기는 SP 도구 중 하나로 자연에 대한 친밀감이라는 정서적 혜택을 누리며 지역사회단체 참여로 정서적 지지를 받는다. 또 육체적 활동을 늘리며 신선한 야채와 과일 재배의 재미로 다른 사람들과 친숙한 활동을 마련한다. 텃밭 가꾸기는 일종의 총체적 지원방식으로 환자의 육체적, 정서적 건강과 웰빙을 지원하며 건강개선의 결과도 높이는 대단히 효율적, 효과적인 사회적처방이다.

Grow Cardiff에서 활동하는 임직원과 자원봉사자들은 텃밭 가꾸기 경험을 통해 건강개선의 혜택을 경험했고, 또 이런 경험을 더 잘 이해하고 증거를 구축하기 위한 플랫폼으로 정부의 기금을 활용한다. 더불어 국가적 보건비 지출의 절감 필요성에도 공감한다. 가드닝 처방을 받아 참여한 개인들에 대한 공공기관의 지출이 웨일즈 정부 기준의 추산으로 일인당 연간 £212 절약된 효과가 있다고 평가한다.[5]

Grow Cardiff의 프로젝트는 환자들의 텃밭가꾸기 SP가 미치는 영향에 대해 자료를 수집해 검증한다. 환자의 육체, 정신적 건강과 웰빙이 개선되고 있는지, 이런 건강과 웰빙의 개선으로 공공의료비가 절감되고 있는지에 SP의 초점을 맞춘다. 분석 방법으로 SP 활동 이전과 이후의 서베이를 통해 웰빙 개선의 효과가 있는 것으로 확인하고 있지만 참여자 수가 적어 의미있는 결과를 확인하기는 한계가 있다. 웰빙 개선으로는 편안한 감정, 미

---

5 https://www.nesta.org.uk/project/innovate-save/grow-cardiff/

래에 대한 낙관적 기대, 일에 대한 결정이 쉽게 내려지는 변화가 있었다. 질적 인터뷰에서는 지역사회 텃밭가꾸기가 사회적 고립을 줄이고 사회적 연결을 개선시켜, 육체적 활동이 늘며 야채와 과일을 많이 섭취하는 식습관 변화도 성과로 보고되고 있다.

프로젝트의 교훈으로는 올바른 시기에 프로젝트를 개시하는 것이다. 텃밭일은 계절적인 것이라 봄에 프로젝트가 개시되어 여름과 가을을 통해 수확하는 일정 계획이 중요하다. 또 프로젝트 기간이 단기간이라 참여자들을 많이 동참시키지 못한 한계가 있다. 적은 참여자로 프로젝트의 성과를 측정해 임팩트를 증거로 제시하는 데 한계가 있다. 특히 건강은 단기에 걸쳐 검증되기 어려워 중장기간 지속적인 사회적처방이 대상자의 건강증진에도 결정적으로 중요하며, 프로젝트의 결과와 임팩트 측정도 의미가 있으며, 그럼으로써 다른 프로젝트들의 시행에 선도적인 파이롯트 성과를 제시해줄 수 있다.

3) 문화예술 사회적처방의 건강증진 효과

영국의 보건사회돌봄부 장관 맷 한콕(Matt Hancock)은 사회적처방으로 국민 건강이 개선되고 있다며, 특히 예술과 사회활동의 파워를 강조한다.[6] 예술과 사회활동이 건강과 웰빙에 필수적이기 때문에 가치를 높이 평가한다. 과학적으로 검증되었기 때문이다. 예술과 사회활동에 대한 접근은

---

6 2018.11.2. https://www.gov.uk/government/speeches/the-power-of-the-arts-and-social-activities-to-improve-the-nations-health

사람의 정서적, 신체적 건강을 개선시켜, 더 행복과 더 건강하게 해준다. 어떻게 예술과 사회활동이 개인중심의 돌봄에 관심을 갖고 치료 만큼이나 예방에 초점을 맞추게 해주는지. 어떻게 사회적처방이 미래에 보건과 사회적 돌봄 시스템을 형성할 수 있는지 파악한다고 본다.

먼저 예술과 사회활동의 파워에 대해서는 영국 의회의 연구보고서는 다음과 같이 사회적 임팩트를 소개한다.

a) 예술과 사회활동은 건강유지를 도와주며 회복을 지원하고 잘 살며 장수하는 삶을 지원한다.
b) 예술과 사회활동은 에이징, 고독, 정신건강, 기타 장기요양 등 보건과 사회적돌봄의 주요 도전들을 해결하는 방안이 될 수 있다.
c) 예술과 사회활동은 더불어 국립의료원(NHS)와 사회적돌봄 시스템에 드는 비용을 절감할 수 있다.

한국 장관이 꼽는 우수 예술처방 사례를 살펴보면 다음과 같다.

a) 로얄 필하모닉 오케스트라(Royal Philharmonic Orchestra)와 헐(Hull) 공동의 '뇌졸중 회복 서비스'에서 음악 세션이 상당한 치유적 효과를 내고 있다. 악기를 연주하거나 오케스트라의 일원으로 참여하는 과정을 통해 뇌졸중 환자 90% 가량이 신체적 건강 회복에 도움이 된 것으로 나타났다. 철자 말하기, 앙력 개선뿐 아니라 고민 감소, 편한 잠들기, 집중과 기억 개선, 자신감 회복 등의 혜택이 있다고 한다.
b) 남부 런던의 람베스에서 시행된 알키미 프로젝트(Alchemy Project)

는 정신이상에 조기개입 방법으로 무용을 활용한다. 무용 전문가의 도움을 받은 청년들이 집중, 커뮤니케이션, 웰빙의 개선 혜택을 누린 것으로 나타난다.

c) 글루수터셔의 병원들은 폐질환 환자들을 성악 세션에 의뢰하는 사회적처방을 실시한다. 노래하기로 만성 폐질환자들도 도움을 받는다.

d) 체셔의 할톤은 '웰빙을 위한 문화 매니페스토'(Cultural Manifesto for Wellbeing)를 조직해, 학교합창단을 모든 지역의 돌봄홈에 연계시켜 도움을 준다. 음악치료재단 노르도프 로빈스(Nordoff Robbins)은 자폐아동이 소통하고, 치매환자가 근심을 줄이게 하는 도움을 준다. 또 말기 환자의 편안한 임종을 돕는 호스피스 사업도 하며 작년 한 해에만 8천 명이 도움을 받았다.

이상은 예술이 건강에 얼마나 많은 혜택을 주는 지를 보여준 일부 사례들에 불과하지만, 영국의 사회적처방은 이제 개시 5년에 불과해서 더 많은 성과, 임팩트가 앞으로 지속적으로 보고될 것이라 설명한다.

캐나다는 환자들이 박물관을 무료 관람하는 사회적처방을 막 시작했다. 런던에는 세계 최고 수준의 박물관들 일부가 무료관람 혜택을 제공하고 있다. 이제 새로운 사회적처방 시스템을 이제 개시하는데, 올바른 처방이 되려면 개인 맞춤형 돌봄으로 이동할 것을 강조한다.

a) 개인에게 자신의 건강에 책임을 지도록 지식, 기술, 확신감을 제공하며,

b) 새로운 디지털 테크놀러지를 활용해 개인이 정보를 갖춘 의사결정

을 하고, 보건전문가와 협력해, 필요한 서비스를 선택하도록 도움을 준다.

이처럼 사회적처방은 예방에 기초가 된다. NHS의 미래 또한 예방에 기초한다. 사회적처방은 사람들이 과잉 의료처방에 맞서도록 지원한다. 사회적처방은 의사들이 환자들과 NHS를 도와 낭비를 줄이게 할 수 있다.

한콕 장관은 예술과 사회활동과 접목된 사회적처방의 방안을 다음과 같이 제시한다.

첫째, 사회적처방은 도서관을 통한다. 영국에는 3천여 개의 도서관들이 있는데 많은 도서관들이 건강개선 프로그램으로 시민들이 스스로 자가 건강개선을 하는 방법에 대한 정보를 제공해주고 있다. 대표적으로 노르포크(Norfolk)의 건강도서관 이니셔티브(Healthy Libraries Initiative)는 금연과 건강한 삶 강좌를 지속적으로 진행한다. 도서관 사서들이 사회적처방 관련 정보제공 역량을 개선하는 프로그램이 필요하다. 예를 들면 노인층의 댄스 교실, 고독과 정신건강 독서그룹의 합창단이다.

둘째는 음악으로 치매치료에 도움을 준다. 음악은 약을 필요없게 만들 수 있고, 분노와 전투적 행태를 감소시킬 수 있고 치매환자와 가족들을 돕는 역할을 할 수 있다. 대표적인 사례로 공익재단 'Playlist for Life'가 있다. 치매환자를 위한 개인적 연주곡 리스트를 작성하도록 지원한다. 어느 치매돌봄센터의 환자들의 향정신성 치료약 욕구를 60% 가량 감소한 것으로 알려지고 있다. 이런 처방은 돈 안들고 쉽게 이용가능한 사회적처방이다. 국가적인 치매치료 문제 해결에 혁신적인 방안을 연주곡 리스트 작성 방법으로 해결해가고 있다.

셋째는 국립사회적처방아카데미(NASP)를 설립해, 연구기반을 구축하고 예술부터 체력훈련과 영양 상담과 지역사회 수업에 이르는 모든 과정에 사회적처방의 혜택이 미치도록 최고의 아카데미로 만든다는 계획이다. 일반의와 기타 의료진이 가이드와 전문역량을 지원받을 수 있고, 그곳에서 실제 일어나는 변화를 학습하고 지역사회에서 어떤 자원들이 활용될 수 있는지를 배우게 될 것이다.

사회적처방은 약처방을 감소시키며 환자에게 거의 같거나 더 나은 건강결과를 유도할 수 있다. 이런 사회적 치료는 무상이거나 비용이 덜 들기 때문에 NHS 재정을 절감하게 된다. 제약사들은 이것을 좋아하지 않을 것이며, 수십조 파운드의 제약계는 사회적 치료보다 약이 더 좋다며 설득하는 현상유지를 위한 갖은 로비활동을 하게 될 것이다. 이에 대응하기 위해 약이 없는 사회적 치료를 위한 최상의 제도로 NASP를 설립한다. 값이 더 비싸고 환자에게 더 좋고, 사회에게도 더 좋은 처방을 진흥시키는 것이 국가의 역할이다. 사회적처방은 이미 갖고 있는 것을 잘 활용하는 방안이다. 예술과 사회활동을 더 잘 접근할 수 있게 하는 방안이다.

2. 지역사회 사회적처방 결과 평가

앞에서는 사회적처방의 여러 활동 유형별 대상층별로 어떤 활동들이 어떻게 이뤄지고 있는지를 살펴보았다. 여기에서는 지역사회 중심의 여러 사회적처방들이 어떤 건강과 웰빙의 결과에 따른 건강서비스 이용 결과를 보여주는지를 대표적인 결과평가 연구들을 중심으로 살펴본다.

1) 사회적처방의 임팩트

사회적처방은 2019년 영국 NHS 장기계획의 일부로 포함된 이후 이제는 영국의 개인화 돌봄(Personalised Care)의 핵심으로 정착되어 있다. 2024년 현재 3,500명의 링크워커들이 일차진료 팀의 일원으로 충원되어, 2019년 이래로 270만 사회적처방 의뢰를 담당해왔다(NASP 2024: 5). 링크워커들은 환자의 욕구와 선호에 초점을 맞춰 자신들의 지역사회에서 비임상적 지원을 받을 수 있도록 지원하는 개인화 접근법을 활용할 수 있다. 응급치료, 이차와 전문치료 서비스도 점차 이같은 개인화 접근법을 시행중이며, 국립사회적처방아카데미(NASP)가 중추적인 역할을 맡도록 설립되었다. NHS는 2023년 링크워커의 규모를 2036~7년까지 세배 9천 명까지 확대하는 인력계획을 발표하였다.

영국 전국적으로 최근 16만 168명의 사회적처방 의뢰를 분석한 결과를 보면 61%가 여성이며 여성 중 60대가 20%이며, 대부분이 취약지역에서 생활하는 주민들이다. 이들은 대부분 85% 이상이 의료기관 의뢰를 경유하며 의뢰의 가장 일반적인 이유는 정신건강과 웰빙이 33.5%, 생활지원 26.1%, 사회적 관계 22.5%로 나타난다.

영국 사회적처방의 임팩트에 대한 증거는 급증한다고 NASP(2024)는 보고한다. 정신건강과 웰빙 개선, 고독 감소, 지역사회 인프라 활용 임팩트뿐 아니라 의사 수요의 완화와 병원응급실 이용 감소 등이 있다. 2023년 NASP의 사회적처방의 경제적 임팩트에 대한 증거 분석은 사회적처방이 비용절감뿐 아니라 긍정적인 사회적 임팩트를 제시한다. 사회적처방에 일 파운드 투자해 적게는 £2.14, 많게는 £8.56 사회적, 경제적 가치를 생산하는 임팩트를 제시한다.

최근 정부기관들 합동의 '녹색 사회적처방' 프로그램의 평가에서도 유사한 사회적, 경제적 임팩트가 제시된다. 사회적처방에 중앙정부가 £1 투자해 참여자의 웰빙개선 효과 등으로 £2.42 사회적 수익을 창출한 것으로 추산한다. 다른 국가들의 경험적 분석도 사회경제적 임팩트를 제시한다. 캐나다의 국가 차원의 사회적처방 시행의 결과는 사회투자수익(SROI)이 $4.43($2.97 - $5.89)로 제시된다. 의료비용 절감과 참여자 개인의 웰빙개선 결과라는 것이다.

보건서비스를 자주 이용하는 사람들은 사회적처방으로 의료이용이 감소되지만 전체 서비스 이용은 증가한 것이 커클리스와 로더럼 지역 분석에서 나타난다. 사회적처방이 활성화되면서 그전에 접근하지 못한 사람들이 더 쉽게 접근한 결과로 보여진다. 콜더데일에서는 환자 일인당 병원비가 연평균 £350 감소했는데, 사회적처방이 없을 때 £1,211에서 처방을 받은 1년 후엔 £861로 감소한 것이다. 사회적처방 이전/이후 분석은 응급실 비용절감도 29~39% 발생한 효과를 보여준다.

2) 지역 보건시스템 성과평가

영국의 9대 지역 보건시스템 평가에 따르면, 사회적처방은 의사충원 감소, 입원율 감소, 응급실방문 감소 등 NHS에 대한 압력을 상당히 줄일 수 있다는 결과를 보여준다(NASP 2024: 4). 테임사이드와 글로숍 지역에서는 사회적처방 의뢰를 받은 1,751명의 환자를 돌보는 의사들이 42% 감소된 것으로 나타났다. 켄트 지역의 경우, 사회적처방 링크워커가 담당한 5,908명의 사람들의 응급실 방문이 23% 감소하였다.

보건서비스 수요 감소는 특히 잦은 서비스 이용자들 사이에서 높게 나타난다. 커클리스 지역의 경우, 이들에 대한 사회적처방 지원으로 의사충원 50%, 응급실방문 66%가 감소한 효과가 있었고, 로더럼에서도 이들 잦은 서비스 이용자의 응급실방문이 43% 감소한 결과를 보여준다.

사회적처방은 긍정적인 경제적 임팩트를 생산할 수 있는 것으로 평가된다. 뉴캐슬에서는 이차진료 비용이 사회적처방이 있는 경우와 없는 통제집단에 비교해 9% 가량 낮은 것으로 추산된다. 로더럼의 경우 잦은 서비스 이용자의 사회적처방 이전과 이후 응급실방문 비용이 39%까지 줄어든 것으로 추산된다.

표 4-9 서비스 이용과 비용에 대한 사회적처방 임팩트 요약

지역	인구	평가유형	서비스 이용과 비용에 대한 영향
콜더데일 Calderdale	사회적처방 링크워커에 의뢰받은 환자 4,170명	처방전 12개월과 처방후 12개월 비교	환자 일인당 병원비 £350 감소 환자 일인당 의사 면담 4회 감소
프롬 Frome	일차 진료와 (사회적처방 포함) 지역사회 지원 모델에 의뢰받은 28,510명	지역과 비교된 프롬 지역의 관찰 자료	무계획의 병원입원: 소머셋 28.5% 증가, 프롬 14% 감소
켄트 Kent	링크워커에 의뢰된 환자 4 그룹으로 구분(n=5,908)	처방전 6개월과 처방후 6개월 비교	사고응급(A&E) 방문 15.4–23.6% 감소, 무계획 입원 일수 2.8–8.3% 감소
커클리스 Kirklees	서비스 이용자의 사회적처방(의사면담 199명 / 응급방문 125명) 사회적처방 전체 코호트 (의사면담 993명 / 응급방문 495명)	처방전 3개월과 처방후 3개월 비교 처방전 9개월과 처방후 9개월 비교	의사면담 50% 감소 응급방문 66% 감소 의사면담 환자 50% 증가, 39% 감소, 11% 변화 없음 응급실방문 46% 증가, 41% 감소, 13% 변화없음
뉴캐슬(타인) Newcastle (Tyne)	서부 뉴캐슬의 Way to Wellness 대상자 전체 코호트(n=14,652)	12개월 이상 비교 서비스 접근이 없는 집단과의 '반사실' 매치	환자 일인당 이차진료비 9.4% (일인 £107) 비교집단보다 낮음. 연간 156만 파운드 비용 절감 비교집단보다 27% 낮은 비용

지역	인구	평가유형	서비스 이용과 비용에 대한 영향
로더럼 Rotherham	사회적처방 링크워커에 의뢰된 이용자(입원 352 / 응급방문 332)	처방전 12개월과 처방후 12개월 비교	비선택 입원 33~40% 감소 응급실 방문 39~43% 감소 비선택 입원비 20~42% 감소 응급실방문 비용 29~39% 감소
서섹스 Sussex (중앙서섹스)	12개월전 링크워커 지원 완료 참여자 150명과 지원 개시 참여자 164명	12개월 기간 전년 12개월과 비교 및 집단간 비교	지원완료자 병원입원 15% 증가 지원개시자 57% 증가 지원완료자 GP면담 25% 감소 지원개시자 78% 증가
서섹스 Sussex (마일 오크 메디칼센터)	12개월전 링크워커 지원 완료 참여자 231명과 지원 개시 참여자 172명	12개월 기간 전년 12개월과 비교 및 집단간 비교	지원완료자 GP면담 6% 감소 지원개시자 56% 증가 지원완료자 입원 23% 감소 지원개시자 208% 증가
테임사이드 와 글로솝 Tameside & Glossop	사회적처방 링크워커 의뢰자 1,751명	12개월 이후 통제 집단(의뢰받았지만 사회적처방 받지 않은 사람)과 비교	GP 면담 통제집단 5.6% 감소 사회적처방 참여자 42.2% 감소

자료 NASP (2024: 8).

3) 지역별 사회적처방 결과

위의 〈표 4-9〉에 제시된 사회적처방 결과를 지역별로 정리해보면 아래와 같다(NASP 2024:11-17).

(1) 프롬(Frome)

프롬의 메디컬센터는 주민 2만8천여명을 대상으로 일반 의료를 제공하는데, 사회적처방을 포함한 일차진료의 모델로 꼽힌다. 결과분석에 따르면, 2013년 4월부터 2017년 12월 기간에 서머섯 전체의 무계획 입원이

28.5% 증가한 반면 사회적처방을 시행한 서머싯의 프롬 지역사회는 14% 오히려 감소했다.

(2) 켄트(Kent)

켄트 지역에서 사회적처방을 시행한 서부지역의 2023년 평가에 따르면, 서비스 이용자 5,908명을 네 그룹으로 구분해 보면, 첫째는 무보수 성인돌봄자(n=1,486)이다. 두 번째 그룹은 55세 이상의 복합적 연약 증세가 있는 만성질환 그룹으로 평균연령이 77세다(n=2,579). 세번째 그룹은 건강이상이 있는 18~55세 성인으로 복합 건강 이상증세를 갖고 98%가 실업층이며 서부 켄트 지역에 거주하는 주민(n=339)이다. 마지막은 일차진료 링크워커 지원을 받은 환자들로 일반의(GP)의 의뢰로 사회적처방 서비스 대상층(n=1,504)이다.

결과 분석에 따르면, 사회적처방 시행 6개월 이전과 시행후 6개월 기간을 비교하면, 제2그룹에서 가장 두드러진 임팩트가 있었다. 응급방문이 15.4~23.6%, 계획 없는 입원이 2.8~8.3% 감소한 것이다. 링크워커 지원을 받은 제4 그룹은 환자의 건강개선 결과가 가장 좋게 나타난다.

(3) 커클리스(Kirklees)

커클리스의 경우 2023년 10~12월 사이에 4,927건의 의뢰받은 환자 85%가 사회적처방을 받는다. 52%가 여성이며, 연령은 50대 16%, 60대 13%, 30대 13%로 나타난다. 은퇴자 23%, 실업자 19%, 노동자 13%이며, 커클리스 지역에서 가장 낙후지역 톱 20%에서 거주하는 주민이 전체 의뢰의 35%를 차지한다. 의뢰 이유로는 정신적, 사회적 웰빙 41%, 주거, 금전 또는 고용 문제 39%, 라이프스타일 개선 21% 등이다.

서비스 결과 분석은 사회적처방 의뢰 이전 3개월과 이후 3개월을 비교하는 것이다. 의사면담을 3회 이상 자주하는 199명의 환자의 사회적처방 서비스 결과는 시행 3개월 이후 의사면담 절반이 줄어들고, 응급방문 3회 이상의 잦은 환자 125명의 경우도 시행 이후 3개월이 지나 응급방문 66%가 줄어드는 임팩트를 보여준다. 또 사회적처방 서비스로 정신적 웰빙 개선 31%, 사회적 고립 개선 20%, 개인건강관리 개선 18%. 금전관리 개선 16%, 주거문제 해결 8%, 이동성 개선과 자기돌봄 7% 등도 주목할 만한 결과로 제시된다.

(4) 뉴캐슬 타인(Newcastle Tyne)

뉴캐슬의 대표적인 그리고 영국을 대표하는 Ways to Wellness 프로그램은 장기요양 환자들을 위한 사회적처방이다. 2015년 4월부터 2021년 3월까지 6년 기간에 주로 일반의가 의뢰한 건수가 5,800명의 환자 대상으로 7,700건에 달한다. 환자들에게 제공된 사회적처방은 건강행태(운동, 건강식단, 체중감소 등) 27%로 가장 많고, 금전이나 복지혜택 18%, 장기요양 관리 11%로 나타난다.

Ways to Wellness 프로그램 결과 RCT 평가를 보면, 이차진료비가 2019~2020년 일년 기간에 비교집단에 비해 9.4% 낮은 일인당 £107로 추산되며 임팩트가 높은 것으로 나타난다. 서비스 활동에 참여한 5,800명으로 한정하면 그 비용은 27% 훨씬 낮게 추산된다. 사회적처방 서비스 6개월간 참여한 2,888명 샘플에서는 참여자 86%가 웰빙개선 효과를 본 것으로 나타난다. 보다 자세한 뉴캐슬 Ways to Wellness 프로그램 결과는 다음

제5장의 혁신모델에서 분석된다.

(5) 로더럼(Rotherham)

로더럼의 사회적처방에 대한 평가는 세필드 대학 연구팀이 수행한 것으로 2016년 4월부터 2022년 3월까지 6년 기간에 해당된다. 참여자 4,840명 가운데 80대가 35%, 70대 21%이며, 61%가 여성, 97%가 백인이다. 지역사회 제3섹터가 전체 의뢰의 68%를 맡을 정도로 지역사회 중심의 프로그램이다. 서비스 유형으로는 건강정보와 복지혜택 상담 28%부터 이동수단 도움 14%로 가장 많다.

참여자 중 2,365명의 서비스 이용자의 사회적처방 이용 전 1년간과 이용 후 1년간의 자료를 비교한 결과, 입원이나 사고와 응급 방문 기록에서 커다란 차이는 없는 것으로 나타난다. 그러나 연간 3~5회 정도 잦은 이용자 가운데는 입원 33~40%, 사고와 응급 방문 39~43% 크게 줄었다. 이에 따라 비용절감 효과도 상당한 것으로 나타난다.

(6) 서섹스(Sussex)

서섹스 지역 건강돌봄의 2022~23년 1년간의 의뢰는 5,265건에 달하지만 지역별 차이는 있다. 서부지역이 동부지역에 비해 두 배 가량 높게 나타난다. 사회적처방 결과평가는 사회적처방을 1년전에 받은 그룹과 사회적처방을 이제 받는 대상층 비교에서 뚜렷한 의사면담과 입원에서 차이를 보여준다. 오래전 처방을 받은 그룹이 의료이용이 감소한 반면에 이제 받는 그룹은 의료이용이 늘어난 결과를 〈표〉에서 확인할 수 있다.

4) 사회적처방의 효과는 검증되는가

이상의 9개 지역에서 제시되는 결과와 임팩트는 사회적처방의 효과를 검증한 것인지, 그 한계를 우선 살펴본다.

(1) 종합 평가와 한계

영국 9개 지역 사례연구들의 시사점은 사회적처방의 효과를 종합적으로 보여주고 있지만 일정한 한계도 있다. 첫째는 자료 유용성 문제이다. 서비스 이용자 접근 자료만으로는 통제집단 분석이 일반화되기 어렵다. 서비스 이용 이전과 이후를 평가하는데도 문제가 있다. 겨울철이나 COVID 영향으로 보건서비스 수요가 증가하는 등의 외부적 압력의 영향을 받는 취약성 문제가 있다.

둘째, 사전/사후 분석은 서비스 이용별로 자료를 구분하는데 테스트를 반복하게 되면 높은 값이 평균치로 접근하는 통계적 문제가 발생할 수 있다. 일부 분석은 비교집단을 활용하는데 통제집단과 비교집단에 무작위(randomisation)를 하지 않아 선택 바이어스 리스크가 있어 결과를 일반화하기 어려울 수 있다. RCT 분석이 가장 강력한 분석방법인데, 이번 연구들이 이를 활용하지 않고 있어 사회적처방의 효과에 관한 일반화에 한계가 있다는 것을 알 수 있다.

(2) 엄밀한 평가기준의 부재

영국의 다양한 사업과 프로그램을 평가한 요크 대학의 연구진(CRD

2015)에 따르면, 사회적처방의 효과성에 대한 평가를 제시하는 연구들은 거의 드물다. 평가 연구는 수적으로 적으며 엄밀한 평가기준으로 평가되지 않아 사회적처방의 효과성을 입증하지 못한다는 것이다.

그럼에도 하나의 평가 연구가 주목을 받을 만한데, 그것은 신체활동의 건강개선 사례에 대한 평가 연구이다. 연구에 따르면, 5,190명이 참여한 8개의 프로그램 중 6개는 54~71세 참여자를 대상으로 영국에서 시행된 것이다. 대부분이 일반의가 의뢰한 사회적처방으로 처방 이후 2~12개월 간의 후속적 팔로우업(follow-up)이 진행되었다(Centre for Reviews and Dissemination 2015: 2). 프로그램 결과는 신체활동, 신체적 휘티니스에 두드러진 결과 또는 일반적인 돌봄, 대체적 엑서사이즈 프로그램 행태변화 프로그램 등과 비교해 임상적 결과에도 두드러진 차이가 없었다. 다른 두 개의 프로그램은 다른 일반적 돌봄과 비교해 우울증 감소는 두드러진 차이가 있지만 불안증세에서는 차이가 없었다.

그밖에도 다양한 사회적처방 프로그램들이 시행되었지만 성과 평가는 프로그램의 일부로 포함되지 않아 프로그램의 효과성을 검증하기 어렵다는 의견도 제시되고 있다. 지역사회 기반의 엑서사이즈 프로그램, 댄스활동 치료, 음악 치료, 수중 엑서사이즈 등 다양한 프로그램들이 일반적으로 성과 평가 결과를 제시하지 않고 있다는 것이다(앞글: 2).

(3) 사회적처방 프로그램의 효과성

사회적처방의 효과성에 대한 체계적인 평가들이 이처럼 부족한 가운데, 비체계적인 개별적인 프로그램의 효과성에 대한 검증 결과를 살펴볼 만하다. 브리스톨의 사회적처방 프로그램에 대한 평가보고서 또한 성과평가의 방법론이나 평가결과의 신뢰성에 대한 증거를 제시하지 않은 채 일부 사회적처방 프로그램이 참여자에 대한 긍정적 임팩트를 가질 수 있다는 일부 증거를 제시할 뿐이다(앞글: 3). 강력한 효과성 측정방법에 의한 평가가 부족한 것이 사회적처방 연구의 문제점으로 제시된 것이다. 일부 프로그램의 효과성 성과에 대한 증거는 다음과 같이 제시되고 있다. 체육관 기반의 활동, 가이드 동반의 걷기운동, 정원 활동, 사이클링, 수영과 수중 치료, 팀 스포츠, 엑서사이즈와 댄스 클라스 등이다. 강력한 증거로는 신체활동의 정신건강 혜택에 관한 것이다. 그럼에도 신체활동의 증가로 나타나는 효과성에 대해서는 증거가 불명확하다.

예술활동의 사회적처방에 대한 비체계적인 평가에서는 창의적 활동의 적극적인 참여가 웰빙, 삶의질, 건강개선에 도움이 된다는 아이디어를 지지하는 것으로 나타난다. 예술 프로그램의 혜택에 대한 증거는 있지만, 사회적처방 관련 증거는 찾기 어렵다는 것이다. 많은 자조집단, 인지행태치료(Cognitive Behaviour Therapy: CBT) 등에 관해 보고서를 발간하고 사회적처방 프로그램을 소개하고 일부 프로젝트의 평가도 소개하는 정도에 머물러 있다. 평가 디자인이 부적절하며 효과성, 임팩트를 제대로 사정하기 쉽지 않은 문제 또한 보여준다(앞글: 3).

(4) 비용효과성

일부 프로그램은 건강과 웰빙 개선의 효과성이 인정되지만, 투입된 비용을 대비한 '비용효과성'은 낮게 나타나는 경우도 적지 않다. 요크 대학 연구진은 하나의 프로젝트 사례를 분석한 결과를 보여준다. 사회적처방 프로젝트의 비용효과성을 다룬 RCT 분석의 결과는 비용효과성이 낮게 나타난다(앞글: 4). 프로젝트 참여자 90명은 26개 일차 진료소에서 사회적처방을 의뢰받아 지역사회기관에서 서비스를 제공받았다. 심리적 서비스를 받은 결과 우울증세나 불안증세가 개선되는 것으로 나타나지만 이들의 서비스는 일반 서비스에 비교하면 비용부담이 높은 것으로 확인된다. 또 이들의 일차돌봄 진료가 감소한 결과도 없었다. 또 이 프로젝트는 이차진료와 전문 돌봄의 의뢰로 발생하는 비용을 비교하거나 장기간의 비용절감에 관한 분석도 하지 못하는 한계를 보였다. 증거기반의 사회적처방 효과성을 제시하지 못하는 한계는 프로젝트 디자인에서 엄밀한 실험적 평가법의 도입이 필요하다는 것을 제안한다.

3. 사회적처방의 사회투자수익(SROI)

1) 건강관련 삶의질(HRQL)과 SROI

영국 돈캐스터(Doncaster) 지역의 사회적처방 프로그램에서 건강관련 삶의질(HRQL)과 사회투자수익(SROI) 분석 결과를 살펴볼 수 있다(Dayson and Bennett 2016). 프로그램은 2015년 8월부터 2016년 7월까지 1년 기간에 의사, 지역사회 간호가 등이 대상자 1000명 이상을 지역사회 제3섹터와 보건소 등에 의뢰해 그 중 588명이 실제 서비스를 제공받았다. 대부분 60세 이상 노인이며 여성이 많았다.

(1) 사회적처방 서비스

어떤 서비스를 필요로 했는지, 개별 욕구를 파악해보면 장기요양으로 신체적 정신건강 상태 이상을 가진 노인들이다. 일년이 지난 후 중간평가를 한 결과를 보면, 의뢰받은 사람들 절반 이상이 건강관련 삶의질(HRQL)이 개선되었고 사회적 연계성과 재정적 웰빙이 서비스 개시 후 3~6개월이 지나 개선되었다. 또 서비스 개시 이후 의사방문도 두드러지게 줄었다.

사회적처방은 상당한 금전적 가치를 제공해주는 것으로 분석된다. 사회적처방 서비스는 개시 후 3~6개월이 지나 QALY 추가치가 91.7로 나타나 금전으로 계산하면 £1,963에 해당되는데 이는 취약층 지원의 보건돌봄에 일 파운드 지불하면 사회적처방 서비스는 건강 혜택으로 10파운드 이상을 생산하는 것으로 추산된다.

평가방법은 다음과 같이 질적-양적 방법을 병용한다.

a) 반구조화된 질적 인터뷰를 서비스 담당자, 보건과 사회돌봄 이해관계자, 서비스 수혜자 대상으로 실시한다.
b) 292명의 서비스 이용자들이 서비스 종료 후 자가 설문을 완성한다.
c) 215명의 서비스 이용자는 서비스 개시 시점과 3~6개월이 지난 후 속조사에서 삶의질 서베이를 완성한다.

(2) HRQL와 QALY 결과

국립보건돌봄원(National Institute for Health and Care Excellence: NICE) 가이드라인에 따라 비용효용성분석을 실시한다. 사회적처방 개입의 결과를 건강관련 삶의질(HRQL)에 관한 효용성 가치를 결합한 QALYs를 분석한다. 서비스 수혜자의 48%가 HRQL 증가를 11%가 감소를 기록했다(앞글: 23). 사회적처방 프로그램의 전체 소요 비용은 £180,000로, 이 금액의 10배 이상이 되는 £1,834,000을 생산해 프로그램의 경제적 효과를 충분히 달성한 것으로 평가된다(앞글: 24).

그림 4-1 돈캐스터 사회적처방 프로그램의 변화이론

input 투입	activity 활동	output 산출	outcome 결과	impact 임팩트
사회적처방 대상층	**링크워커와 지역사회**	**서비스 제공과 참여자 활동**	**참여자 혜택 의료계 혜택**	**건강과 웰빙 의료계 임팩트**
- 영국 돈캐스터 - 주민 1000명 - £180,000 투입	- 의료진 의뢰 - 링크워커 사정 - 지역사회 계획	- 588명 서비스 - 지역사회활동 - 참여자활동 (운동/예술/봉사)	- 고독감 해소 - 타인관계 증진 - 의료이용 감소 - 의료비 절감	- 건강웰빙 개선 - 지역사회개발 - 의료시스템 지속가능성 - £1,834,000 가치생산

(3) 추가적 혜택: 자원봉사와 일자리 마련

이상과 같은 계량적인 건강혜택에 추가할 만한 혜택은 자원봉사자, 고용, 재정후원 등에서 찾아볼 수 있다. 사회적처방 서비스는 12명의 자원봉사자를 활용해 이들이 1,370시간 활동하였다. 국가생활임금 시간당 £8.45를 계산하면 서비스에 대한 기여가 £11,577에 달한다. 자원봉사자들은 이용자에게 이동수단을 제공해 단체활동에 접근을 용이하게 지원하고 활동에 필요한 다양한 근접 지원을 하며 친밀감을 갖도록 한다. 특히 고

독감을 가진 노인들에게도 말벗이 되는 등의 동반자 역할도 한다. 자원봉사자들은 활동 경험을 살려 일자리를 찾는 변화를 갖게 된다.

사회적처방 서비스는 빅로타리펀드의 청소년고용 프로젝트인 '탈렌트매치'와 연계해 일자리 마련을 지원한다. 사회적처방 서비스에도 세 명의 청년들이 고용되어 일했다. 탈렌트매치 기금으로 21,000파운드가 지원되었다. 또 서비스활동 경험을 살려 의료기관의 안내실 일자리를 찾은 청년들도 있다.

끝으로 사회적처방 서비스는 추가적인 펀딩을 레버리지 하는 부수적 결과를 보여준다. 빅로타리펀드로부터 컴퓨터 등의 시설지원비 6,200파운드를 지원받았고, 다른 재단들의 지원도 뒤따랐다. 재단의 후원으로 수혜자를 위한 일주일에 1회씩 음악과 댄스 워크숍을 마련하는 기관과의 공조도 가능해졌다.

2) 에이징 사회적처방 SROI

다음으로 사회적처방의 사회투자수익(SROI) 추산치를 에이징 사회적처방에 적용한 연구결과를 참고해볼 만하다. 기존의 연구결과를 바탕으로 노인층이나 청소년층 대상의 사회적처방의 결과와 임팩트를 추산한 분석한 메타연구이다. 기존의 SROI 추산에 따르면, 캐나다에서 사회적처방을 도입해 시행하면 1달러 투자해서 4.43달러 혜택을 얻을 것으로 추산한다(CISP 2024: 4). 노인층이 겪는 고독과 우울증 등의 사회적 요인들을 해소하는 총제적인 사회적처방 접근법으로 건강과 웰빙의 결과를 측정하는 실증적 연구로 참고할 만하다.

(1) 사회적처방의 결과: 낙상 감소와 입원 감소

사회적처방 결과 측정의 첫단계는 세 가지의 지표측정을 통해 에이징 노인들을 위한 사회적처방의 결과를 기존의 사회적처방 증거에 기반해서 측정한다(앞글: 13).

a) 낙상의 감소
b) 고독과 우울증 감소
c) 건강 관련 삶의질 개선

두 번째 단계는 개인별 결과를 다양한 개인별 임팩트에 연계시켜, 인구 전체에 대한 효과를 모델링하는 사회전체 임팩트를 종합하는 분석을 한다.

마지막으로, 65세 이상 대상층을 지역사회 프로그램에 의뢰한 결과를 측정한다. 지역사회 프로그램에는 재택 신체강화와 균형 훈련으로, 고립되어 앉아서 생활하는 노인들의 근력과 균형감각을 갖추도록 해서 낙상의 리스크를 줄이는 훈련이다. 다음 단계는 근력과 균형 훈련을 거친 노인들은 병원입원 가능성이 줄여 입원일수가 감소한 것을 측정해 추산하는 분석이다.

임팩트 분석결과, 국가차원으로 추산하면 65세 이상 노인의 17,200건의 병원입원 감소 그리고 입원일수의 24만 5400 일 감소가 발생한다(앞글: 14). 전국적으로 65세 이상 캐나다 노인 전체로 보면, 낙상으로 인한 병원입원 일수가 22% 가량 줄어드는 임팩트를 보여준다. 캐나다에서 65세 이상 노인의 사회적처방 프로그램이 생산한 낙상 감소는 연간 71,600건의 응급차 호출과 응급실 방문 감소를 낳을 수 있다고 추산된다. 모든 연령층의 부상으로 인한 응급실 방문은 약 300만 건에 달하는데, 71,600건은 전체 부상 응급실 방문의 2.4%를 차지한다. 응급실 방문 감소로 연간 1,470만 달러를 절약하며 응급차 호출 감소로 1,380만 달러를 절약한다. 입원 감소로 발생한 절약을 합하면 전체 의료시스템에 약 2억 9600만 달러를 절감하게 된다.

(2) 사회적처방의 결과: 건강관련 삶의질 개선

두 번째의 사회적처방 결과 분석은 고독과 우울증 해결을 위한 사회적처방의 보다 넓은 건강관련 삶의질 개선에 관한 것이다. 65세 이상 캐나다 노인의 네 명 중 한 명, 80세 이상 노인의 경우 절반이 고독감에 처한 것으로 조사되고 있다.

분석 결과는 이런 고독감을 줄이는 사회적처방이 동시에 건강관련 삶의질 개선의 결과를 낳고 있다는 것을 보여준다. 고독은 우울증과 건강관련 삶의질 모두와 관련되며 문제의 원인으로 나타난다. 고독감 감소로 발생하는 임팩트는 우울증 감소와 건강관련 삶의질 개선 임팩트로 나타난 것을 확인한다.

사회적처방의 고독해소 임팩트를 파악하기 위해 건강관련 삶의질 지표로 네 가지 만성질환과 개인건강 임팩트를 분석한다(앞글: 16). 65세 이상 캐나다 노인의 심장병(CHD), 치매, 스트로크의 변화와 회피가능한 죽음이 그것이다. 베이스케이스의 의미를 살펴보면 CHD 감소는 65세 이상 캐나다 노인 중 '항상 또는 자주' 고독감을 느낀다고 자기보고를 하는데, 사회적처방을 받게 되면 7% 가량 CHD 발생을 줄일 것으로 추산된다. 치매의 경우 10년 기간에 걸쳐 사회적처방으로 11%가 감소할 것으로 추산되며 대상층의 생애기간에는 8% 가량 감소되는 것으로 추산된다. 회피가능한 죽음의 발생은 7% 감소가 예측된다. 이런 질병발생의 감소는 환자치료로 필요한 돌봄의 감소에 따라 자연스럽게 돌봄비용 절감으로 결과된다.

(3) 사회적처방의 임팩트: 의료비의 절감

이상과 같은 고독과 우울증 감소와 함께 건강관련 삶의질 개선으로 보건시스템 이용과 보건시스템 전반에 경제적 임팩트를 생산한다. 첫째는 정신건강 비용이 연간 2300만 달러 감소할 것이며, 일차돌봄비도 170만 달러 감소될 것으로 추산된다. 반면에 사람들이 문제로 생각하지 않았던 건강문제들을 해결하기 위한 전문화된 치료를 찾게 되면서 건강관련 삶의질 개선으로 전체 보건의료시스템 지출비는 7600만 달러 증가할 것으로 예측된다.

표 4-10 영국 로더럼의 사회적처방 파이롯트 사례

영국 로더럼 지역의 사회적처방은 2012년 2년 기간으로 개시되었다. 로더럼 주민을 대상으로 지역사회 제3섹터와 연계한 사회적처방 서비스를 제공한다. 참여자 대다수가 60세 이상으로 만성질환을 갖고 있어 일차진료 의사들이 지역사회 서비스에 사회적처방을 의뢰한다. 지역사회 자문가들이 개인별 욕구를 사정해 지역사회활동, 신체활동, 친구맺기 지원 등의 서비스와 연계시키는 역할을 한다.

평가결과 개인적 임팩트로는 참여자 83%가 긍정적 행태, 징후관리 등 웰빙 측정에서 긍정적인 변화를 보고한다. 웰빙 개선과 함께 고독과 우울증 감소, 독립심 증가. 복지혜택에 폭넓은 접근 등이 결과로 나타난다.

보건시스템 임팩트로는 사회적처방으로 보건시스템 결과의 긍정적인 변화가 나타난다. 의뢰 1년후의 변화에서 입원건수가 21% 줄고, 응급방문 20%, 외래면담 21%가 각기 줄었다. 사회적처방으로 보건자원의 활용이 상당부분 줄어드는 긍정적인 결과

이다.

사회적, 경제적 혜택으로는 투자수익(ROI) 분석의 결과, 시행 5년이 지나 일 파운드 투자로 £3.38 수익이 나는 효과가 있는 것으로 추산된다.

자료 Dayson (2014).

3) 청소년 정신건강 사회적처방 SROI

앞의 에이징 사회적처방의 임팩트를 분석한 연구팀은 두 번째 분석이 되는 청소년 정신건강의 사회적처방 임팩트를 SROI 분석으로 제시한다. 캐나다 전국의 15~17세 청소년의 우울증과 불안 증세를 감소시키는 사회적처방의 임팩트를 측정한 자료 분석이다(CISP 2024: 19).

(1) 분석 방법론

1단계가 우울증과 불안 증세의 감소를 모델링하고, 2단계는 우울증과 불안증세의 감소 임팩트를 추가해서 졸업후 몇 년 기간에, 그리고 일자리를 그만두고 몇 주 후 기간에 미치는 임팩트를 추산한다. 사회적처방이 캐나다 전국에 적용되면 불안이나 우울증세를 보고하는 15~17세 청소년의 일자리 경력 기간에 연간 고용수입이 베이스케이스 6천만 달러 증가를 이끌 수 있는 추산이 나온다. 이런 우울증이나 불안으로 생활하는 청소년이 사회적처방을 받아 3,500년의 추가 학교재학의 혜택을 누린다고 추산된다.

(2) 사회적처방의 청소년 건강에 미치는 임팩트

다음으로 사회적처방을 받은 청소년의 정신과 신체 건강의 개선 활동으로 정신건강에 미치는 임팩트를 분석한 결과 또한 유의미하게 나타난다. 사회적처방 프로그램은 전반적인 웰빙의 개선을 목표로 하므로 개선의 결과 보건시스템 이용을 줄이는 임팩트를 낳는다. 15~24세 청소년의 일차돌봄 의사방문이 200만 건 줄어, 캐나다 보건시스템의 비용절감이 연간 1억 1,400만 달러에 달한다고 추산한다.

그림 4-2 청소년 정신건강 사회적처방 변화이론

input 투입	activity 활동	output 산출	outcome 결과	impact 임팩트
사회적처방 대상과 조직	**링크워커와 지역사회**	**서비스 제공과 참여자 활동**	**참여자 혜택 의료계 혜택**	**건강과 웰빙 의료계 임팩트**
- 캐나다 전국 - 15~24세 청소년	- 의료진 의뢰 - 링크워커 사정 - 지역사회 계획	- 서비스 제공 - 지역사회활동 - 운동/봉사 등	- 신체활동 개선 - 우울증세 감소 - 고용수입 증가 - 의료이용 감소	- 건강웰빙 개선 - 보건시스템 비용절감 연간 1억 1,400만 달러

세 번째는 사회적처방이 캐나다 청소년의 건강에 미치는 임팩트 분석이다. 청소년 정신건강의 임팩트 분석에 따르면, 사회적처방으로 청소년 신체활동이 늘면서 건강과 웰빙 개선의 결과를 보여준다. 1단계 임팩트가 2단계에 임팩트로 나타나는 결과이다. 캐나다 성인 우울증의 베이스케이스 3,900건 감소, 15~17세 청소년의 경우 3,200건의 타입2 당뇨 감소를 추산한다.

(3) 사회투자수익(SROI) 분석

캐나다 전국에 사회적처방을 시행하는 경우, 얻게 되는 사회투자수익에 대한 분석 결과는 대단히 긍정적이다. 이는 사회적처방의 전체 비용과 편익의 추산으로 나타나는 결과이다. SROI 분석은 일 달러당 투자된 프로그램의 사회적, 경제적, 환경적 수익을 측정하는데, SROI 수치가 1을 넘으면 프로그램의 긍정적 수익을, 반대로 1이 안되면 부정적 수익을 의미한다.

사회적처방 시행에는 링크워커 인건비, 지역사회와 사회적돌봄 프로그램에 대한 의뢰 지원비용, 사회적처방 프로그램 관리비용 등 시행 전체에 소요된 비용이 된다. 캐나다 전국적 SROI 추산에 참고되는 연구보고서 30개 중 관련성이 높은 12개를 선택해 타깃 대상층을 파악하는 등의 기초 측정에 필요한 방법틀을 갖춘다. 선행연구들이 제시하는 SROI 혜택들로는 자원봉사활동, 사회적 포용, 훈련 프로그램, 금전적 안정, 웰빙 지표, 낙관주의 개선, 고용, 치료적 혜택, 신체건강 관리, 시스템 비용절약. 일상생활. 사망률 개선, 정신건강관리, 돌봄인력 웰빙 등이다(앞글: 24).

(4) 사회적처방 결과와 임팩트

캐나다 전체의 사회적처방의 베이스케이스 SROI는 $4.43($2.97-$5.89)이다. 긍정적인 SROI는 사회적처방이 참여자들에게 주는 혜택인데, 건강과 정신 웰빙의 개선, 참여 개선, 보건서비스 이용의 변화 등이 주요 혜택이 된다(앞글: 25).

사회적처방으로 달성된 광범한 결과들이 주는 의미는 정부뿐 아니라 관련 의료계와 제3섹터 기관들에게도 상당하다고 볼 수 있다. 정부에 대해서는 사회적처방을 시행함으로써 얻을 수 있는 혜택이 여러가지다. 청소년 정신건강 개선에 따른 정책효과는 물론이며 기존의 투자비용의 절감과 절감된 비용으로 보다 많은 대상층의 건강개선에 투자하는 기회비용 효과도 상당하다고 볼 수 있다. 또 지역사회 보건시스템이나 지역사회기관들도 청소년 정신건강의 개선으로 보다 적은 비용으로 보다 높은 건강개선 효과를 거둘 수 있는 기대와 전망이 있다.

4. 한국의 사회적처방 실험

한국에서는 아직 사회적처방에 대한 인식이 저조해 공공정책이나 사회운동으로 발전되고 있지 않다. 다만 몇가지 주목할 만한 작은 실험들이 있는데, 아래에서는 대표적인 네 가지를 소개한다. 하나는 농촌 노인들을 대상으로 에이징 관련 사회적처방을 연구한 연구자의 프로젝트이며, 다른 세 가지는 공주군, 광산군, 농촌진흥청 등 공공기관이 추진한 하향식 모델이다. 공주군은 사회임팩트채권(SIB) 접근법으로 치매안심 프로젝트를 추진해 성과를 냈고, 광산군 사회적처방은 한국 최초의 지자체 시행이기 때문에 주목을 받는다. 농촌진흥청의 치유농업은 중앙정부의 재정과 행정지원을 받아 지자체나 지역사회기관들의 치유농장을 중심으로 사회적처방 프로그램을 시행하는 모델이다.

1) 농촌의 에이징 사회적처방

COVID-19 확산 방지에 다양한 정책들이 시행되면서 집에 고립되어 고독감을 경험한 리스크 높은 그룹의 노인층을 대상으로 파이롯트 사회적처방의 효과를 검증하는 연구가 강원도 농촌지역에서 진행되었다.

(1) 에이징 사회적처방 파이롯트

파이롯트는 2020년 5월 1일부터 7월 10일까지 10주간 진행되어, 사회적처방으로 스토리텔링, 자조집단 활동. 가드닝이 실시되었다(Kim et al. 2021). 시행기간에 두 명의 코디네이터가 동참해 사회적처방 활동의 진행을 도왔다.

음악 스토리텔링은 마을도서관에서 일주일에 1회 90분씩, 자조집단은 훈장학교에서 건강100세 강의를 주당 일회 60분 진행되며, 코로나 예방에 좋은 수프 만들기, 예방마스크 만들기, 노래작사 등이 진행되었다. 가드닝 활동은 주당 일회 30분 진행되며 체리토마토, 고구마, 옥수수, 후추 나무심기와 수확 등이 진행되었다.

강원도의 농촌지역에 거주하는 65세 이상 노인 16명이라는 제한된 인원이 참여했다. 16명 중 10명이 10개 프로그램 모두에 참여해 활동한 다음 지역사회보건소를 방문해 일대일 개별로 사전 및 사후 검사를 받아 개입의 효과 측정에 기초자료를 제공했다. 의사의 의료적 진단에는 임상적 건강상태(질병 여부) 정보, 신경정신행동검사와 치매 상태, 향후치료 여부 등이 있다.

(2) 결과 분석

사전과 사후 결과분석에는 윌콕슨(Wilcoxon) 테스트가 수행되어, 고독감, 사회참여 행태, 자아효능감, 자존감 테스트로 분석되었다. 고독감과 우울증은 통계적으로 유의미하게 감소되었고, 사회참여 행태는 두드러지게 증가했다. 자아효능감도 개선되고, 자존감도 두드러지게 개선되었다. 사전연구에서도 사회적처방 프로그램이 고독감을 줄이고 고립감을 줄인다는 결과의 증거들은 선행연구들에서도 검증되고 있다.

이 연구는 코로나 비상상태에서 진행된 특이성이 있고 16명의 제한된 참여자를 대상으로 선행연구들과 유사한 고독감이나 우울증 감소라는 일반적인 결론을 얻어 경험연구로는 특별한 시사점을 주는 데 한계가 있다.

2) 공주군의 치매안심 SIB

한국에서도 SIB 프로젝트가 시행되는 변화가 2010년대에 시작되었다. 공주군 SIB 또한 노인의 치매예방을 위한 공주군의 시책을 민간투자자와 시행기관이 공조해 시행한 최초의 '치매안심 SIB'로 사회적처방 모델에 기초한다.

(1) SIB 사업 구조

SIB는 "사회적 결과에 대한 미래의 계약"이라는 게 적절한 표현이다(OECD 2015: 5). 채권을 발행하는 기관은 민간부문의 투자자로부터 펀드를 조성해, 이 펀드가 서비스 공공기관에 분배되어 운영비용으로 사용된다. 계약대로 측정가능한 사회적 결과가 달성되면, 정부는 채권발행기관 또는 투자자들에게 비용을 지불하는 방식이다. SIB는 사회적 혁신방안으로, 계획된 산출과 지표들을 중심으로 결과에 초점을 맞춰 계약기간을 통해 그리고 계약 이후에도 독립적인 평가기관의 전문역량을 활용해 서비스공급에 효율성과 효과성을 지향하는 문화의 전환을 추진하는 것이다(주성수 2020: 308).

부여군의 SIB 프로그램은 2021년 초부터 매년 부여군의 경도인지장애 어르신 100명씩 3년간 300명을 대상으로 치매발병률을 낮추기 위한 민관협력으로 시작한다. 노인 치매발생률이 1년에 1~2% 수준인 반면, 경도인지장애의 치매이환율은 약 15% 수준으로 매우 높다. 부여군 SIB 평가기관은 부여군 어르신들의 치매이환율을 1년마다 측정, 3년 후 7.5% 이하로 떨어질 경우 참여기관에 투자금의 최대 24%를 인센티브로 제공한다.

민간 참여기관은 SK텔레콤, 팬임팩트코리아, 한국사회가치연대기금, 행복나눔재단, 비플러스, 엠와이소셜컴퍼니(MYSC), 차의과대학교, 이모꽉, 행복커넥트 등 9개 기관이다. SK텔레콤은 인공지능돌봄 및 치매예방 관련 다년간의 사업운영 경험을 기반으로 자문 및 후원에 나서고, 운영총괄은 팬임팩트코리아가 맡았다.

SIB 사업 운영기관인 팬임팩트코리아는 투자자와 시행기관 사이의 중간기관 역할을 하며 SIB 투자 모집과 계획수립 및 시행관리 책임 등 가장 중요한 역할을 수행한다. 수행기관은 어르신들의 상태를 확인해서 서비스 교육과 훈련을 시행하는 책임을 맡아, 결과생산에 가장 중요한 역할을 한다. 마음꽉 서비스 시행기관과 여러 보건기관들과의 컨소시엄을 구성해, 어른 개인별 건강상태를 수시로 점검하며 교육훈련 및 사회적처방 활동을 지원한다. 이처럼 시행기관 컨소시움이 사회적처방의 서비스 제공기관 역할을 지역사회 통합모델로 운영하며 사업의 효율성과 효과성을 높이는 장점이 있다. 그리고 SIB 투자기관으로는 SK그룹의 행복나눔재단 등 투자기관 네 곳이 사회공헌 차원에서 투자해 사업 종료후 치매진단율을 측정해 계획된 성과를 달성하면 투자비 전액과 인센티브를 돌려받는다.

(2) 치매안심 SIB 결과 평가

그간 여러 이유에서 사업 시행이 몇 년 늦어졌지만, 2024년말에 3년간의 사업이 완료되고 결과평가를 마쳤다. 부여군(2024)에 따르면 치매진단율이 SIB 계약보다 훨씬 낮은 결과를 보여주며 성공적인 것으로 나타나 SIB 종료가 이뤄졌다,

경도인지장애 환자의 평균 치매진단율이 전국 평균 15%에 달하지만, 이번 '치매안심' SIB에서는 당초 목표였던 7.5%를 훨씬 밑도는 3.4%의 성과를 달성했다. 이에 따라 부여군은 65세 이상 고령자가 전체 인구의 40.8%를 차지하는 초고령사회로, 이번 사업을 통해 고령화 문제 해결에 민관협력의 SIB를 도입하는 혁신적 접근법을 추진하며 정책성과를 거둔 것으로 평가된다.

치매안심 SIB 대상층은 만 60세에서 만 80세 사이의 경도인지장애 환자 303명이다. 참여 노인들은 대면 서비스와 AI 기술을 결합한 전략적인 기억훈련을 제공받아, 3년간의 사회적처방 과정을 거쳐 치매 사후검사를 완료한 264명 중 단 9명만이 치매로 진단돼 치매진단율을 3.4%로 낮췄다.

표 4-11 공주군 치매안심 SIB TV 보도

일주일에 2번, 두뇌 훈련을 하는 치매 예방 교육입니다. 현재 시각을 시계 바늘로 표현하거나 도형의 순서를 기억하는 등 간단하게 '머리를 쓰는' 수준입니다. 문제를 해결하면서 인지와 기억력을 되살리고, 간단한 동작을 따라 하다 보면 활력을 찾는 데 도움이 됩니다. [임희순/부여군 홍산면: "도움이 돼요. (어떤 점에서요?) 여러 가지 다… 하나 생각지도 못했던 게 이렇게 하면 또 다 맞춰지거든. 모든 게 그게 좋지."] 민관협력으로 3년째 시행 중인 치매 예방사업도 성과를 내고 있습니다. 민간기업 담당 직원이 치매로 발전할 우려가 큰 경도인지장애 어르신을 직접 찾아가 기억 훈련 등 맞춤형 예방교육을 합니다. 경도인지장애 어르신 220여 명을 대상으로 치매로 진행되는 이환율을 7.5% 이하로 낮추는 것이 목표인데, 현재 3.2%입니다. 경도인지장애자의 평균 치매 이환율이 15%인 점을 감안하면 5분의 1수준으로 떨어진 성과입니다.

자료 KBS 뉴스광장 2024.2.13. https://news.kbs.co.kr/news/pc/view/view.do?ncd=7888333

(3) 치매 보건지출비 절약

참여자에게는 치매예방이라는 건강과 웰빙의 개선 효과가 발생하고, 정부기관인 부여군에게는 공공지출비를 줄이는 임팩트가 발생한다. 치매발생을 줄이면 1인당 연간 약 3200만 원의 직·간접 사회비용을 절감할 수 있을 것으로 추산되는데, 이를 바탕으로 부여군 내 경도인지장애 환자 5753명 전체가 약 213억 원을 절약하는 임팩트가 있다. 전국적으로는 약 7조 원에 달하는 비용절감 효과가 기대된다. 치매 진단(이환)을 줄이면 1년에 절감되는 직·간접 사회비용은 직접 의료비, 노인장기요양보험 등 1인당 약 3천2백만 원으로 추정된다. 치매안심 SIB가 계약된 결과를 달성했으므로 계약대로 투자자에게는 사업비 5억 원과 인센티브 1억 5000만 원을 포함한 총 6억 5000만 원의 성과보상금이 지급된다.

3) 사회적처방으로서의 치유농업

한국의 치유농업은 사회적처방과 유사한 건강과 웰빙 개선에서 상당한 결과를 내며 지역사회와 보건시스템에도 경제적, 사회적 임팩트를 생산하고 있다. 치유농업은 "농업농촌자원 또는 이와 관련된 활동 및 산출물을 활용하여 국민의 심리적, 사회적, 인지적, 신체적 건강을 도모하는 산업의 활동"(농촌진흥청 2013)이라는 개념정의로 통용된다.

(1) 치유농업의 발전

지금의 치유농업은 법적 기반을 두고 중앙정부가 지원하는 예산으로 전국 지역에서 중소형 프로그램으로 일반인과 환자 모두를 대상으로 사회적처방이 되는 농업활동 중심으로 운영된다. 치유농업은 농촌진흥청에서 1994년부터 꽃, 채소 등 원예작물을 이용한 원예치료라는 이름으로 연구를 시작되었다. 이후 2013년 치유농업 개념을 정립한 뒤 2017년부터는 치유농업 서비스를 확대키 위해 치유농장을 조성하고 시범사업을 도입했다. 2021년에는 '치유농업 연구개발 및 육성에 관한 법률'이 제정되어 농업·농촌 자원을 안전하고 유익하게 활용하도록 맞춤형 프로그램을 연구·개발하고 보급할 수 있게 되었다.[7] 또 전문인력 지원 등 법적 토대를 마련하고 정부 전담조직인 농촌진흥청이 국민의 건강과 웰빙 개선에 다양한 활동 프로그램을 개발해 보급하는 정책진흥을 역할을 한다.

---

7 코로나 우울 극복, 치유농업법 제정으로 날개 달다(정책브리핑 2021.5.24.). https://www.korea.kr/news/reporterView.do?newsId=148887391

(2) 정부의 진흥 역할

농촌진흥청은 2023년 보고서에서 치유농업의 내실화를 위해 치유농장 현장에 치유농업사 의무배치를 발표한다. 사회적처방에서 링크워커 역할을 하는 치유농업사와 지역사회 기반의 기관단체들이 치유농장이나 시설들이다. 치유농업시설 전국 11개소에서 일하는 인원 330명도 정기적인 교육을 받도록 규제한다.

정부의 다양한 진흥역할 가운데 사회적처방과 관련되는 건강과 웰빙 개선 연구 개발을 살펴보면 아래와 같다(정순진 2023).

a) 생애주기 맞춤형 건강증진 프로그램
(유아동과 청소년) 원예와 식량작물 기반 치유농업
(성인) 우울증 관리를 위한 식물 활용 중심
(노인) 복지공간 활동 인지건강 및 스트레스 개선 식량자원 활용

b) 특수목적 질병과 장애인 건강증진 프로그램
(유아) 특수교육 대상 유아 맞춤형 녹작물 및 농업활동 능력
(성인) 발달, 신체장앤 대상농업활동 치유 프로그램
(노인) 편마비 노인 신체기능 및 삶의질 개선 프로그램

(3) 치유농업의 운영

유럽 등 국외의 치유농업은 돌봄농업(care farming), 사회적농업(social farming), 녹색돌봄농업(green care farming), 건강을 위한 농업(farming for health) 등 용어가 다양하지만, 본질적으로 '돌봄을 제공하기 위한 농업의

활용'을 의미한다(국립원예특작과학원 2016: 10). 치유농업은 일과 관련된 스트레스를 받고 있거나 건강이 좋지 않은 사람들뿐만 아니라 의학적·사회적으로 치료가 필요한 사람들(정신질환자, 우울증 환자, 학습장애인, 약물중독자, 사회적 불만이 있는 사람들)을 치유하는 농업활동이다.

또한 치유농업은 치유농장시설의 관계자, 건강보호기관, 사회보호기관, 프로그램 참여자 사이의 파트너십이 중요하다. 이들의 협업으로 프로그램을 개발, 운영해, 참여자들이나 환자가 프로그램 활동을 통해 건강과 웰빙의 개선 혜택을 갖도록 하는 데 목적이 있다. 성공적인 치유농업은 다기능적 농업(multifunctional agriculture)과 지역사회기반 건강돌봄(community-based health care)의 두 가지 개념에 기반하고 있다(앞글: 10). 농촌 지역사회의 사회적 서비스를 촉진하기 위한 식물부터 동물에 이르기까지 농업자원을 활용하는 모든 활동을 의미한다.

치유농업의 활동은 매우 다양한데, 건강과 관련된 치료, 재활, 교육, 사회적 서비스를 제공하는 활동으로 다음과 같은 특징을 보인다(앞글: 11). 농장에서 이뤄지는 활동으로, 개인농가, 건강개선 서비스, 사회적 치유 서비스, 교육적 치유 서비스를 제공하며, 가축, 작물, 채소, 산림 등 다양한 농업 관련 분야에 대한 구조화된 프로그램을 제공하는 활동이다. 지역사회의 사회서비스 기관, 건강서비스 기관, 지역사회기관, 교육기관 등과의 파트너십으로 운영되고 있다.

(4) 치유농업의 모델

치유농업은 사회적처방 모델처럼 대상자 개인 중심으로, 지역사회 중심으로 개발되어 운영되는 특성을 공유한다. 또한 치유농장이라는 거점을 두고 지역의 의료, 비의료 자원을 활용하는 특성도 공유된다. 치유농업사는 사회적처방의 링크워커 역할과 유사하다.

치유농업 프로그램은 일반인과 특수 대상층을 대상으로 농업현장에서 진행되므로 현장에서 프로그램 활동을 운영 관리하는 기관단체들도 다양하게 복합되어 몇가지 특이한 모델을 형성한다. 수년간의 시행을 거쳐 비용효과적인 모델을 다른 지역으로 '확대' 또는 '이식'하는 중장기계획을 추진해볼 만하다. 다음 다섯 가지를 참고해볼 수 있다(김영미 2022: 21).

모델1) 농장+건강, 의료기관+지자체 → 협동조합 행복농장(예: 홍성행복농장)

모델2) 병의원+장애인복지시설 주도형 → ㅎ 병원

모델3) 농장+병의원+복지시설 결합 → 마음돌봄농장 비타민N

모델4) 농가/농업기술센터+건강가정센터+전문가 → 세종시 ㅍ농장

모델5) 농가/농업기술센터+보건소+(연구/의료/연구소) → 순창군 ㅇ농장

(5) 협동조합 행복농장 사례

이상의 다섯 모델 가운데 대표적으로 협동조합 행복농장 사례를 소개하면 아래와 같은 특징이 있다.[8]

---

8 http://happyhada.com/social/

a) 대상층: 사회적으로 배제된 이들을 사회 안으로 끌어안는 사회적 농업을 실천한다. 장애인, 소수자, 이주민들에게 일자리를 제공하거나 불리한 여건에 있는 사람의 재활·교육·돌봄 등을 촉진하거나 아동, 노인 등 특정 집단에게 지원 서비스를 제공하려는 목적을 지닌 영농활동이 있다.

b) 사회통합: 유럽 농촌에서처럼 장애인, 미성년자, 이주민 등 불리한 여건에 있는 사람들을 영농활동에 참여시키면서 지역사회에 통합시킨다. 사회연대·사회부조·사회통합에 기반을 둔 지역사회 기반의 사회적농업이다.

c) 사회적농업 실천: 협동조합 행복농장은 사회적농업을 실천해 온 역량을 인정받아 2020년 농림축산식품부 지정 사회적농업 거점농장으로 선정되었다.

지역으로는 대전·충남지역의 사회적농업 실천을 지원·자문하고 상호학습과 교류를 촉진한다. 더불어 사회적농업의 발전과 확산을 위한 교육 및 연구·홍보 활동을 수행한다. 사회적농업 거점농장으로서 행복농장은 농업·농촌·보건·복지·교육 등 관련 분야의 협력을 도모하고 지역 네트워크의 구축을 지원한다.

(6) 보리활용 치유농업 사례

치유농업 사례가 많이 축적되는 가운데 국립식량과학원(2024)이 개발한 〈보리활용 노인 맞춤형 치유농업 프로그램 지도안〉에 소개된 치유효과를 간략히 소개한다.

프로그램은 경기도 소재 치유농장에서 노인주간보호센터 노인 25명을 대상으로 보리밭 산책 등의 활동을 통해 노인 우울과 스트레스가 어느 정도 감소되는 효과가 있는지를 검증한 경험적 사례이다. 프로그램은 주 1회씩 6회에 걸쳐 보리밭 산책, 보리 활용 빵과 막걸리 만들어 마시기 등 다양한 활동으로 이뤄진다.

a) 보리밭 소풍은 오감을 느끼는 야외활동으로, 보리가 바람에 흩날리는 소리를 듣고, 보리 향기를 맡아보며, 보리가 익는 모습을 보며, 보리를 만져도 보고, 보리로 샌드위치를 만들어 먹어도 본다.
b) 보리서리 소풍은 알곡이 잘 익은 보리를 뽑아 보고, 보리를 구워먹는 체험을 한다. 보리를 넣어 화덕에 피자를 만들어 먹는다. 그밖에 보리수확과 산책이 이어지며, 보리동화 감상도 한다.
c) 보리떡 소풍은 노인 참여자의 자아효능감을 높여주기 위해 농기구 사용, 보리 탈곡과 도정을 경험하고 보리떡을 직접 만들어 먹는 체험을 한다. 활동을 통해 성취감도 갖도록 하는 의도도 있다.
d) 보리빵 소풍은 보리 수확. 탈곡, 도정이 마무리 된 다음, 보리빵을 만들어 수확의 결실을 체험하는 만족감 이후에 보리 새싹을 심는 활동이 주로 이뤄진다.
e) 보리잔치는 마지막 활동으로 보리를 막걸리로 만들어 활동마무리 잔치를 한다. 지난 5주간의 활동을 돌아보며 활동을 회상하는 다정한 얘기를 나누며 친교의 시간을 가진다. 자아존중감을 높여주는 수료증 수여로 프로그램이 종료된다.

이상의 활동을 잘 마무리한 노인들은 6주가 지난 다음 활동에 대한 소감과 활동 하나하나가 자신에게 어떤 도움이 되었는지를 답하는 평가작업이 이어진다. 활동 참여 이전과 이후의 스트레스와 우울감이 두드러지게 감소한 결과를 보여준다.

4) 광주광역시 광산구 사회적처방

광주광역시 광산구가 지자체 가운데 최초로 사회적처방 실험에 들어갔다. 2024년 1월 개소한 사회적처방 건강관리소는 건강 데이터에 기반해 시민의 건강한 삶을 돕는 맞춤형 사회적처방을 제공한다.

(1) 건강관리소 사회적처방

건강관리소는 기초, 근골격, 보행, 인지 등 총 16종의 인공지능 건강실증 장비를 활용해 시민의 건강상태를 측정하고, 이에 맞는 사회적처방과 건강관리 서비스를 제공한다.[9] 건강관리소 사업은 예방적·일상적 건강돌봄 서비스로 시민의 자기건강력을 뒷받침하고 있다. 노쇠의 단계를 늦춰 급성기 환자의 비율을 낮추는 것을 정책 목표로 설정한다.

또 가사, 식사, 방문 건강, 안전 지원 등의 필수적인 통합돌봄 서비스에, 건강약자 병원동행 '휴블런스', 독거가구 저녁식사 제공 '마을밥카페' 특화사업을 더한 광산형 통합돌봄 사업을 추진하고 있다. 시민 삶의질을 높이

---

9 https://www.gwangsan.go.kr/boardView.do?pageId=www16&boardId=REPORT_NEW&seq=7286015&movePage=1

는 한편, 정서돌봄이 가미된 시민밀착형 서비스를 제공한다.

(2) 건강활동가 양성

광산구청의 사회적처방은 시민건강 상태 진단 결과에 따라 a) 스트레칭, 걷기 등 운동처방, b) 영양설계, 식사지원 등 식단처방, c) 고립·우울 해소를 위한 프로그램, 복지서비스 연계 등 관계처방으로 나눠진다. 간호사·사회복지사 등의 전문인력을 모집해, '건강활동가'로 양성해 건강관리소 이용 대상자를 발굴하고, 통합돌봄 사업과 연계하여 사회적처방 실천과 실행을 지원한다. 건강활동가는 주민과 함께 건강과 웰빙 사회적처방 활동을 지원하는 링크워커 역할을 한다. 현재 활동 중인 건강활동가는 노인일자리 사회서비스형에 연계된 100명을 비롯해, 광산구 '1313 이웃살핌' 이웃지기 등 돌봄활동가, 사회복지사, 물리치료사 등 250여 명이 교육에 참여한다.[10] 광산구는 '사회적처방 네트워크 협약'을 체결한 호남대학교와 대상에 따라 세 개 과정으로 교육을 운영한다.

(3) 산림치유 계획

또 광산구는 2024년 12월 국립장성숲체원과 '산림치유 연계 사회적처방 프로그램 발굴·운영'을 위한 업무협약을 체결했다. 협약은 광산구가 운영 중인 사회적처방 건강관리소와 국립장성숲체원의 산림치유 프로그램을

---

10 https://www.gwangsan.go.kr/boardView.do?boardId=REPORT_NEW&pageId=www16&searchSn=11822

연계해 예방적·사회적 건강돌봄 체계를 구축한다는 취지로 추진된다.[11] 광산구와 국립장성숲체원은 상호 협력해 사회적처방 대상자를 대상으로 건강 데이터에 기반한 산림치유 프로그램을 제공한다. 또한 산림치유 프로그램의 사회적처방 효과성 검증, 새로운 프로그램 발굴·운영에도 협력할 계획이다.

5) 한국 사회적처방 실험의 과제

이상의 네 개의 실험적 프로젝트는 한국에서의 사회적처방의 실행가능성을 타진하는 데 선도적 역할을 한다. 그럼에도 다음의 몇 가지 문제점들을 과제로 제기하므로, 향후 사회적처방 프로그램 개발과 시행에 참고되었으면 한다.

첫 번째 농촌노인 대상의 연구는 코로나 비상상태에서 진행된 특이성이 있고 16명의 제한된 참여자를 대상으로 선행연구들과 유사한 고독감이나 우울증 감소라는 일반적인 결론을 제시하며 시사점을 준다. 그럼에도 참여자가 극히 제한적이며 전문연구에 그치며 앞으로의 프로그램 이식 또는 확장의 실행가능성을 제시하지 않아 아쉬움이 적지 않다. 다른 비슷한 환경에서의 실행가능성이 있기 때문에 프로그램 디자인과 시행상의 문제를 지방정부와 지역사회기관들과 보건소 등의 의료기관과의 파트너십으로 추진해볼 만한 가치가 있을 것 같다.

두 번째 공주군의 치매안심 SIB는 초기 시행 발표에 학계에도 상당한

11 https://v.daum.net/v/20241212154108820

관심을 갖게 했지만 무슨 이유에서인지 사업시행이 몇 년 지연 또는 중단된 것으로 알려졌다. 그 이유를 이해관계자들에게 알려 향후 사업추진에 교훈을 주었으면 한다. 사업결과에 대해서도 여러 경험적 증거와 증거 확증의 방법도 공시하는 것이 바람직하다. 전국의 지자체들이 관심을 갖고 프로그램 개발과 시행에 참고가 되었으면 한다.

세 번째 치유농업의 경우 중앙에서 상당한 재정지원으로 전국적 확산에 많은 노력을 기울이고 있지만 지역사회에서 참고할 만한 혁신적인 대표 프로그램을 찾기 어렵다. 또 치유농업의 홍보 차원에서 소형 프로그램의 안내 차원에 머물러 있어, 이미 시행이 완료된 프로그램들 가운데 건강과 웰빙 개선의 결과를 강력한 '실험적 디자인'으로 시행해 검증해볼 필요가 있다. 검증결과가 좋은 프로그램들을 선별해 다른 지역사회로의 확대 또는 이식이 바람직할 것 같다. 또한 영국의 녹색 사회적처방 프로젝트처럼 보건의료 전달체계와 결합되어 의료전문성을 기초로 하는 링크워커와 치유농업사의 역량강화 등이 중장기발전의 방향으로 보여진다.

네 번째 광산구 보건센터의 사회적처방의 경우, 의료진이 포함된 한국 최초의 의미있는 프로그램을 진행할 준비를 하고 있다. 그럼에도 디자인 단계부터 확고한 목표 설정, 지역사회 자원과의 확고한 연계, 건강활동가의 엄밀한 교육훈련, 프로그램 모니터링과 평가, 결과와 임팩트 측정 등 기본적인 사회적처방 프로그램 필수요건에 대한 검토가 필요하다.

무엇보다도 지역사회 주민의 자발적으로 참여를 바탕으로 욕구파악을 통한 맞춤형 의뢰와 사회적 참여 활동과 서비스의 제공이 중요하다. 중앙에서 판이 짜인 활동과 서비스로 참여자를 모집해 수동적으로 참여하게 하는 전통적인 하향식 모델로는 사회적처방의 효과가 나타날 수 있을지 의문이다. 지방정부와 지역사회기관들 사이의 든든한 동등한 파트너십으로 주요 의사결정을 하고 참여자 임파워링을 바탕으로 하는 의미있는 결과와 임팩트가 생산되길 기대해본다. 프로그램에 상당한 비용을 들여 많은 주민들과 관계기관 인력들이 참여해 노력한 만큼의 값진 영양가 높은 결과를 생산하는 프로그램인지를 검증해야 할 것이다.

5. 공원처방: 미국 ParkRx와 캐나다 PaRx

자연환경에서 이뤄지는 사회적처방은 국가 차원에서 광범위하게 진행되고 있는 미국의 공원처방(ParkRx) 프로그램과 미국의 영향을 받아 최근 활성화되고 있는 캐나다의 공원처방(PaRx) 프로그램을 살펴볼 만하다. 미국의 ParkRx나 캐나다 PaRx 모두가 중앙정부 기관에서 재정지원을 해서 관리하는 '하향식' 모델이 아니라 지역의 공원관계자. 보건관계자, 지역사회단체 등이 재정과 운영에 관한 집단지성의 토의를 거쳐 지역 실정에 적합한 프로그램을 개발하고 시행하는 '상향식' 모델의 특징이 있다. 공원처방 프로그램들은 지역에서 하나둘씩 지역사정에 적합한 프로그램을 개발해 시행하며 매년 증가세를 보여준다.

1) 미국 ParkRx 프로그램

ParkRx에 의하면, 공원처방이란 "환자/고객에게 건강과 웰빙 개선의 목적으로 자연에서 시간을 보내도록 권고하는 건강이나 사회서비스 공급자를 포함하는 프로그램" 또는 개입이라 정의될 수 있다.[12] 공원처방 프로그램은 공원과 공공토지 관계자, 건강돌봄 공급자, 지역사회 파트너들 사이의 협력에 기초한 프로그램으로, 프로그램 디자인 대상이 되는 지역사회에 따라 다양하게 운영되고 있다. 따라서 공원처방을 하나의 보편적인 기준으로 정의하기란 쉽지 않은 제약이 따른다고 밝힌다.

(1) ParkRx의 발전

ParkRx 공원처방 운동은 2013년 10월에 시작되었다. 골든게이트인스티투트(IGG)와 국립공원레크리에이션협회가 국립공원서비스 지원을 받아 정신, 신체건강 개선에 자연처방을 하는 동향에 관한 실천가들의 토의를 시작했다. 실천가들은 공원관계자와 보건공급자, 지역사회단체들로 공원처방을 파이롯트 테스트에서 주류 운동으로 정착시키는 기대를 모았다. 점차 공원처방 실천가들의 커뮤니티 형성을 지지할 목적으로 '내셔날 공원처방 이니셔티브'(National ParkRx Initiative)를 개발해, 이후 전국적으로 공원처방 프로그램들이 점차 늘어나며 오늘에 이르게 되었다. 2010년 8개 파이롯트 프로그램으로 시작한 ParkRx은 5년 후 39개, 10년 후 100개 이상으로 성장하며 미국 전역에서 시행되는 보편적인 모델이 되고 있다.

---

12 ParkRx, https://www.parkrx.org/about

(2) ParkRx 프로그램 운영

2018년 71개 프로그램을 대상으로 한 서베이에서 프로그램에 소요되는 비용은 절반 가량이 공공기관 여러 곳이 복합적으로 지원한다. 나머지 절반은 비영리기관이나 민간재단 등의 지원이 차지한다. 민관의 공조적 프로그램으로 정착되어 있다. 전체 프로그램 비용의 비중은 a) 공공토지기관 43.4%, b) 비영리기관 후원 26%, c) 민관 공조 9%, d) 공공보건기관 7.2%, e) 고등교육기관 7.2%, f) 보건돌봄기관 6% 등이다(IGG 2018).

2020년 기준으로 ParkRx 프로그램은 전국에서 100개 이상이 운영되고 있다. 공원처방이 시행되는 프로그램 현장에서는 참여자의 프라이버시, 관리인력 부족 등의 문제로 전체 프로그램이나 참여자를 대상으로 한 서베이를 하기에 한계가 있다. 2020년 서베이는 56개의 응답 가운데 부적절한 것들을 제외한 37개 프로그램에 대한 서베이를 바탕으로 정리한 것이다(IGG 2020). 응답한 프로그램 가운데 a) 46%만이 처음 클리닉에서 ParkRx 처방을 의뢰받은 환자의 기록을 갖고 있고, b) 27%는 ParkRx 처방을 받은 환자가 처방대로 프로그램을 마무리한 기록을 갖고 있으며, c) 62%는 처방을 받고 공원에 가서 활동한 환자의 기록만을 갖고 있다.

(3) 활동유형별 참여율

ParkRx 프로그램 지도/안내자는 누구인가? ParkRx 프로그램의 특징은 지도/안내자 없이 솔로 활동하는 경우가 가장 많다(41%). 다음으로 공원전문가(32%), 보건전문가(30%) 지도로, 대부분 개인의 선택으로 의료진 등의 처방인이 의뢰한 활동 프로그램에 자유롭게 참여해 활동한다.

ParkRx 프로그램 57%는 일반 시민을 대상으로 디자인되어 공원처방을 시행하고, 43%는 아동이나 청소년 등의 특정 대상에 특화되어 운영된다. 프로그램이 지향하는 목표 또한 두 가지로 구분된다. 일반인의 일반적인 건강이나 웰빙을 위한 목표가 대부분(78%)이며, 불안이나 우울증 등의 특별한 치료나 치유의 목적을 지향하는 프로그램이 24% 가량 된다.

그림 4-3 공원처방(ParkRx) 활동 유형별 참여율

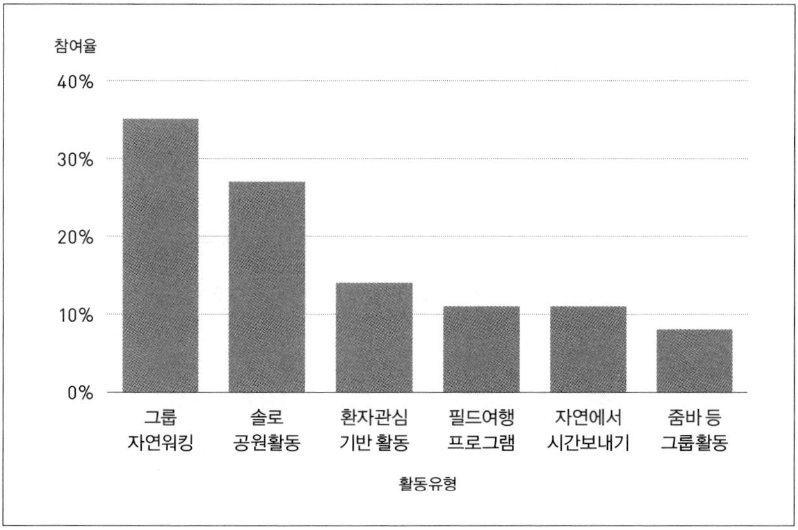

자료 ParkRx 2020 센서스(IGG, 2020).

(4) PaRx 프로그램 사례

미국에서 시행중인 PaRx 프로그램들 가운데 대표적인 것들을 소개하면 다음과 같다.

그림 4-4 미국 ParkRx 프로그램 현장

(A) SHINE(Stay Healthy in Nature Everyday) 프로그램

캘리포니아 오클랜드에서 시행중인 SHINE 프로그램은 훈련된 클리닉 자원봉사자들이 환자의 가족과 공원방문 계획을 짜서 공원 방문으로 시작한다.[13] 2014년 샌프란시스코대학이 오클랜드 아동병원과 협력해 SHINE 프로그램을 시작해 비만, 당뇨 또는 ADHD 만성질환 환자들의 신체와 정신건강을 개선하기 위한 야외활동 처방을 개시하였다. 훈련된 클리닉 자원봉사자들이 의사처방에 따라 환자가족과 공원방문 계획을 짜서 환자를 안내한다.

매달 첫째 토요일에 무료운송, 스낵이 제공되며 즐거운 야외활동의 날을 가진다. 150명의 아동환자와 가족이 이 행사에 참여해 자연에 대한 학습과 새 친구만나기, 웰빙 감각 개선의 활동을 한다. 공원관리당국은 클리

13 www.ebparks.org/activities/hphp/shine.htm

닉에 공원 비주얼과 포스터를 장식해 공원자원을 활용해 활동적인 야외활동을 하도록 지원한다.

(B) 보석동굴 국립기념물(Jewel Cave National Monument) 프로그램

사우스다코타 국립기념물 현장에서 시행되는 공원처방 프로그램은 활동적인 라이프스타일이 필요한 환자들을 대상으로 신체적 활동 기회를 제공한다.[14] 의료진이 판단하는 환자 개인별 욕구와 역량에 따라 다양한 트레일이나 자원봉사활동 기회를 제공한다. 프로그램 참여하는 시간만 내면 참여자가 별도로 부담하는 비용은 없다.

공원 자원봉사자로 참여하는 환자들은 트레일 순찰, 헤이저드 점검 활동을 하며 인솔자 지도로 동굴자원과 방문객 안전을 점검한다. 환자들은 동굴내의 관광투어 루트를 따라 산책하는 기회, 또 기념물의 1/4 마일 루프 트레일이나 3마일의 캐넌 트레일 하이킹 기회도 주어진다.

(C) 가족을 위한 Fit2Play®: Rx 4health 프로그램

마이애미의 데이드 카운티가 운영하는 프로그램이다.[15] 데이드 카운티 공원과 마이애미 의과대학과 마이애미 뱁티스트병원이 공조하는 공원처방 프로그램이다. Fit2Play® for Families: Parks Rx 4Health 프로그램은 마이애미 데이드 카운티 공원이 개발한 프로그램으로, 과체중, 비만 또는 신체활동 장애를 가진 청소년과 성인을 대상으로 대안치료를 한다. 또 건강에 나쁜 라이프스타일의 환자나 건강한 체중 유지 문제를 가진 환자

14 www.nps.gov/public_health/hp/hphp/partners_ptp.htm

15 www.miamidade.gov/parks/activities-after-school.asp

들의 예방수단의 처방이기도 하다.

과체중이나 비만의 6~14세 아동의 경우 부모와의 면담을 거쳐 방과후 프로그램에 등록해 활동한다. 아동 프로그램은 마이애미의과대학과의 파트너십으로 개발한 프로그램으로, 매일 방과후 45분간의 신체활동, 영양교실, 레크리에이션 게임, 숙제시간 등으로 구성된다. 또 비만이나 과체중의 성인 대상의 공원처방은 의사면담으로 임팩트가 낮은 레크리에이션 프로그램에 등록해 워킹, 휘트니스, 요가, 줌바, 타이치 활동을 한다.

이상의 다양한 프로그램 활동에서 측정된 자료들은 마이애미의대가 평가해 치료의 진전도를 환자에게 알려주고 향후 플랜 결정을 돕는다. 카운티 보건국은 아동 50명과 성인 50명을 대상으로 1년간의 무료 프로그램을 지원한다.

(D) 캠퍼스 공원처방

버지니아주 그레이터 윌리엄버그 공원지역으로 윌리엄 앤 메리 대학이 주관하는 프로그램이다.[16] 캠퍼스 공원처방은 인류자연지질학자의 공원연구실 프로젝트로 '동료공원앰버사더'(Peer Park Ambassadors: PPA)를 교육시켜 동료 학생들이 욕구나 관심이 있는 학생들을 대상으로 최상의 야외 활동을 지도한다. PPA들은 공원처방 의뢰카드를 제공해 접근이 편리한 녹색공간을 매주 방문할 것을 안내한다. 이런 활동으로 의료전문직의 공원처방을 받기 위한 면담의 필요성을 건너뛰는 편리함이 있다.

윌리엄버그 공원처방은 보건전문직이 공원 앰바사더로 환자들에게

---

16 www.campusparkrx.com

야외활동 시간을 처방하도록 필요한 교육과 도구를 제공한다. 환자 학생들이 환경적 연결의식을 갖고 정신적, 신체적 건강을 개선하는 야외활동을 지원한다.

(E) 트랙 트레일(TRACK Trails) 처방

노스캐롤라이나주 애시빌에서 시행중인 프로그램으로, 블루릿지 파크웨이 재단이 주관하며, 블루크로스 블루실드 노스캐롤라이나가 후원한다.[17] 공원의 아동 프로그램은 전국적인 트랙 트레일 네트워크를 제공해 아동과 가족들이 공원을 이용해 건강을 개선하도록 야외 레크리에이션에 참여시킨다. TRACK Trail은 자기가이드, 브로셔 주도의 어드벤처 시리즈를 제공하는데, 아동들이 동일한 트레일을 여러 차례 찾아가 다양한 활동을 경험한다. 가족들도 개인 취향에 맞는 활동을 한다.

미국 7개 주에 130개 TRACK Trail이 진행중이며, 나아가 25개 국립공원, 50개 주립공원, 40개 시/카운티 공원도 이용할 수 있다. 다양한 트레일 활동으로는 하이킹, 바이킹, 지오캐싱, 패들링, 디스크 골프 등이 있다. 이 프로그램은 미국소아과아카데미가 후원해 소아과 의사들이 아동의 공원처방 의뢰를 한다.

연간 약 2,500명의 아동들이 5,500개의 웹기반의 TRACK Trail 어드벤처에 참여한다. 또 18만 명의 아동들이 16만 마일의 하이킹을 해서 8만 시간 야외 활동으로 2,500만 칼로리를 태운 것으로 추산된다. 참여 아동의 15%는 첫 하이킹 경험자, 55%는 공원처방에 첫 방문자이다. 참여자의

17 www.kidsinparks.com/track-rx

재참여율은 53%로 비교적 높은 편이며, 재참여자 83%는 복수의 여러 지역에서 참여한 경험이 있다.

2) 캐나다 PaRx 프로그램

캐나다 전국의 공원 대부분이 사회적처방의 활동장소가 되며, 참여자는 자신의 거주지 근처나 전국 어디서나 PaRx 등록 처방인의 의뢰를 받아 참여할 수 있다.

(1) PaRx 처방인과 참여자

PaRx 프로그램에 참여하는 보건돌봄 전문직은 13,000명이 넘으며, 그 중 전국 의사들 7%가 포함되어 있다.[18] 또 간호사, 직업치료사, 심리치료사도 처방인으로 등록할 수 있다. 처방인은 Parks Canada Discovery Pass를 한 달에 1회 한도로 처방할 수 있는데, 이 패스를 받은 환자는 80개가 넘는 국립공원, 국립역사박물관, 국립해양보존지역에 1년간 무제한 접근해 활동할 수 있다. 이 패스는 평생 사용할 수 있는 캐나다인에겐 특혜이다. 일반시민 누구나 대상이 되지만 17세 이하의 청소년과 아동, 공원 인근의 거주자 그리고 경제적으로 공원접근이 어려운 취약층에게 우선적으로 패스가 주어진다.

---

18 PaRx, https://www.parkprescriptions.ca/en/prescribers

의사들이 면담을 통해 월1회 하나의 패스를 환자에게 제공하도록 규제하고 있다. 온타리오와 오타와에 소재한 캐나다자연박물관의 경우 하루 가족 5명까지 동반해 무료 입장을 할 수 있다. 그밖에도 다른 국립이나 시립 공공박물관이나 미술관 등의 시설 무료입장이나 할인은 전국적으로 일률적인 것은 아니지만 대부분 지역 사정에 맞게 주민들에게 혜택을 제공한다.

(2) 자연처방의 치유효과

PaRx는 '20분 규칙'을 제안한다. 일주일에 2시간 자연에서 보내면 건강과 웰빙이 좋아지며 20~30분이면 가장 효과적으로 스트레스 호르몬(코르티솔) 수치를 떨어뜨린다고 설명한다. 자연처방이 성인들과 아동에게 주는 건강혜택을 다음과 같이 소개한다.[19]

a) 숲에서 15분만 앉아 있어도 스트레스 호르몬 수치가 의미있게 떨어지고,
b) 자연에서 보내는 시간이 늘면 심장병, 고혈압과 당뇨 리스크를 줄이며, 기억력, 창의력과 작업 만족도를 높인다.
c) 자연치료는 암환자의 심리적 웰빙을 개선시키며 종양을 죽이는 세포를 활성화시킨다.
d) 녹색공간에 걸어서 갈 정도로 근접해 사는 시니어들은 장수한다.

---

19 PaRx, https://www.parkprescriptions.ca/en/whynature#For-Adults

e) 녹색공간에서 자란 어린이가 성인이 되기까지 정신질환을 가질 리스크가 적다는 것이 90만 명 이상의 조사에서 밝혀져 있다.[20]

그밖에도 공원처방의 치유효과에 대해 아래의 질환별로 공원처방의 효과를 상세히 첨부파일로 정리해 보여준다.

표 4-12 공원처방의 질환별 건강혜택

성인 건강 혜택	소아 건강 혜택
- 암 돌봄 - 심장질환 - 노령 건강 - 일반 성인건강 - 입원 돌봄 - 정신건강 - 호흡기 건강과 면역 - 직장 성취	- ADHD - 알레르기 & 천식 - 일반 소아 건강 - 건강체중과 활동 - 정신건강 - 임신과 유아기 - 학업성취

자료 PaRx, https://www.parkprescriptions.ca/en/prescribers

(3) PaRx 처방 절차

전국 공원이 대부분이 사회적처방의 활동장소가 되며, 참여자는 자신의 거주지 근처에서 PaRx 등록 처방인의 의뢰를 받아 참여한다. 다음 일곱 단계를 거쳐 패스를 받으면 평생 회원으로 참여하는 특혜를 누린다.

---

20 PaRx, https://www.parkprescriptions.ca/en/about#Partners-and-Endorsers

표 4-13 공원처방 처방인의 처방 절차

1. PaRx 처방 등록(온라인)

'Start' 클릭해 서류를 작성해, 처방인 코드를 가진 맞춤형 자연처방 파일을 받는다.

⬇

2. 환자에게 자연시간(nature time)을 처방

자연처방 파일에서 완성된 PaRx 처방을 환자에게 프린트해 주거나 메일을 한다.

⬇

3. 환자의 PaRx 처방 로그인

처방인 코드와 등록 당시의 이메일 주소로 온라인 서류를 작성한다.
"나는 Parks Canada Discovery Pass를 처방하고 있습니다" 박스를 체크.
월 1회 무료 패스를 처방할 수 있다.

⬇

4. 환자에게 Log PaRx 하도록 알린다.

환자는 처방인이 건넨 처방지에 있는 공급자 코드와
자신의 이메일 주소를 입력해 서류를 작성한다.

⬇

5. PaRx 팀이 등록을 검증한다

처방인과 환자의 등록을 모두 받은 다음에 로그된 코드들이 매칭되는지를 검증한다.

⬇

6. PaRx 팀이 환자의 이메일 주소로 환자에게 안내한다.

환자는 환자의 주소를 묻는 이메일을 받는다.

⬇

7. 환자에게 Parks Canada Discovery Pass를 발송한다

환자는 일년간 등록된 80개 캐나다 공원에 무료 입장한다.

자료 PaRx, https://www.parkprescriptions.ca/en/how-it-works

(4) 자연의 소리 치료 ; 리틀 심포니(Little Symphony)

캐나다 음악인과 프로듀서들이 멤버를 이룬 리틀 심포니(Little Symphony)는 최근 수년간 자연의 소리가 만드는 힐링파워 얘기를 보건전문가들과 환자들로부터 들어 왔다고 한다. 이런 격려 때문에 그들은 옐로우스톤과 마추픽추 등 5개 대륙 15개국을 찾아 그곳만의 자연의 소리를 녹음해 그곳의 향수나 추억을 가진 사람들, 그곳에 가지 못해 상상력만으로도 듣고 싶어하는 사람들에게 치유의 힘을 보여준다.[21]

의사가 신경과민 환자에게 "당신의 자연속의 어디엔가 지금 가 있을 수 있다면 어디로 가서 무엇을 들을 것 같나요?"라고 묻자, 환자는 "열대 비치에 가서 파도 소리를 들을 거"라 답하자, 의사는 코스타리카의 비치에서 녹음한 리틀 심포니의 파도 소리 앨범을 듣게 해줘 즉각적인 심리적 안정을 찾게 해주었다. 이 얘기는 중환자 약사이자 리틀 심포니의 미디어 코디네이터로 활동하는 켄드라 후클락이 들려준 얘기다. 그는 이런 자연의 소리가 개인의 신경을 안정시키는 이상으로 리플 효과가 있어, 이 소리가 일어나는 대지 또한 소중하게 생각하는 영감을 갖게 해준다고 설명한다.

아프리카에서 캐나다로 이주해온 부부도 자연의 소리 힐링효과를 얘기해준다. 그들이 떠나기 전에 창밖에 떨어지는 빗소리를 남편이 녹음해두고 아내가 향수병에 빠지면 그 소리를 들려줘 마치 수천 킬로 떨어진 곳에서도 집에 와 있는 듯이 마음이 편안해지며 행복감을 느꼈다는 얘기다. 리틀 심포니는 자연의 소리가 건강을 개선한다는 것은 과학적 검증이 있다고 말한다.

---

21 PaRx 뉴스레터 2024.10.30. https://www.parkprescriptions.ca/en/news-and-blog#Media-Stories

그림 4-5 캐나다 PaRx 프로그램 사이트

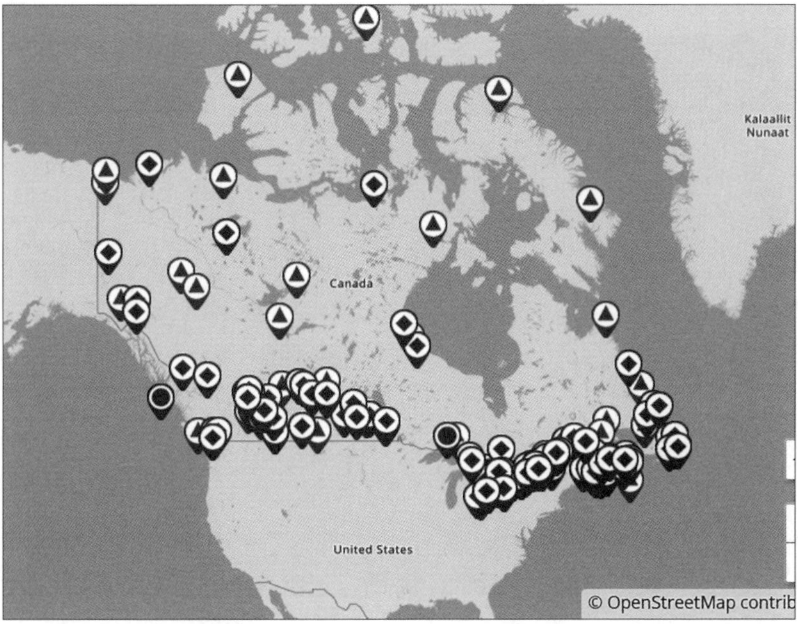

제5장

사회적처방 혁신 모델

앞의 제4장에 소개된 사회적처방 프로그램들은 사회적처방의 효과가 엄밀하게 검증되지 않은 프로그램들이다. 연구진의 결과평가가 확고한 지지를 받는 '실험적 디자인'에 기초하지 않아 결과의 일반화에는 한계가 있다. 시행후 제시된 결과들이 의미있는 건강과 웰빙의 확증인지 또 비용효과적인지가 분명하지 않다.

여기 제5장에 소개되는 프로그램들은 전국을 대표하는 주로 지역사회 중심의 또는 지역사회 주도의 사회적처방 프로그램들로 '혁신적'인 평가를 받는다. 또 개인의 건강과 웰빙 개선이라는 임팩트뿐 아니라 지역사회 웰빙에 대한 임팩트와 보건시스템 전반에 대한 의미있는 긍정적 임팩트를 생산하기 때문에 혁신적인 것으로 평가받는다. 또 비용효과적이라는 좋은 평가도 받는다. NHS 등 중앙정부기관들이 공조해 추진하는 '녹색 사회적처방'이 전국 7개 지역에서 시범 프로젝트를 거쳐 최근 결과평가를 마쳐 성공적인 것으로 확증되었다. 또 이어서 제시되는 사회적기업이나 지역사회이해회사 모델, 사회임팩트채권(SIB) 모델, 건강관련 삶의질과 사회투자수익(SROI) 모델도 세계적으로 주목받는 혁신 모델들이다.

1. 영국의 '녹색 사회적처방' 실험

1) 녹색 사회적처방이란?

녹색 사회적처방(green social prescribing: GSP)이란 "자연기반의 개입과 활동에 사람들을 참여시켜 정신건강을 개선하도록 지원하는 실천"이라 정의한다(University of Sheffield 2024: 2). GSP는 자연기반의 프로그램이나 활동에 사람들을 참여시켜 정신적, 신체적 건강을 개선하도록 지원하는 실천이다. 사회적처방 링크워커 또는 자격을 갖춘 다른 전문직이 참여자를 '무엇이 당신에게 중요한가' 면담을 통해 지역사회 그룹과 기관에 연계시켜 실천적, 정서적 도움을 준다.

GSP는 녹색과 청색의 자연활동으로 잘 알려져 있다. 지역의 워킹 활동, 지역사회 가드닝, 자연보호 자원봉사, 녹색체육관, 개방 수영장, 야외에서의 문화예술 활동 등 다양하다. 영국 정부가 소개하는 GSP 활동들은 일반인을 대상으로 할 수 있지만 주로 치유나 치료가 필요한 환자들이 사회적처방을 받아 참여한다.[1] 병원이나 가정의 의뢰를 받아 다시 링크워커들

---

1 NHS https://www.england.nhs.uk/personalisedcare/social-prescribing/green-social-prescribing/

이 환자의 욕구나 선호에 적합한 개인 맞춤형 활동에 의뢰하는 과정을 거쳐, 환자의 선택으로 활동장소 등 활동계획을 세워 일정기간 활동한다. 자연기반의 GSP가 정신적, 육체적 건강 개선과 고독을 줄일 수 있다는 강력한 증거들이 다수 있고 또 많이 축적되고 있다. 이런 증거들은 국립사회적처방아카데미(NASP)가 학계 연구소들과 협업해 정리한 브리핑과 녹화 가이드에 잘 소개되어 있다.[2] 자연기반 사회적처방 시범 프로젝트들의 성공을 확증한다.

GSP는 범정부 차원의 시범사업으로 추진된 전국적 프로젝트이다. 2021년 여러 정부기관들이 2년간의 GSP 프로젝트에 577만 파운드를 투자한 혁신적 모델이다. NHS의 장기계획에 제시된 '사회적처방과 개인화 돌봄'을 확장하기 위한 시범사업으로 NHS가 전체 프로젝트를 관장하며 중앙정부기관들이 협업한다.

또 GSP 프로젝트는 중앙정부가 지난 25년간의 환경계획을 영국인 모두에게 녹색과 청색의 자연공간에서 일상생활을 보내는 혜택이 돌아가도록 실천에 옮긴 것이다. 프로젝트는 GSP가 정신건강 경로에 잘 대응하도록 하는 방안을 테스트해서 통합돌봄 시스템 전과정에서 정신건강을 개선하고 건강불평등 문제를 해결하는데 목표를 둔다. GSP 프로젝트는 건강과 돌봄 시스템, 공급기관들과 지역사회를 도와 다음과 같은 목표를 달성하는 GSP 개발을 지원하는 가치높은 학습을 제공한다.

---

2 NASP https://socialprescribingacademy.org.uk/evidence-on-social-prescribing/

a) 정신건강 결과를 개선

b) 건강 불평등을 해소

c) 건강과 사회적돌봄에 대한 수요 감소

d) GSP가 회복적이며 접근가능 하도록 하는 최고의 실천을 개발

e) GSP를 통합돌봄 시스템에 확장해 스케일링 하는 방안을 제시

GSP 프로그램에는 일곱 지역의 '테스트와 학습' 통합돌봄시스템(ICS)를 지원해 정신건강 악화를 해소하고 예방하면서 재정자원, 국가프로그램 지원, 프로그램 전과정의 지역사회 실천이 포함된다. 또 정신건강 욕구를 포함한 COVID-19 임팩트와 건강불평등을 경험한 ICS들의 관심도 공유되며, 보건사회돌봄부가 시행한 두 개의 연구결과도 공유되었다. 환자, 잠정적 이용자와 의료진 인식조사, 그리고 내추럴 잉글랜드(Natural England)가 시행한 녹색섹터의 역량 파악, 테스트와 학습 지역을 넘어선 광범위한 전달의 역량이 그것이다.

또 환경식품농업부의 전국평가 프로젝트는 GSP를 확장해 스케일링해서 정책과 실천에 주요 정보가 되는 방안을 평가해 2023/24년에 결과보고서가 발간되었다. 재무부는 '공유된 결과기금'에서 평가프로그램을 지원했고 추가지원금이 NHS, NASP에서 제공되어 평가결과의 중요성을 주목하게 했다. GSP 프로젝트를 지원하는 다른 중앙정부기관들은 보건사회돌봄부. 레벨링업(Levelling Up)/주거 지역사회부, NASP 등이며, 내추럴 잉글랜드, 스포츠 잉글랜드(Sport England) 등도 협력한다.

2) 녹색 사회적처방 프로젝트

아래에서는 3개 대학 공동의 평가팀이 제시한 〈전국 녹색사회적처방 프로젝트 평가〉 보고서를 바탕으로 영국 전역에서 시행된 시범 프로젝트의 주요 활동과 성과(결과와 임팩트)에 대해 정리해본다(University of Sheffield 2024).

(1) 참여자와 주요활동

녹색 사회적처방(GSP)이 영국 전역에서 '테스트와 학습'을 위한 프로젝트로 7개 지역에서 실시되었다., 주요 활동별 참여자 현황을 살펴보면, 원예활동이 전체의 30.5%로 가장 많다. 다음으로 야생탐방 등의 자연 연결(29.1%)과 자연환경에서의 엑서사이즈(22%), 자연기반의 예술과 공예 프로그램(18.6%)에 참여자들이 많았다.

GSP 프로젝트 2년 기간에 전체 8,339명이 참여했고, 프로그램 활동을 완료해서 활동기록은 참여자별로 활동유형을 구분한 자료이다. 7개 활동지역 중에 적게는 119명, 많게는 2,240명이 프로그램에 참여했다.

표 5-1 녹색 사회적처방 활동유형 참여자수

활동 유형	참여자(명)	비중(%)
원예 활동	606	30.5
자연 연결(부시크래프트 bushcraft 등)	557	29.1
엑서사이즈 기반	437	22.0

활동 유형	참여자(명)	비중(%)
자연기반 예술과 공작	370	18.6
대안 치료	233	11.7
야생 체험	99	5.0
기타	79	4.0
스포츠	78	3.9
자연보호	63	3.2
사진 / 워킹	39	2.0
돌봄농사	15	0.8
이야기 치료	4	0.2
합계	1985	100%

자료 University of Sheffield (2024: 61). 참여자는 하나 이상의 여러 활동을 했음.

(2) 서비스 공급기관

자연기반의 사회적처방 공급기관들은 서베이 결과 사회적처방에 대한 이해가 비교적 높은 55%로 나타난다(앞글: 160). 이는 링크워커들이 GSP에 대한 충분한 정보를 갖추고 있다는 응답보다 두 배 가까이 높다. 또 공급기관들 33% 가량이 자연기반의 활동은 링크워커들로부터의 의뢰가 증가해온 것을 경험했으며, 또 링크워커들 43%도 GSP에 대한 의뢰를 줄었다고 답했다.

또 공급기관들은 지역의 정신건강 서비스에 대해 지식을 갖추게 되었으며 25% 가량은 현장 경로를 통해 의뢰건수가 늘었다고 답했다. 또 공급기관 2/3 가량은 GSP 파이롯트 기간에 자신들이 도움을 준 사람들의 수가 늘었고, 10% 만이 줄었다고 답했다.

3) GSP 프로젝트 결과: 참여자 웰빙

(1) 참여자 활동 만족도

자연기반의 활동에 대한 참여자들은 GSP 프로그램이 긍정적 임팩트를 생산해, 정신건강 개선을 경험한 것으로 평가한다(앞글: 163). 그런데 어떤 활동이 개선에 좋은 효과가 있었는지는 구분하기 어렵다. 다만 참여 이전/이후 비교에서 생활만족도가 4.7 → 6.8로 크게 늘었고, 가치있는 삶은 5.1 → 6.8, 행복감 5.3 → 7.5로 크게 개선되었다. 불안감은 4.8 → 3.4로 좋아진 결과를 보여준다. 프로그램 활동 이전의 웰빙수준이 '보통'(4~5) 수준에서 '양호'(6~8) 수준으로 높아진 것을 알 수 있다.

일곱 지역 중 한 곳에서는 '불안과 우울증'을 추가해 측정해본 결과, a) 우울증은 '높음'(8.1)에서 '보통'(5.6)으로 개선되고, b) 불안 또한 '매우 높음'(11.1)에서 '높음'(8.5)으로 개선된 것으로 나타난다.

(2) 웰빙 결과(Wellbeing outcomes)

참여자들의 GSP 활동 이전과 이후의 웰빙을 측정한 결과는 참여자들이 GSP 활동에 만족하며, 행복감을 찾고 우울증이나 불안을 떨치는 좋은 경험을 했다고 스스로 평가한다.

a) '행복감'은 참여자들의 GSP 활동 이전 5.3점으로 전국 평균(7.4)보다 훨씬 낮았지만 활동 이후 평균을 넘어 7.5 결과를 보였다(앞글: 173). 참여자 전체 72%가 행복감 지수를 높였다. 특히 낮은 수준의 행복감을 보인 참여자가 활동 이전에는 38.5%에서 활동 이후 8.9%로 크게 줄은 결과를 보여 GSP가 의도한 결과를 생산한 것으로 평가받는다.

b) '생활만족도' 또한 GSP 활동 이전 4.7점에서 이후 6.8점으로 개선되며 유의미한 결과를 보여준다. 참여자 중 70.4%가 생활만족도 개선을 경험했고, 만족도 수준이 낮은 참여자의 경우 활동 이전 47.9%에서 활동 이후 13.5%로 크게 줄어든 결과를 보여 역시 GSP의 효과를 검증했다(앞글: 174).

c) '가치있는 삶'에 대해서도 유의미한 개선이 나타난다. GSP 참여 이전의 낮은 점수(5.1)에서 보통 수준(6.8)으로 개선되었다. 참여자 중 65.7%가 가치있는 삶 지수가 높아졌고. 가치있는 삶 지수가 낮은 참여자 비중이 GSP 활동 이전 46.5%에서 활동 이후에는 14.3%로 크게 줄었다.

d) 불안 점수도 보통 수준(4.8)에서 낮은 수준(3.4)으로 내려간 결과를 보여준다(앞글: 175). 참여자 중 57.7%가 불안증세를 줄인 것으로 나타나는데, 불안증세를 가진 참여자가 활동 이전 47%에서 활동 이후에 21%로 크게 줄어 GSP의 효과를 증명해준다.

e) 우울증과 불안을 추가한 한 지역의 사례에서는 우울증세가 '보통'(8.1)에서 '낮음'(5.6)으로 낮아진 결과를 보여준다. 8점 이하면 우울증이나 불안이 없는 것으로 간주되어 GSP 참여로 혜택을 본 것으로 나타난다(앞글: 176).

4) GSP 평가결과: 시스템 임팩트

GSP 프로젝트는 개인의 웰빙 차원을 넘어 공급기관과 지역사회, 나아가 NHS 등의 보건시스템에 대해 어떤 경제적 임팩트를 얼마나 생산했는가? 비용효과적인 프로젝트인가? 제3장에서 제시한 '변화이론'을 적용해 GSP 프로젝트의 전과정을 투입 → 활동 → 산출 → 결과 → 임팩트로 구분해 주요 결과를 정리해볼 수 있다.

(1) 투입(Project level Inputs)

GSP 프로젝트는 2년(2021~23년) 기간에 전국에 577만 파운드가 투입되었다(앞글: 185).

a) £4,270,000 (재무부의 Shared Outcomes Fund)
b) £500,000 (NHS England)
c) £500,000 (국립사회적처방아카데미(NASP))
d) £500,000 (Sport England)

투자금 중 7개 테스트와 학습 사이트에 350만 파운드(한 곳 당 50만 파운드) 투입되어 프로젝트 시행에 소요되었다. NHS가 다른 서비스기관들의 협력으로 '통합돌봄시스템' 산하의 프로젝트로 시행을 이끌었다. 모든 매칭펀드와 현물자원을 더하면 중앙정부가 투자한 금액보다 추가비용은 전국적으로 (£1)당 52 펜스(£0.52)로 다소 높은 편이다.

(2) 프로젝트 산출(Project level outputs)

프로젝트의 전체 목적은 GSP를 개발해 성장시켜 정신건강 문제를 예방하고 해소하는데 있기 때문에 산출 측정치는 테스트와 학습 사이트에서 진행된 자연기반의 활동에 참여하는 사람들의 수가 된다.

〈표 5-2〉에서는 각 사이트별로 활동에 참여한 사람의 수와 일인당 비용을 추산해 보여준다. GSP 프로젝트에 전체 8,339명이 참여해 일인당 평균 £419 비용이 소요되었다. 각 사이트마다 참여자가 크게 차이가 나는데, 적게는 493명에서 많게는 2,240명에 이른다. 비용도 적게는 £223부터 £4,201에 이른다.

이상과 같이 GSP 프로젝트의 시행과정을 변화이론에 적용해보면, 〈그림 5-1〉과 같이 투입 → 활동 → 산출 → 결과 → 임팩트로 정리될 수 있다.

그림 5-1 녹색 사회적처방(GSP) 프로젝트의 변화이론

input 투입	activity 활동	output 산출	outcome 결과	impact 임팩트
대상층과 투자금	**링크워커와 지역사회**	**서비스 제공과 참여자 활동**	**참여자 혜택 의료계 혜택**	**건강과 웰빙 의료계 임팩트**
- 7개 시범지역 - 중앙정부/NHS £577만 투자 - 민간기금/현물	- 공급기관 선정 - 공급기관 계획 - 참여자 모집 - 링크워커 사정	- 8339명 참여 - 서비스 제공 - 지역사회활동 - GSP 자연활동	- 고독/우울해소 - 행복감/만족도 - 의료이용 감소 - 의료비 절감	- 건강웰빙 개선 - 지역사회 개발 - 보건시스템 - 중앙정부 SROI £2.42

(3) 결과: 참여자 웰빙 개선

각 활동의 개선 결과에 따른 높은 비용이 추산되는데, 이는 웰빙개선 효과가 있었다는 참여자들의 수와 각 프로젝트의 전체 비용을 나눈 추정치이다. 한편 11개의 GSP 공급기관별로 살펴보면, 웰빙개선의 결과를 생산하는데 드는 평균비용은 £1,114.65이다. 공급기관별 차이가 크다는 점을 감안해야 한다.

표 5-2 GSP 활동별 전체 비용과 웰빙개선 개인별 개선결과 비용

활동	웰빙개선 참여자 수	전체 GSP 활동비용	개선결과 당 비용 cost per outcome
지역사회 가드닝	15	£17,690	£1,179
야외 수영	40	£71,095	£1,777
자연 산책	20	£4,501	£225
성인 숲학교	14	£5,874	£419
지역사회 정원	18	£10,151	£563
에코치료	24	£9,874	£411
자연속 활동	33	£53,250	£1,613
지역사회 식품기르기	32	£81,364	£2,542
자연속 창작활동	33	£30,000	£909
지역사회 가드닝	104	£34,755	£334
지역사회 농장	4	£57,084	£14,271
합계(평균)	337	£375,638	£1,114 (평균)

자료 University of Sheffield (2024: 201).

나아가 프로젝트의 부가가치를 추산하면, 먼저 매칭기금과 현물투자금이 있다. 전국적인 파트너기관들이 150만 파운드, 테스트와 학습 사이트에서 287만 파운드가 추가 지원되었다(앞글: 202). 프로젝트 전체 투자비의 일 파운드 투자에 추가로 0.5 파운드가 투자된 셈이 되고, 사이트 현장에서는 0.82 파운드가 투자된 것으로 추산된다.

(4) 임팩트: 정부와 보건시스템에 대한 가치

GSP 프로젝트를 통해 NHS 등의 보건기관을 포함한 보건시스템 전체가 얻게 되는 혜택을 금전적 가치로 추산해보면, a) 기존의 서비스 제공 비용을 절약한 부문과 b) 정신건강 서비스 수요가 줄어들며 비용절감이 생긴 부분이 있다. 지역별 추산을 바탕으로 전국적인 NHS의 비용절감 규모를 추산해볼 수 있을 것이다.

GSP 프로젝트가 개인들에게 제공한 가치는 '웰빙조정 생명연수'(Wellbeing- adjusted Life Year: WELLBY)로 추산하면 다음과 같다. 개인이 일 년 동안 경험한 웰빙의 총량을 측정하는 접근법으로, WELLBY 일 점의 양은 0~10 스케일의 생활만족도에서 일 점의 변화량을 의미한다. WELLBY는 소득이 늘어난 만큼 웰빙도 늘어난다는 식으로 개인소득에 웰빙을 등치해서, 웰빙 일 점을 증가시키는 데 드는 소득의 증가를 측정한다.

표 5-3 GSP 프로젝트로 창출된 WELLBY의 가치와 SROI

	최소	중앙	최대
WELLBY의 가치	£7,578,900	£13,967,424	£23,257,643
SROI(중앙정부)	£1.31	£2.42	£4.03
SROI(전체 투입자원)	£1.02	£1.88	£3.13

자료 University of Sheffield (2024: 205).

GSP 프로젝트 전체에서 창출된 WELLBY의 가치는 적게는 £760만, 많게는 £2,330만이며, 평균값은 £1,400만으로 추산된다. GSP 프로젝트의 중앙정부 사회투자수익(SROI)는 £1.31 - £4.03로 추산되는데, 중앙정부가 일 파운드(£1) 투자할 때마다 적게는 1.3배, 많게는 4배에 달해 중앙값 2.4배로 추산된다. 중앙정부 이외에 매칭기금과 현물 등 전체 비용을 추산해보면 GSP 프로젝트 전체의 SROI는 £1.02 - £3.13이며, 중앙값은 £1.88로 추산된다.

2. Ways to Wellbeing 사회적기업 모델

1) Ways to Wellbeing 프로그램

웰빙기업(Wellbeing Enterprises: WE)은 영국을 대표하는 사회적기업으로 2006년 최초의 '웰빙' 전문의 지역사회이해회사(CIC: Community Interest Company)로 출발했다.[3] '더 건강한, 더 행복한, 더 오랜 삶'(healthier, happier, longer lives)의 결과와 임팩트를 추구하며, 지난 15년 기간 혁신적인 지역사회 중심의 접근법으로 영국 사회적기업 우수상을 여러 차례 수상했다(WE 2019: 2).

표 5-4 영국의 웰빙 프로젝트

웰빙 프로젝트(Wellbeing Project)는 사회적기업 모델에서 시작된 사회적처방 전국 프로그램으로, 지금의 건강웰빙기금의 웰빙 프로젝트는 '사회적처방' 사업을 시행하는 사회적기업에 대한 초기의 웰빙기업(Wellbeing Enterprises)에서 발전했다. 사회적처방 공모사업에 혁신적인 프로그램을 제안한 사회적기업들이 사업을 시행하였다. 정신적 웰빙 수준이 낮은 사람들의 자신감을 심어주고 친구 관계를 형성하고 새로운 기술을 습득하도록 지원하는 프로그램이다.

영국의 지역사회이해회사(Community Interest Company: CIC)는 2005년 세인트 헬렌스 기초돌봄재단(St Helens Primary Care Trust)의 지원으로 개시되었다. 이 사회가 2006년에 CIC 모델을 도입해 사회적처방 프로그램을 개시한 것이다. £50만의 지방보건사업으로 투입되며, 2010년 900명에게 정신건강 개선 사업을 시행하였

3 Wellbeing Enterprises, https://www.wellbeingenterprises.org.uk/

다. 웰빙 프로젝트는 지난 6년간 CIC로서, 영국의 대표적인 도매기관 UnLtd, The Community Foundation and Big Lottery Fund 등으로부터 지속적인 재정지원을 받아 성장해왔다. 2018년 사회적처방 프로젝트 지원금은 건강웰빙기금(Health and Wellbeing Fund)을 통해 23개 프로젝트에 £4억 5천만에 달한다.

CIC 비즈니스 모델을 선택한 것은 불필요한 행정절차를 제거하며 융통성과 이용자 친화적인 프로젝트 시행을 위한 것이다. 또 자원봉사 등 개인과 민간의 기부를 다양하게 활용할 수 있는 장점도 있다. 자산동결(asset lock)이 주요 특징으로, 지금의 CIC가 폐업을 해도 기금이나 자산이 동결된 채 남아 있어 이를 다른 CIC가 사업으로 가져갈 수 있는 장점이 있다.

자료 UK DHSC(2018).

(1) 프로그램 개요

프로젝트 지역인 리버풀은 인구 59%가 보건 사각지대에 생활하며, 30%는 하나 이상의 장기요양 질환을 갖고 있다. 영국 평균보다 성인 건강상태가 열악해서 10명 중 4명은 조기사망으로 나타난다. 매년 1천 명 이상의 조기사망자 상당수가 예방가능하고 공중보건 개입으로 사망이 줄어들 수 있다. 리버풀 지역인구의 보건상태는 우울증, 고혈압, 비만, 천식 등이 전국 평균보다 높아 취약하다.

Ways to Wellbeing 프로그램은 환자들이 당면한 사회적 문제의 해결에 유용한 비의료적인 사회적처방을 제공해 치유하기 위해 개설되었다. 환자들이 자신의 건강을 스스로 돌보도록 하는데 궁극적인 목표를 두고, 의료진이 환자들이 생활하는 여건에 초점을 맞춰 환자를 보도록 지원해, 환자의 건강과 웰빙에 어떤 결과와 임팩트가 발생하는지를 파악하도록 지원한다.

증거기반의 사회적처방 프로그램에는 다음 활동들이 포함되어 있다(앞글: 3).

a) 스트레스 관리
b) 생활기술 학습과정
c) 정서적 인지
d) 표현적 예술
e) 노래부르기와 코메디
f) 주의 깊은 행동
g) 이해집단
h) 자원봉사활동
i) 수면과 긴장 풀기
j) 자신감 갖기 등

2) 웰빙 사회적처방 참여과정

Ways to Wellbeing 프로그램 참여자 3,892명이 의뢰를 접수받아 이들의 건강과 웰빙 욕구를 파악한 다음 적합한 활동이나 서비스를 연계시킨다. 사회적처방의 참여과정은 〈그림〉에서 살펴볼 수 있듯이, 3단계 추가 서비스 제공으로 다시 400여 개의 사회적처방 활동에서 선택해 지속적 활동을 하며 지원을 받는다.

그림 5-2 사회적처방 참여과정

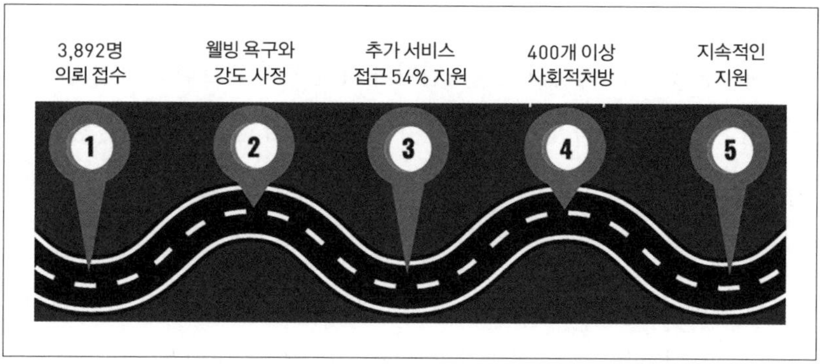

자료 Wellbeing Enterprises (2019: 4).

(1) 1단계 의뢰 접수

다양한 기관이 대상층을 의뢰했는데, 전체 3,892명이 프로그램 참여자가 되었다. 보건의, 간호사, 의료전문가, 자기의뢰자, 시민사회단체, 구직센터, 정신보건기관 등이다. 대상층의 인구학적 특성은 여성 75%, 50대 이상 66%, 16~49세 34%이며. 60%가 스스로를 장애인으로 서술한다. 직업은 실업자 39%, 은퇴자 39%, 학생 5%, 직장인 17%이다.

(2) 2단계 웰빙 사정

지역사회 웰빙 담당관(Community Wellbeing Officers: CWO)이 전체 3,892명을 1:1 면담을 통해 개인별 건강과 웰빙에 영향을 미치는 사회적 문제들과 해결방안을 파악한다. 개인 맞춤형 웰빙플랜을 개발해 각자 시행하도록 지원한다.

(3) 3단계 지역사회 탐방

대상층 54%는 지역의 웰빙기업이나 다른 지역 파트너 기관이 제공하는 추가 지원을 받도록 공지받는다. 이같은 공조적 접근으로 대상층은 건강과 웰빙에 장애가 되는 사회적 문제들을 해결해가도록 지원하는 네트워크를 형성한다.

파트너 기관들은 다음과 같다. St Helens Carers Centre, Mind Halton, Welfare Rights n Age UK, Lyndale Cancer Support Knowsley 등.

(4) 4단계 사회적처방 활동

대상층 개인들은 400개의 다양한 사회적처방 활동에 참여한다. 참여자들이 공동생산자가 되어 공동디자인, 공동전달자가 되는(co-designed, co-delivered) 활동이다. 참여자 69%는 사회적처방 활동 이후에도 건강증진 활동에 계속 참여한다.

주요 사회적처방 활동은 다음과 같다.

a) 주의 깊은 행동
b) 창의적 페인팅
c) 예술 탐구
d) 완전한 생활 유지
e) 정서적 인지
f) 스트레스 줄이기
g) 수면과 긴장 풀기 등

(5) 5단계 지속적인 지원

참여자가 사회적처방으로 자신감을 충분히 갖게 된 이후에도 다양한 후속활동을 이어간다. 자원봉사활동을 비롯해 일자리, 자영업, 교육훈련 또는 기타 생산적 활동이다.

a) 참여자 70명은 지역사회 자원봉사활동에 참여,
b) 참여자 66명은 웰빙기업(Wellbeing Enterprises) 지원을 받아 자조집단이나 지역사회기업을 창업,
c) 참여자 86%가 활동만족도 1~10척도 중 매우 만족 8/10 척도를 표시했다.

3) 사회적처방 효과: 사회적가치 평가

사회적처방의 효과는 비교적 높은 것으로 평가되며, 참여자들이 특히 상당한 혜택을 누린 것으로 나타난다.

a) 참여자 66%는 전반적인 웰빙이 좋아진 것으로,
b) 참여자 64%는 사회적 고립이 줄면서 고독감이 줄었다고,
c) 참여자 61%는 우울증 증세가 감소한 것으로,
d) 참여자 10%는 약처방을 줄인 것으로 보고한다.

(1) 참여자 웰빙의 사회적 가치

사회적처방의 결과로 나타나는 웰빙의 가치에 대해서는 〈표 5-5〉에서 볼 수 있듯이 유의미한 것으로 나타난다.

표 5-5 Ways to Wellbeing 프로그램 활동의 사회적가치

웰빙 지표	사회적가치(£)
자문과 지도	1,858,819
건강과 웰빙	29,878,593
사회적 포용	2,328,587
자원봉사와 사회적기업 활동	749,511
합계	34,916,510

자료 Wellbeing Enterprises (2019: 9).

a) 자문과 지도와 지원의 사회적가치: 참여자들은 지역사회에 참여하고 지역주민들과 더불어 사회적처방 프로그램의 공동디자이너와 공동전달자 역할을 한다, 따라서 참여자 3,891명에게 제공된 지역의 맞춤형 자문과 지도와 지원의 사회적가치는 £1,858,819로 추산된다.

b) 참여자 건강과 웰빙의 사회적가치: 사회적처방 프로그램은 참여자에게 다양한 활동, 교육훈련 과정, 1:1 지원 교실을 통해 스스로 우울증과 불안증세와 자극요인을 완화시키도록 도움을 준다. 참여자 61%가 우울증과 불안 감소를 경험한 결과는 사회적가치로

는 £19,655,256에 해당된다.

c) 건강과 웰빙 개선의 사회적가치: 사회적처방 프로그램으로 참여자들은 생활기술 훈련, 사회적 지지와 자원봉사활동 등으로 자신의 건강과 웰빙을 관리해 개선하는 성과를 보이는데, 이런 결과를 보인 참여자 66%의 사회적가치는 £10,324,297로 추산된다.

d) 사회적 포용의 사회적가치: Ways to Wellbeing 프로그램의 주요 목적은 참여자들을 자신의 지역사회에 연결시켜 여러 활동과 사교와 타인과 인간관계를 맺을 기회를 제공하는 것이다. 지역사회 내비게이션 사회적처방을 통해 참여자 전체 64%가 고독과 고립에서 해소되며 건강과 웰빙을 느낀다고 답해, 이 결과의 사회적가치는 £2,328,587로 추산된다.

e) 참여자 중 상당수는 자원봉사활동에 참여하거나 자조집단이나 지역사회기업을 꾸리는 지원을 받아 활동한다. 참여자 중 70명이 자원봉사를, 66명이 자조집단이나 지역사회기업을 만들어 활동하는 결과는 금전적으로는 £749,511에 상당하는 사회적가치를 생산하는 것이다.

(2) 보건시스템(NHS)에 대한 임팩트

나아가 Ways to Wellbeing 프로그램은 지역사회와 보건시스템에 상당한 경제적 임팩트를 생산한다는 것을 알 수 있다(표 5-3).

a) NHS의 면담 지원비용 절약: NHS의 사회적처방 참여자 일인당 면담비용 £42와 GP 면담비 일회당 £125로, 참여자 전체 10%가 약

처방 감소의 비용절감 가치는 연간 £780,490로 추산된다.

b) NHS의 우울증과 불안해소 지원비 절약: 우울증 환자에 대한 공공지원비는 NHS 서비스 비용이 일인당 연간 £2,038로, 참여자 66%가 성취한 우울증과 불안감소의 전체 결과는 연간 £2,419,106로 추산된다.

c) NHS의 신체활동 지원비 절약: 건강 허약자에 대한 신체활동 지원비는 연간 £1,569로, 사회적처방 프로그램이 지원한 참여자 37%의 신체활동의 양호한 결과에 대한 가치는 NHS가 연간 £1,132,818을 절약한 셈이 된다.

표 5-6 사회적처방의 공공지출비 절감

약처방과 의사방문	£780,490
정신건강 서비스	£2,419,106
육체 엑서사이즈 및 활동	£1,132,818
합계	£4,332,414

자료 Wellbeing Enterprises (2019: 13).

3. Ways to Wellness 사회임팩트채권(SIB) 모델

장기요양의 문제를 가진 환우들에 대한 효과적인 돌봄 서비스는 심각한 사회문제이다. 심장병, 당뇨, 천식 등을 가진 환자들의 돌봄은 이제 개인이나 가족의 문제 이상으로 사회문제가 된 것이다.

1) 프로젝트의 배경

영국의 경우 장기요양 보건비용이 전체 보건의료비의 70%를 차지한다. 이에 사회적처방 프로그램은 장기요양 환자에게 건강악화를 방지하고 건강유지를 위해, 국립보건서비스(NHS)의 비용부담을 줄이기 위한 실험으로 착수되었다. 그런데 국립기관이 지역사회 보건문제 해결의 실험에는 재정지원을 하지 않으며, 지방정부 또한 예방적 보건서비스에 투자하려는 인센티브가 거의 없는 문제가 있다.

이에 대한 해결방안이 사회임팩트채권(SIB)이다(주성수 2020: 353). Ways to Wellness (WtW)는 SIB 모델에 기초해 뉴캐슬 서부에서 7년 기간의 혁신사업으로 추진되었다. '사회적처방' 원칙에 기초해, 비의료적 개입으로 환자의 자기돌봄(self-care)이 이뤄지도록 전문 링크워커들을 활용한다. NHS가 재정지원을 하고, 지역의 18개 시행기관들과 시민사회의 자원봉사단체들도 결합된 복합적 시행구조를 가지고 있다. 18개 시행기관들은 환자의 관련 서비스 연계 역할을 맡고, 자원봉사단체들은 환자들의 적극적인, 복잡한 약 복용, 긍정적인 관계 개발 등 서비스를 지원한다. 계획된 결과가 달성되는지를 모니터링하고 결과를 측정하는데 NHS가 개입되고 재정은 복권

기금(National Lottery)과 총리실이 지원한다. 프로젝트는 환자 개인의 건강유지와 개선의 목표뿐 아니라 지역사회의 사회서비스 부담을 줄이고 지방정부의 복지서비스 비용절감을 줄이는데 목표를 둔다.

프로젝트의 배경은 뉴캐슬의 서부 타인(Tyne) 지역에서 시작되었다. 인구 13만 2천 명의 소도시지만 영국에서 가장 취약한 지역이 포함되어 있다. 거주민 가운데 사회경제적 저소득층은 생애주기에서 더 일찍, 더 심한 장기질환을 갖는 경향이 있어 건강상태도 불량하고 그에 따라 더 많은 보건서비스 자원을 이용한다.

파이롯트 프로젝트 추진그룹이 구성되어 지역사회와의 상의가 이어졌다. 뉴캐슬 서부의 일반의들이 수년간 사회적처방을 부분적으로 실시해왔는데, 이를 더 많은 환자들에게 더 많이 더 조직적으로 확대 적용되기를 제안하며 개시되었다. 뉴캐슬의 일반의(GP)는 환자를 사회적기업인 WtW의 링크워커에게 의뢰할 수 있다. 링크워커는 행태변화 방법의 전문교육을 이수한 전문가로 대상자의 개인 맞춤형 건강과 웰빙 목표를 설정한다. 대상환자는 40~74세의 연령층으로 당뇨, 심장병 등의 8대 장기질환을 가진 사람이다.

프로젝트의 목표는 취약층의 장기적인 건강상태를 관리하는데 방해가 되는 장애물을 스스로 극복하도록 지원하는 것이다. 대상층 환자들이 일상생활을 더 잘 관리해서 더 건강하고 더 오랜 삶을 살게 되면 병원서비스, 의료서비스, 조제약 이용이 감소하게 된다.

2015년 제2기 프로젝트 개시부터는 영국의 전국적인 혁신모델로 관심을 받게 된다. 마침 중앙정부가 사회임팩트채권(SIB)를 개시하는 시점이었다. 총리실과 빅로터리기금(Big Lottery Fund)이 공동 지원하고 중간지원기관 브리지즈 벤처(Bridges Venture)가 관리하는 SIB 사업으로 추진되었다. 사업명은 뉴캐슬 게이츠헤드 임상위탁그룹(Clinical Commissioning Group: CCG)이다.

2) 사회임팩트채권(SIB) 모델

사회적처방은 환자가 도움을 받아 비임상적 사회활동에 접근할 수 있는 처방이다. 사회적처방은 엄밀한 평가가 거의 없는 가운데 검증되지 않은 개입방법이다. 영국에서 사회적처방을 대규모로 시행한 것이 2015년에 개시한 WtW SIB이다(GOL 2018: 14).

WtW는 SIB 모델로 개발되어 시행되며 NHS와 사회적돌봄 서비스에 두 가지 혁신을 제시해주고 있다. 하나는 사회적처방으로 장기돌봄 대상자 40~74세 인구의 비의료적 욕구를 해소해 보건서비스 이용을 절감하는 것이다. 다른 하나는 보건분야의 혁신적 방식인 SIB로 결과기반의 지불계약에 의한 투자가 이뤄진다. 이 둘은 독립적으로 진행되어 사회적처방이 반드시 SIB를 필요로 하는 것은 아니지만 사회적처방의 지속가능성이 예방적, 장기, 종합적, 개인화된 접근법을 가능하게 하는 재정지원의 실행에 의존하기 때문에 중요하다.

뉴캐슬의 위탁기관(CCG)이 7년 사업 기간에 11,000명의 환자를 대상으로 한 SIB 위탁을 한 것이다. 장기요양 치료가 필요한 환자들이 시행기관의 서비스 지원으로 건강한 행태, 지역사회 참여로 질병을 이겨내는 활동을 한다. 헌신적인 링크워커의 전문 보건 서비스를 받는 기회가 확대된다. 프로그램에 참여한 30명의 질적 평가에 따르면, 자기보고의 웰빙과 활동 참여에서 지속적인 개선이 나타났고 링크워커의 역할도 긍정적인 성과가 나왔다.

프로젝트의 중심에는 17명의 일반의가 시행기관인 WtW의 링크워커에게 의뢰해서 환자의 사회적처방이 시행되는 과정이다. 의사결정의 거버넌스는 참여기관들의 콜렉티브 임팩트(collective impact) 모델로 공유된 의사결정이 특징이다. 또 링크워커와의 코칭 관계의 지원체계로 환자들이 자신의 건강을 관리하는 주체라는 동등한 파트너로 참여한다. 대상자 개인들은 지속가능한 건강한 행태를 개발하고 자신의 건강상태를 자기관리하며 보다 건강하고 자아실현적 삶을 영위하는 학습의 지원을 받는다. 동시에 전통적인 보건서비스에 대한 의존을 줄이는 것이 중요하다.

Ways to Wellness는 전통적인 접근법과 다른 몇가지 특징을 갖고 있다.

a) 사회적처방의 스케일 (대상자를 지역사회의 지원기관들에 의뢰)
b) 공중보건의 진료에 통합
c) 지역사회와 시민사회 안에 기반
d) 사회임팩트채권(SIB) 투자지원(사회적처방의 결과로 공공부문 비용절감 결과에 대한 지불 방식)
e) 결과기반의 계약과 위탁
f) 강력한 금융모델과 고도의 관리정보 시스템 개발
g) 1:1 환자 지원에 투자하는 링크워커의 역량에 재정지원 초점
h) 새로운 조직 Ways to Wellness의 설립으로 사업의 혁신을 주도하는 강력한 이사진의 역할 등이다.

3) 웰빙결과 측정: 웰빙스타

모든 링크워커는 웰빙스타(Wellbeing Star)를 활용해 환자의 상태 진전도를 지원해 측정한다. WtW의 첫해 2015년 4월부터 2016년 3월까지 1년 기간에 1,100명이 서비스에 의뢰되어 300명 이상이 자신들의 웰빙의 2차 사정을 마쳤다. 그 결과 서비스 이전과 이후의 웰빙스타의 변화가 그림과 같이 나타났다. 평균 4점 개선의 성과가 있었는데, 이는 전체 40점(8개 항목×5)

표 5-7 웰빙스타 자기보고

웰빙스타(Well-being Star)

1. 라이프 스타일(Lifestyle)
2. 자신을 돌보기(Looking after yourself)
3. 이상증후 관리하기(Managing symptoms)
4. 일, 자원봉사, 기타 활동(Work, volunteering and other activities)
5. 금전(Money)
6. 생활 공간(Where you live)
7. 가족과 친구(Family and friends)
8. 긍정적 감정(Feeling positive)

이상 8개 항목 각각에 대해 다음 5 척도로 측정한다.

1. 전혀 생각 안함 Not thinking about it
2. 찾고 있는 중 Finding out
3. 변화를 하는 중 Making changes
4. 목표를 향하는 중 Getting there
5. 최상의 가능한 결과 As good as it can be

자료 Outcomes Star, http://www.outcomesstar.org.uk/using-the-star/see-the-stars/well-being-star/

에서 상당한 개선으로 평가된다. 가장 긍정적 개선은 일, 자원봉사 등 활동, 라이프스타일, 긍정적 감정이다.

또 지난 3년간의 시행에서 4천여 명이 사회적처방 의뢰를 받아 치유의 성과를 냈다. 이후에도 더 장기적인 치유의 성과가 나타날 것이다.

그림 5-3 웰빙스타

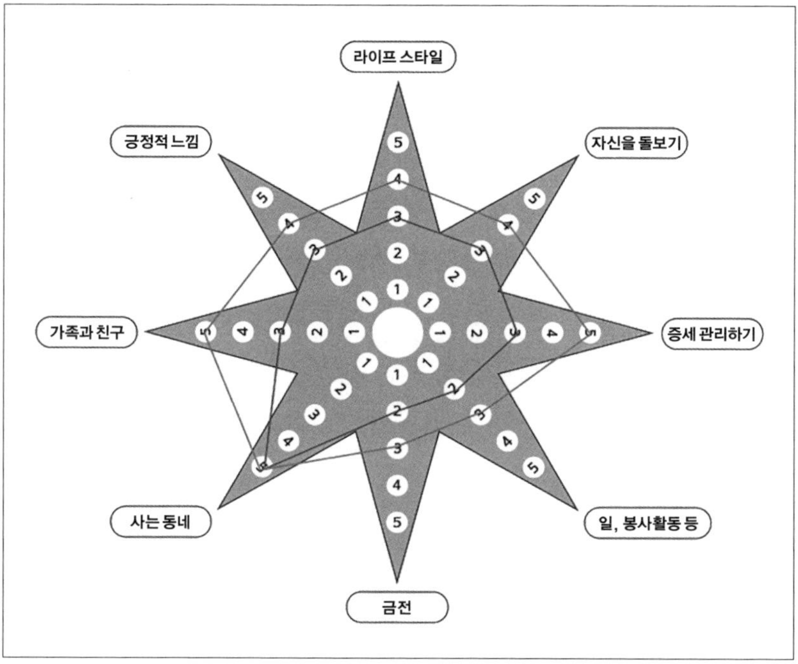

4) 사회임팩트채권(SIB)의 결과지불

7년간의 WtW 프로젝트는 다음의 결과를 생산해 투자자들에게 재무수익도 돌려주는 사회임팩트채권(SIB)이다.

a) 환자의 자기관리 개선

b) 환자의 예측치와 비교된 건강개선

c) 병원방문과 입원 일수 감소

d) 보건의 방문 감소

e) (우울증 등) 일부 질환에 대한 처방약 의존 감소

(1) 웰빙 개선과 진료비 절약

프로그램 평가결과를 보면, 이차진료비가 크게 감소한 것이 또 다른 주요 결과이다. 사회적처방 서비스 첫 5년 기간을 종료한 2,888명의 참여자 가운데 웰빙 하나만큼은 높은 88% 개선의 결과를 보여준다(NASP 2024).[4] 프로그램에 참여한 코호트는 프로그램 참여하지 않은 집단에 비해 일인당 평균 병원비가 2019/20년 기간에는 27% 더 낮게 나타난다. 5년 기간 전체에서 이차진료비 460만 파운드가 절약된 결과이다. 전체 2015~21년 기간에 7,700 건의 의뢰가 이뤄져 5,800명이 사회적처방 서비스를 받았다. 서비스 유형별로는 건강행태(운동, 건강한 식사, 체중감량 등) 27%로 가장 많고, 금전이나 복지혜택 자문 18%, 장기 건강관리 11% 등이다.

---

4 https://socialprescribingacademy.org.uk/resources/ways-to-wellness-long-term-conditions-service/

(2) WtW SIB의 결과지불금

WtW의 첫 5년간의 시행에 대한 전체 계획된 결과지불금은 820만 파운드인데, 그 중 64% 520만 파운드는 임상위탁그룹(CCG)이 지불하고, 나머지 200만 파운드는 CBO(Commissioning Better Outcomes), 그리고 100만 파운드는 총리실의 사회결과기금(Social Outcomes Fund)이다. CCG는 결과지불금을 이차진료비 절약으로 모아진 돈으로 지급하는데, 타깃 코호트의 병원입원 감소와 입원일수 감소의 결과에 대한 지불금이다. CCG는 사회적처방으로 이차진료비가 1,080만 파운드가 감소한 것으로 추산하고, 다른 공공서비스 비용도 1360만 파운드 절감된 것으로 추산한다.

결과지불금이 지불된 근거는 두 가지 핵심 결과에 있다. 결과지불금의 30%는 건강과 웰빙 개선, 사회적 고립 감소, 의사방문 감소 결과에 지급되며, 나머지 70%는 이차진료비 감소 결과에 지급된다.

a) 첫째는 장기돌봄(LTC)의 자기관리 개선으로 웰빙개선, 사회적 고립 감소, 의사방문 감소 등으로 결과지불금의 30%가 이 목표 달성에 지불된다. 웰빙스타로 측정된 웰빙 진전도에 근거하는데 링크워커와 수혜자가 6개월 단위로 웰빙스타를 기록한다. 수혜자 일인당 492.5 파운드까지 지불되는데 웰빙스타가 평균 1.4 이상 증가하면 100% 지불되며, 0.5% 이하로 증가하면 지불되지 않는 분포를 보여준다.
b) 둘째는 이차진료비의 감소로 전체 결과지불금 70%가 여기에 지불된다. LTC 자기관리 개선의 결과로 나타난 것으로, 병원서비스 이용 비용, 계획/무계획의 입원, 외래환자와 응급서비스 비용이다.

CCG는 모든 결과에 대해 지불하는데, 뉴캐슬 서부의 환자가 동일한 상태의 뉴캐슬 북부와 동부 환자와 비교한 이차진료비를 비교해 진전도를 측정해 결과에 대해 지불한다. CCG는 환자 일인당 연간 최대 £332.50를 지불하는데 서부 환자 코호트가 북부와 동부의 환자들과 비교한 연간 이차진료비가 22% 감소율을 달성하면 지불된다.

결과지불금은 서비스 제공기관 네 곳에 결과에 따라 지불하지 않고 이들이 지원한 수혜자의 수에 따라 지불한다. 수혜자 수에 근거해 비용절감을 과장하는 부당한 인센티브 리스크를 차단하기 위한 것이다.

서비스 제공자에게는 의뢰된 환자 일인당 의뢰수당 £125가 지불되며 의뢰 6개월 이후 웰빙스타가 완성되면 £100가 지불된다. 의뢰 15개월 이후 웰빙 점수가 개선되면 £50를 6개월 단위로 서비스 지속 수당으로 지불한다.

5) 성공요인과 향후 과제

WtW 프로그램 평가결과는 프로젝트의 성공요인을 다음으로 제시한다.

a) 일반의에서 사회적처방 프로젝트로 대상자를 연계시켜주는 의뢰율을 높여주는 일반의와 지역사회 비영리조직들 사이의 긴밀한 관계 형성,
b) 특정 지역의 4대 서비스 기관들 각각의 관계구축 개선과 서로간의 공유된 학습 창출,

c) 고도의 관리정보 시스템의 개발,
d) 프로그램 운영그룹의 실행력 등이다.

그럼에도 여러 과제들도 동시에 제시되고 있다.

a) 혁신적인 결과기반의 접근을 위한 디자인을 갖추지 않은 NHS 표준 용역의 협상 과제,
b) 정보 거버넌스 이슈 / 자료 공유 문제,
c) 재정지원기관이 이사회에 동참해 시민사회와 파트너십으로 활동하도록 설득하는 정치적 변수 등이다.

가장 중요한 요인은 강력한 의지를 가진 지역사회 영향력이 있는 지역 이해관계자 그룹을 구축하는 일이다. WtW 프로그램은 2022년 이래로 뉴캐슬의 다른 지역으로 사회적처방 서비스로 확대되고 있는데, SIB 모델의 성공이 주요 요인으로 파악된다. SIB 투자는 온전히 결과기초적인 NHS 7년 계약으로 a) 환자 자기보고의 웰빙 개선과 b) 이차진료비 감소라는 두 가지 결과를 달성한 사회임팩트채권이다. 계획된 결과를 달성함으로써 투자자가 되는 NHS 위원회와 다른 민간단체들에게 투자 대비 비용 절감이라는 긍정적인 결과를 선물한다.

4. Rx: Community 보건센터 모델

1) Rx: 지역사회 보건센터

캐나다 최초의 사회적처방 프로젝트가 온타리오의 보건센터(CHC) 주도로 시행된 모델이다. 온타리오 보건부가 지원하는 18개월의 건강과 웰빙 그란트로 시행된 파이롯트이다. CHC는 100년 이상의 역사적 전통을 가진 풀뿌리 의료기관으로, 온타리오 보건센터들은 이미 오래전부터 건강의 사회적 문제가 80~90%를 차지하는 중요성을 인지하고 사회적 문제가 되는 건강 형평성과 사회적 정의 그리고 지역사회 개발이라는 이론적 기초에서 실천한다. 온타리오 보건센터들의 적극적인 노력으로 건강지역사회연대(Alliance for Healtier Communities) 주도의 사회적처방 파이롯트를 시행하게된 것이다. AHC 연대조직에 따르면, 건강은 지역사회에 기반한다는 전제에서 고객들의 임파워링으로 자신들의 건강돌봄의 파트너로 참여해 활동하는 종합적인 보건돌봄 모델을 적용한다.

2018년 9월부터 일 년간의 파이롯트 시행기간에 온타리오 지역의 11개 보건센터에서 1100명의 참여자를 대상으로 3,300개의 사회적처방 의뢰가 이뤄진 중형 프로젝트이다. 의뢰를 받은 참여자 71%가 '건강챔피언'으로 불려지는 자원봉사자들의 지원을 받아 개인별 맞춤형의 지역사회의 다양한 서비스를 받고 활동한다.

2) Rx: 지역사회 자원

프로젝트의 사회적처방 자원으로는 CHC 내부 자원을 비롯해, 자원봉사 공동생산과 지역사회 공공/민간 자원으로 구분해 살펴볼 수 있다.

(1) CHC 내부 자원

CHC는 주민 보건서비스 자원과 다양한 지역사회 보건 프로그램을 이미 갖추고 있어, 이를 사회적처방 자원을 활용해 프로젝트를 운영한다. 내부 스텝뿐 아니라 자원봉사자와 지역사회 파트너들이 이 자원을 활용해 참여자들의 건강과 웰빙 증진에 기여한다.

주거환경 개선 내비게이팅, 고용 서비스뿐 아니라 공동식사, 운동단체, 커피클럽, 지역사회 가드닝 활동 등이 있다(AHC 2020: 21). 이미 갖춰진 자원이기 때문에 참여자들이 무상으로 자유롭게 접근할 수 있는 장점이 있다. 특히 유사한 건강 문제를 안고 있는 동료 주민들과의 친교활동에 참여자 만족도가 높게 나타난다.

이미 갖춰진 자원과 자산을 활용하므로 초기 프로그램 시행에 드는 투자비 때문에 시행이 난관에 부딪히는 일반적인 프로그램 시행의 문제점을 회피할 수 있는 장점이 있다. 또 해오던 업무의 연장이란 의미에서 시행상 준비와 계획에 몰두하는 문제도 회피하며 환자의 참여와 지역사회기관들과의 공조 또한 어렵지 않게 확보되는 장점이 있다. 그런데 새로운 접근, 혁신의 필요성을 인지하는게 중요하다,

(2) 자원봉사자 공동생산

자원봉사자와 지역사회 리더들의 공동생산 활동과 프로그램이 또 다른 주요 사회적처방의 자원이 된다. 11개 보건센터 중 6개 센터가 '공조적 실천' 프로그램을 운영해, 다양한 재능을 가진 고객들이 센터직원들과 공동으로 사회적 욕구를 파악해 솔루션을 개발한다(앞글: 22). 여기에 참여하는 자원봉사자는 '건강챔피언'이라 부르는데, 이들은 전통적인 수요처 대상에 동원되어 맡은 일을 수행하는 방식의 봉사활동과 구분되는 비공식적, 공동생산적, 자산기초적 지역사회 비공식 접근법을 활용한다. 환자들과 지역사회가 스스로의 건강과 웰빙을 지키기 위해 임파워링 하는데 초점을 맞춘 오랜 건강증진 접근법이다.

사회적처방 대상자들 일부가 건강챔피언으로 봉사활동을 개시하는 사회적처방을 받는다. 이들 자원봉사 건강챔피언들이 직원들과 정기적으로 만나 활동과 프로그램 개발과 시행에 나선다. Rx 사회적처방 그룹들에는 다양한 창의적 활동들이 있다(앞글: 23). 사별지원그룹, 노래부르기, 뜨개질 교실, 카드게임그룹, 중독자지원그룹, 음악그룹, 지역사회 취사장, 폴워킹, 친교방문 등이 있다.

(3) 지역사회 파트너 자원

Rx: Community는 프로젝트 개시와 함께 지역사회 자원과 파트너십의 자산지도를 개설해 외부 사회적처방 자원의 동원을 적극 활용한다(앞글: 24). 지역사회 개발에 필요한 지역사회 내부의 자원봉사자는 이미 파악된 것으로 사회적처방의 자원으로 활용하는데 비교적 용이하다. 지역사회의 물리적 자원(건물, 토지, 시설, 빌딩, 네트워크, 공원 등)뿐 아니라 지역사회 기관단체들, 경제적 자산(기업 등 비지니스), 지역사회 구성원들과 그들의 스토리도 자산지도에 수록되어 활용될 수 있게 준비한다. 특히 사회적처방에 직접적으로 관련되는 건강 관련 자산목록도 파악한다.

보건센터들이 각기 또는 공동으로 개발한 사회적처방 파트너십은 다음과 같이 다양하다(앞글: 24).

a) 굿푸드 파트너십(Partnership for Good Food): 3개의 보건센터가 영양, 교육, 사회적 연결을 아우르는 푸드 사회적처방을 개발해 진행한다.
b) Farmacy Rx: 사회적으로 고립된 저소득층 만성질환자들은 지역사회에서 재배한 신선채소를 지원하는 격월의 굿푸드 처방을 제공받는다. 또한 재택 굿푸드 이해 교육도 지원받는다.
c) Food Rx: 식품불안 문제를 홍보하며, 사회적처방 의료진이 식품불안 문제가 있는 가정에 식품안전 처방을 하도록 지원한다.

또 다른 주요 파트너십으로는 예술과 문화 활동이 다양해 많은 사람들의 참여가 몰린다(앞글: 25). 로얄 온타리오박물관, 토론토 심포니오케스라, 해밀톤 필하모닉오케스트라, 오타와 자연박물관 등이 관람에 협조한다. 또 음식, 교육, 레크리에이션 활동을 지원하는 지역사회 파트너십도 강화된다. 토론토 공공도서관 직원이 보건센터에 상주하며 디지털해독 처방을 지원한다. 지역의 도서관들도 독서를 통한 정신건강 증진 프로그램을 지원한다.

3) 사회적처방 결과와 임팩트

Rx: Community 시행의 결과와 임팩트는 무엇인가? 계획된 결과와 임팩트를 달성했는가?

첫째는 참여자의 건강과 웰빙 개선 결과이다. 참여자들은 고독감이 줄고 연계감과 소속감이 늘며 정신건강 개선과 자기건강관리 역량도 커졌다고 보고한다. 자기보고에 따르면, 참여자 12.1%가 정신건강이 나아졌다. 참여자들은 친구와 사귀는 사교활동으로 기분전환이 되며 건강이 좋아진 것으로 얘기한다. 특히 참여자 48.5%는 고독감이 줄었다고 보고하고, 19.3%는 사회활동에 참여해 사회적 지원을 받고, 15.9%는 지역사회 소속감을 갖게 되어 건강이 좋아졌다고 한다.

둘째는 의료이용 감소의 긍정적 결과이다. 건강돌봄 전문직은 고객 웰빙개선과 반복적 의료진 방문을 줄이는데 사회적처방이 유효하다고 답한다. 그들은 내비게이터 역할의 가치를 지지하며 내비게이터 역할 없이는 다른 지원의 필요성을 느낀다고 한다. 사회적처방에 의뢰한 전문직들의 보고 또한 매우 긍정적이다. 의뢰 3개월보다 9개월 시점에서 더 긍정적인 반응이 나온다. 사회적처방이 환자의 건강증진에 의료진 방문 감소에 효과가 있다고 답한다. 또 의료진이 의뢰과정에서 든든한 지원을 받는다고 답하면서 이는 3개월에서 9개월로 넘어가면 다소 줄어드는 문제가 드러난다. 사회적처방을 지원하는 자원은 시간이 지나면서 풍부해진다는 긍정적인 반응이 있지만, 충분하지 않다는 반응도 50%가 넘다가 40% 정도 줄어든다.

표 5-8 사회적처방의 건강과 웰빙 효과: 의료진 서베이

	의뢰 후 3개월 시점	의뢰 후 9개월 시점
사회적처방은 환자의 건강과 웰빙을 개선한다	57.1%	83.9%
사회적처방은 환자의 반복적 의료진 방문을 줄인다	4.8%	41.9%
환자 의뢰 과정에서 의료진이 지원을 받는다	90.5%	77.4%
사회적처방 지원에 유용한 자원이 풍부하다	47.6%	61.3%

자료 AHC (2020: 34, 35).

셋째는 지역사회 역량 강화이다. 사회적처방은 임상 돌봄, 여러 보건전문직 팀들, 사회적 지원 사이의 통합을 강화해 공동생산을 통한 지역사회 역량강화를 한다. 사회적처방을 하는 보건전문직들은 다양한 전문직 사이의 공조와 통합이 원만히 잘 이뤄진 것을 높이 평가한다. 또 자신들의 역할이 정당한 것으로 보며 높은 자부심을 보여준다.

표 5-9 사회적처방의 의료진 역할: 의료진 서베이

	의뢰 후 3개월 시점	의뢰 후 9개월 시점
건강 전문직 사이의 공조와 통합이 늘고 있다	66.7%	74.2%
사회적처방은 의료전문직의 정당한 역할의 일부다	85.7%	93.5%

자료 AHC (2020: 36).

4) 사회적처방 시행의 문제

보건센터들이 평가하는 사회적처방 시행의 문제들은 다음과 같다 (AHC 2020:3). 사회적처방의 초기 디자인 단계부터 확고한 준비가 부족해 발생한 문제들로, 스텝 역량 부족 문제는 교육훈련과 임파워링의 문제로 볼 수 있다. 또 지역사회 자원 파악도 초기에 잘 이뤄지지 않은 문제 등 대부분이 초기 준비가 문제로 드러난다.

a) 헌신적인 스텝 역량 부족
b) 조직 역량의 분산
c) 자료 추적의 장애
d) 사회적처방을 지원하는 지역사회 인프라 부족
e) 사회적처방 개념정의 명확성이 초기에 부족

한편 사회적처방 프로그램의 성패 요인에 대해서는 다음을 제시한다 (앞글: 3).

a) 혁신적이고 개인 중심의 접근법에 대한 조직문화의 변화
b) 이런 변화를 지지하는 헌신적인 스텝과 조직의 실천
c) 자료수집과 활용에 대한 학습하는 건강시스템 접근
d) 사회적처방의 개념과 모델에 대한 명확성
e) 사회적처방에 지지적인 내비게이터 등

5. 결론적 제언

이상의 획기적인 사회적처방 결과들로 검증된 혁신적 모델들에서 무엇을 배워, 앞으로 사회적처방의 디자인과 시행에 어떤 점들을 참고해 사회적처방의 효과를 높일 수 있는가?

1) 사회적처방의 임팩트 검증

Ways to Wellness 프로그램의 성공은 사회적처방으로 대상자를 연계시켜 의뢰율을 높여주는 일반의와 지역사회조직들 사이의 긴밀한 관계 형성에서 찾아볼 수 있다. 특히 양질의 서비스를 제공해 참여자들이 안전한 환경에서 안심하며 치유활동을 할 수 있는 지역사회 환경도 중요한 성공 요인으로 꼽힌다.

Ways to Wellness 프로그램은 뉴캐슬에서 영국의 다른 지역들로 사회적처방 서비스 모델을 확대되고 있는데, 특히 SIB 모델을 벤치마킹하고 있다. 10여 년 전부터 영국 정부는 SIB를 여러 프로그램에 개시해 레버리지 하는 시점이라 총리실과 빅로터리기금이 공동 지원하는 재정적 뒷받침이 민간투자를 유치하는 새로운 실험을 했다. 또 정부와 민간 사이의 대화와 재정적 분담을 설계하고 프로그램 디자인과 시행을 지휘한 중간지원기관 브리지즈 벤처(Bridges Venture)의 전문 역량에도 성공의 요인을 찾아볼 만하다.

중앙정부의 정책기조가 민간자원을 최대한 활용해 난해한 보건사회 문제를 해결하려는 의지에서 SIB 재정 모델로 정책개발과 시행이 이뤄진 것이다. 사실 정부는 직접 프로그램을 시행하는 주체도 아니며 단지 초기 자금 일부를 제시해서 민간기관들이 경쟁적으로 프로그램을 개발하고 민간투자자를 직접 유치해 프로그램을 잘 운영해 바람직한 결과와 임팩트를 생산하면 그에 대한 결과지불금을 지불하면 된다. 정부로서는 적은 투자금으로 전문성이 취약한 분야에 직접 시행함으로써 발생하는 상당한 비용과 시행착오를 겪지 않아도 시민들의 건강과 웰빙의 개선이라는 정책 목표를 달성하며 정책효과를 높이는 혁신적인 투자가 된다. 이런 혁신적인 금융방식이 SIB 등의 '사회적 금융'에 해당되는데, 이에 대해서는 저자의 저서들을 참고해볼 수 있다(주성수 2017, 2020, 2022).

SIB 투자는 온전히 결과기초적인 NHS 7년 계약으로 적절한 사회적처방의 효과를 올렸다. 환자들의 욕구에 기초한 서비스 활동이 진행되며 환자들이 수동적 처방을 받는 주체에 머물지 않고 자기결정의 임파워링을 발휘해 자기보고의 웰빙 개선과 이차진료비 감소라는 SIB 목표가 획기적인 결과로써 높은 평가를 받았다. 그럼으로써 정부와 참여자들뿐 아니라 다른 모든 이해관계자들, 즉 시행기관과 지역사회 서비스기관들, 민간투자자와 대학연구기관, 그리고 지역사회 전체가 윈윈하는 혁신을 이뤄낸 것이다.

2) 확장, 이식, 검증

SIB 방식은 건강문제 해결의 사회적처방뿐 아니라 홈리스, 청소년 범죄, 가정간호, 장애아동 치료, 취약층 취업 등 다방면에서 이미 실험을 거쳐 이제는 모델을 이식, 확장하는 단계에 있다. 이 책에 소개된 사회적처방 이해관계자들이 되는 정부나 민간기관이나 지역사회 관계자, 민간 투자자들이 이미 검증된 모델들을 타지역으로 확장, 이식함으로써 비용효과적으로 사회문제 해결을 앞당길 수 있을 것으로 기대한다.

a) 확장(scaling): 대규모로 기존의 프로그램을 복제.
b) 검증(demonstrating): 새로운 프로그램 모델 또는 복합적 서비스의 효과성 검증.
c) 이식(transplanting): 기존 프로그램을 새로운 대상층이나 서비스전달 체계에 이식.

미국이나 영국의 공공서비스 전달의 프로그램들은 대부분이 확장, 검증, 이식 모델에 기초해 이뤄지고 있다. Ways to Wellness와 같은 혁신 모델을 디자인, 시행해서 바람직한 결과를 내는 과정을 철저하게 준비해서 성공시킨 다음에 이뤄지는 비용효과적인 정책시행인 것이다. 대부분이 정부의 재정지원으로 특정 프로그램이나 서비스 시행기관이 제공하는 서비스 대상층의 수적 증가를 지원하는 특징이 있다.

지역사회의 서비스 시행기관들의 서베이 결과를 살펴보면, 지역사회의 서비스 수요는 시행기관의 제공 역량을 초월하는 수준이다. 일부 프로젝트의 경우 특정 대상자에 적합한 치료 서비스가 존재하지 않아 새로운 치료 서비스를 제공하는 혁신적인 프로그램을 시행하는 경우도 있다. 또한 특정 지역에서 성공적인 모범 프로그램을 타지역이나 다른 대상층에 이식하는 것이 새로 프로그램을 디자인하는 것보다 기존의 프로그램의 개선이나 복제로 가능하다. 미국 연방국가봉사단(CNCS 2018)의 사회혁신기금(SIF)의 기본 철학은 "무엇이 잘 되는지를 발견해 더 많은 사람들에게도 잘되는 것으로 만든다"는 것이 사회혁신의 핵심으로 간주한다. 온타리오의 Rx:

Community 프로그램의 시행도 기존의 보건센터의 오랜 업무에서 발견된 서비스 제공을 사회적처방으로 확장하며 시작된 것이다.

영국에서 실험한 Ways to Wellness 프로그램 이외에도 SIB 모델을 활용한 프로그램의 성공사례를 참고해보면 전통적인 모델과의 차이점을 발견할 수 있다(표 참고).

표 5-10 비어즈타운 사회적처방 SIB

비어즈타운(Beardstown) 프로젝트는 (1) 이전의 사회적처방 활동을 크게 확장해서 (2) 이 활동을 전달했던 지역의 비영리섹터 기관들이 '보다 비즈니스 형태'특히 결과기반의 성과 관리 접근으로 발전하는 문화 변화를 창출하는 목표를 지향하는 두 단계 접근을 했다. SIB 재정모델은 2014년에 종료되었고 서비스는 2015년에도 지속되었다. 전통적 접근을 대신해 SIB 재정모델을 개발한데는 여러 근거들이 있었다. 사회적처방이 지역에 더 큰 규모의 효과를 달성하길 바란 것으로, 그것도 공공기관들에게 재정적 리스크를 줄이는 방향으로 해야 하는 것이다. 또 다른 SIB 모델의 장점은 장기 다년간 지역 보건서비스와 사회적처방 서비스 전달기관 사이의 장기계약을 통해 장기간에 걸쳐 다년간 공조와 학습이 가능하다는 점이다.

자료 Dayson (2020: 160).

3) 혁신적 '결과지불제' 활용

미국이나 영국에서는 이미 오래전부터 '결과지불제'를 공공서비스 제공의 혁신 방식으로 시행하고 있다. 이 결과지불제를 사회적처방 프로그램에 활용하는 것은 어렵지 않다. 이미 영국에서 성공을 거둔 Ways to Wellness 프로그램, 한국 공주군의 치매안심 SIB 모두가 결과지불 모델에 기초해 사회적처방을 시행한 것이다. 치매안심 SIB는 여러 지자체가 관심을 갖고 프로그램 개발을 하고 싶어도 든든한 민간 투자자와 역량있는 민간 중간지원기관이 나서야 가능한 모델이라는 한계를 보여준다. 영국의 '녹색 사회적처방'도 실험 단계를 마치고 이젠 다른 지역에 '확장'과 '이식'을 하는 응용모델은 결과지불제를 바탕으로 비용효과성과 지속가능성을 높일 수 있을 것이다. 온타리오의 Rx: Community 또한 보건센터 모델이기 때문에 전국 보건센터들에 정부기관들이 결과지불로 '이식'과 '확장'을 하면 캐나다 전국에 혁신적 모델로 사회적처방의 비용효과성을 검증해 보일 수 있을 것이다.

'결과지불'은 영국에서는 PbR(payment by results), 미국에서는 PFS(Pay-for -Success)로 알려져 있다(OECD 2015). 사용하는 용어는 달라도, 아래와 같이 동일한 의미로 통용되고 있다. 영국의 PbR의 공식적인 개념정의로는 "정부기관(위탁기관)이 지정한 결과를 달성한 시행기관에 계약금 전부 또는 일부를 지급하는 제도"이다(National Audit Office 2015: 5). 서비스 시행기관은 계획된 결과를 달성하는데 필요한 프로그램 등 개입방안을 자유롭게 선택할 수 있는 권한을 갖는 특징이 있다.

미국의 PFS의 경우, 재무부(USDOF 2013)에 따르면, "혁신적인 재정지원 모델로 정부가 자선기관 등의 민간기관과 파트너가 되어 전망이 밝은 사업을 테스트하고 잘 운영되는 프로그램을 확장하는데 투자하도록 하는 새로운 방식"이다. 납세자의 투자에 대한 수익을 크게 개선하는 혁신적 방식이라 소개한다. PFS는 검증된 결과에 대해 지불하므로 납세자 수익을 최대화하며, 효과적인 증거기반의 솔루션이 파악되어 시행된다는 설명이다.

결과지불 방식을 사회적처방에 도입하면 장점들만 있고 단점은 거의 없는 것 같다. 가장 큰 장점은 정부가 심각한 건강과 웰빙 문제 해결에 혁신적인 성과를 거둘 수 있다는 전망이다. 그것도 비용효과적으로 가능한 것이다(주성수 2022). 이미 다양한 프로그램을 개발해 운영하는 지역사회 기관들과 민간 전문기관들이 전문 노하우를 갖고 문제해결의 혁신방안을 연구개발해 두고 있다는 장점이다. 영국과 미국 정부는 기존에 시행중인 결과지불제로 결과를 내는 프로그램에 대해서만 약속된 지불금을 지급하므로 손해보는 일도 없고 프로그램이 실패해도 크게 비난을 받을 일도 없다.

정부가 프로그램이나 정책의 기획, 의사결정, 시행, 평가 등 복잡한 전문성이 필요한 사회적처방과 같은 이슈에 직접 나서지 않고도 행정 인력이나 자본금을 크게 투입하지 않고도 가능하다. 문제해결을 대행하는 민간 전문기관들이 이미 시행한 경험을 갖고 있어 시행상의 상당한 문제들이 발생할 리스크가 적다는 장점이다. 많은 연구들이 제시한 프로그램 시행 결과는 사회투자수익이 적게는 두세 배에서 많게는 수십 배에 달한다(주성수 2022: 제4장). 사회적처방이 참여자나 환자의 건강과 웰빙 개선뿐 아니라 보건시스템 전체에 비용효과성 결과와 임팩트를 생산함으로써 정부 또한 서비스 전달에 필요한 인적, 물적 자원을 절약해 보다 높은 양질의 보건서비스를 제공하는 여유를 갖게 될 것이다.

참고
문헌

국립식량과학원, (2024) 보리가 나를 치유한다고? 보리활용 노인 맞춤형 치유농업 프로그램.

김영미, (2022)"치유농업 개념과 주요동향" 치유농업연구(5), 국립농업과학원.

부여군, 2024.12.18. "부여군, 사회성과보상사업을 통한 213억 사회적 비용 절감 효과", https://www.buyeo.go.kr/_prog/_board/?code=news_07&site_dvs_cd=kr&menu_dvs_cd=0408&mode=V&no=vv4suXLFd9aoXWe6hcCIXw

정순진, (2023) "2023 치유농업 추진현황." 농업진흥청.

주성수, (2017) 사회적경제와 사회적 임팩트. 한양대 출판부.

______, (2020) 사회적 가치 임팩트 투자. 한양대 출판부.

______, (2022) 공공정책의 사회적 임팩트. 한양대 출판부.

AHC(Alliance for Healtier Communities), (2020) "Rx Community: Social Prescribing. Final Report"

Baker, J. et al. (2024) "Australian link worker social prescribing programs: An integrative review." *PLoS ONE* 19(11).

Bhatti, S. et al. (2021) "Using self-determination theory to understand the social prescribing process: a qualitative study." *BJGP Open* 2021.

Bickerdike L, et al. (2017) "Social prescribing: less rhetoric and more reality. A systematic review of the evidence." *BMJ Open*. 2017 Apr 7;7(4).

Buck. D. and Ewbank. L. (2020) “What is social prescribing?” The King’ Fund. https://www.kingsfund.org.uk/publications/social-prescribing

CDHN(Community Development and Health Network), (2020) “Models of Health Factsheet.”

Chatterjee, H.J. et al. (2018) “Nonꠎclinical community interventions: A systematic review of social prescribing schemes.” *Arts and Health* 10(2).

CISP(Canadian Institute for Social Prescribing), (2024) “A Healthier Canada: An Analysis of the Potential Economic and Social Impacts of Social Prescribing.”

CNCS, (2018) “Levels of Intervention Evidence Quick Guide.”

CRD(Centre for Reviews and Dissemination), (2015) “Evidence to inform the commissioning of social prescribing.” York University.

Dayson, C. (2014) “The Social and Economic Impact of the Rotherham Social Prescribing Pilot,” Sheffield Hallam University.

Dayson, C. and Bennett, E. (2016) “Evaluation of Doncaster Social Prescribing Service: understanding outcomes and impact.” Centre for Regional Economic and Social Research.

Dayson, C. et al. (2020) “A Comparative Analysis of Social Impact Bond and Conventional Financing Approaches to Health Service Commissioning in England: The Case of Social Prescribing.” *Journal of Comparative Policy Analysis: Research and Practice* Volume 22/2.

GOL, (2018a). “Building the tools for public services to secure better outcomes.”

______, (2018b). “An introductory guide to pricing outcomes.”

Grant C, et al. (2000) “A randomized controlled trial and economic evaluation of a referrals facilitator between primary care and the voluntary sector.” BMJ 2000.

GSPA(Global Social Prescribing Alliance), (2024) “Social Prescribing Around the World.”

Healthy London Partnership (2017) “Social prescribing: Steps towards implementing self-care.”

HEE(Health Education England), (2016) “Social prescribing at a glance.”

Ho, M. et al. (2023) “Is Social Participation Associated with Successful Aging among Older Canadians? Findings from the Canadian Longitudinal Study on Aging (CLSA).” *Int J Environ Res Public Health*. 20/12.

Hotz, J. (2024) “Doctors Should Offer ‘Social Prescribing’ to Patients.” *Scientific*

American. August 28, 2024.
Institute at the Golden Gate(IGG), (2018) "ParkRx Census 2018."
_____, (2020) "ParkRx Census 2020."
Kilgarriff-Foster, et al. (2015) "Exploring the components and impact of social prescribing" *Journal of Public Mental Health* 14(3).
Kim, Ji Eon, et al. (2021) "Effects of social prescribing pilot project for the elderly in rural area of South Korea during COVID-19 pandemic," *Health Science Reports*. 2021: 4.
Marmot, M. (2003) "Understanding social inequalities in health." *Perspect Biol Med*. 2003 Summer;46(3 Suppl).
Morse, D. et. al. (2022) "Global developments in social prescribing." *BMJ Glob Health*. 2022 May 16;7.
Muhl, C. et al. (2023) "Establishing internationally accepted conceptual and operational definitions of social prescribing through expert consensus: a Delphi study." *BMJ Open* 13, https://doi.org/10.1136/bmjopen-2022-070184
Mulligan, K. et al. (2024) "Social prescribing in Canada" *Health Promotion and Chronic Disease Prevention in Canada*, Vol 44, No 6.
NASP(National Academy for Social Prescribing), (2020) "A Social Revolution in wellbeing: Strategic Plan 2020-23." https://socialprescribingacademy.org.uk/our-work/evidencing-social-prescribing/
_____, (2023) "The Future of Social Prescribing in England".
_____, (2024) "The impact of social prescribing on health service use and costs."
National Audit Office, (2015) "Outcome-based payment schemes: government's use of payment by results."
NHS, (2020) "Social prescribing and community-based support: Summary guide."
Nowak, D. and Mulligan, K. (2021) "Social prescribing: A call to action." National Institutes of Health, Canada.
OECD, (2011) Together for Better Public Services. Paris.
_____, (2015) Social Impact Investment : Building the Evidence Base. Paris.
Polley M, et al. (2017) "A review of the evidence assessing impact of social prescribing on healthcare demand and cost implications." University of Westminster.
_____, (2017) "Making sense of Social Prescribing." University of Westminster.
_____, (2020) "What does successful social prescribing look like? Mapping mean-

ingful outcomes.' Community Fund.
_____, (2023) "Building the economic case for social prescribing." NASP.
Public Health England(PHE), (2020) "Effectiveness of social prescribing."
_____, (2022) "Social prescribing: applying All Our Health."
Rand Europe, (2016) "Determining, monitoring and evaluating the outcomes of Soᄃcial Impact Bonds."
RCGP, (2018) "RCGP calls on government to facilitate 'social prescribing' for all practices." https://www.rcgp.org.uk/about-us/news/2018/may/rcgp-calls-on-government-to-facilitate-social-prescribing-for-all-practices.aspx
Scarpetti, G. et al. (2024) "A comparison of social prescribing approaches across twelve high-income countries," *Health Policy*. 2024 Apr: 142.
SPN(Social Prescribing Network), (2016) "Social Prescribing Conference Report."
Social Prescribing USA, (2024) "2024: Social Prescribing's Incredible Year!" https://socialprescribingusa.com/2024-social-prescribings-incredible-year/
_____, (2025) "Social Prescribing Program Spotlight: Project Connection." https://mailchi.mp/socialprescribingusa/newsletter-january-2025
Social Value Portal, (2019) "National Themes, Outcomes and Measures (TOMs) Framework."
SPFSG(Social Prescribing Framework Steering Group), (2024) "Social Prescribing Framework"
Stroud, P. (2021) "Social Prescribing - an alternative to medication?." https://www.healthactionresearch.org.uk/tackling-obesity/social-prescribing/
Uchihira, T. (2023) "Limitations of social prescribing to help prevent isolation and loneliness." https://onlinelibrary.wiley.com/doi/full/10.1002/2475-8876.12389
UK DHSC(Department of Health and Social Care), (2018) "Social prescribing schemes to receive funding from the Health and Wellbeing Fund". https://www.gov.uk/government/publications/social-prescribing-schemes-to-be-funded-by-the-health-and-wellbeing-fund-2018
_____, (2018) "Ways to Wellness Newcastle for people with long term conditions." https://www.gov.uk/government/case-studies/ways-to-wellness-newcastle-for-people-with-long-term-conditions

University of Sheffield, (2024) "National Evaluation of the Preventing and Tackling Mental Ill Health through Green Social Prescribing Project."

U.S. DOE(Department of Education), (2017) Pay for Success Feasibility Tool Kit, Washingtton, D.C.

U.S. DOF(Department of Finance, (2013) "Strategies To Accelerate the Testing and Adoptt ion of Pay for Success (PFS)Financing Models.

Wellbeing Enterprises, (2019) "'Ways to Wellbeing' Social Prescribing Programme."

Welsh Government, (2024) "National framework for social prescribing"

WHO, (2008) The world health report 2008 : primary health care now more than ever.

_____, (2012) WHOQOL - Measuring Quality of Life.

_____, (2020) WHO Results Report 2020-2021.

_____, (2022) "A Toolkit on How to Implement Social Prescribing."

Wilkinson, R. & Marmot, M. (2003) Social determinants of health: the solid facts, 2nd ed. World Health Organization.

찾아보기

주성수 한양대학교 공공정책대학원 교수(1989~2019)로 재직한 이후 지금은 명예교수로 있다. 시민사회에서는 경실련 강동송파 경실련 공동대표, 한국자원봉사포럼 창설 총무, 한국대학사회봉사협의회 창설 전문위원, 공동모금회(사랑의열매) 기획위원, 아시안프렌즈 이사로 활동을 이어오고 있다. 서울시NPO지원센터 운영위원장, 국무총리실 시민사회발전위원회 법제도분과위원장, 복지대타협(전국시장군수구청장협의회) 자문위원장, 성동구 사회적경제위원회와 지역사회보장협의체 위원장으로 활동했다. 대학에서는 1997년에 제3섹터연구소를 창설해 연구소장으로, 학술지 〈시민사회와 NGO〉 편집위원장으로 시민사회 학술연구에 전념했다. 제1차(2004~06)와 2차(2008~10)에 걸쳐 글로벌 시민사회연대 네트워크 CIVICUS의 48개국 글로벌 시민사회지표 조사분석에 한국 대표로 연구활동을 진행했다. 주요 저서로는 『민주주의 대 민주주의』(2005), 『아래로부터의 시민사회』(2008), 『사회적경제와 사회적 임팩트』(2017), 『사회적경제: 이론, 제도, 정책』(2010, 2019 개정), 『한국 시민사회사: 민주화기(1987-2017)』(2017), 『글로벌 개발 임팩트 투자』(2020), 『사회적가치 임팩트투자』(2020), 『공공정책의 사회적 임팩트』(2022) 등이 있다

사회적처방과 치유

펴낸날 2025년 4월 30일 초판 1쇄

지은이 주성수 ● **펴낸이** 이기정

펴낸곳 한양대학교출판부 ● **출판등록** 제4-7호(1972.2.29)

주소 서울 성동구 왕십리로 222 ● **전화** 02.2220.1432-4 ● **팩스** 02.2220.1435

홈페이지 press.hanyang.ac.kr ● **이메일** presshy@hanyang.ac.kr

본문디자인·편집 김민지 ● **표지** 안광일 ● **인쇄** 네오프린텍

정가는 뒤표지에 있습니다. 잘못된 책은 구입하신 곳에서 교환해드립니다.

ISBN 978.89.7218.839.1 (93330)